Reihe Informationswissenschaft der DGI Band 7

herausgegeben von Marlies Ockenfeld

Dirk Lewandowski

Web Information Retrieval

Technologien zur Informationssuche im Internet

DGI-Schrift (Informationswissenschaft 7)

D 61

Anschrift des Autors:
Dirk Lewandowski
Heinrich-Heine-Universität Düsseldorf
Institut für Sprache und Information, Abt. Informationswissenschaft
Universitätsstraße 1
40225 Düsseldorf
dirk.lewandowski@uni-duesseldorf.de

Die Deutsche Bibliothek - CIP-Einheitsaufnahme

Ein Titelsatz für diese Publikation ist bei Der Deutschen Bibliothek erhältlich.
(http://www.ddb.de)

Druck: Dinges&Frick GmbH, Wiesbaden
DGI-Schrift (Informationswissenschaft 7)
Frankfurt am Main, 2005

ISSN 0940-6662
ISBN 3-925474-55-2

Inhalt

Vorwort

Suchmaschinen im Internet - informationswissenschaftlich betrachtet

Dank der Suchmaschinen im World Wide Web ist das Thema „Information Retrieval" in den letzten Jahren sehr populär geworden. Allerdings gilt dies nahezu ausschließlich für die Anwendung und nicht so sehr für die theoretischen und methodischen Grundlagen der Internetrecherche: Man „googelt", man macht sich aber kaum Gedanken über die dahinterstehende Technik und noch weniger über die fundierenden Modelle und Theorien.

Lewandowskis „Web Information Retrieval" widmet sich den Grundlagen der Suchmaschinen im Internet. Gegenstände seiner Arbeit sind erstens die bei den Web-Suchmaschinen derzeit eingesetzten sowie in der Literatur diskutierten Retrievalmethoden sowie zweitens eine Schwachstellenanalyse. Bei erkannten Defiziten (und die gibt es zahlreich) unterbreitet Lewandowski zudem Vorschläge zur Behebung. Eine Detailanalyse der Suchmaschinenalgorithmen aus mathematischer und computerwissenschaftlicher bzw. -technischer Sicht findet nicht statt, dafür versucht die Arbeit, die Erforschung der Nutzer und ihrer Informationsbedürfnisse gebührend zu berücksichtigen.

Der Autor motiviert seine Arbeit, hervorgegangen aus einer Dissertation an der Heinrich-Heine-Universität Düsseldorf, mit der großen Bedeutung, die die Internet-Suchmaschinen in den letzten Jahren erreicht haben. Die Abhandlung bietet - so Lewandowski - „die Grundlagen für das Verständnis der Funktionsweise und der Defizite von Web-Suchmaschinen".

Als Methoden werden Literaturstudien (wissenschaftliche Fachliteratur sowie Patente) und, wo keine Angaben in der Literatur vorhanden sind, eigene empirische Untersuchungen vorgelegt. Die umfassende Erarbeitung des State of the Art der heutigen Web-Suchmaschinen setzt den Zugang zu *allen* einschlägigen Dokumenten voraus. Dies ist aber nicht immer gegeben, da die Forschung und Entwicklung der Suchmaschinen zu großen Teilen bei den Suchmaschinenunternehmen (z.B. Google) selbst durchgeführt wird. Diese Unternehmen publizieren zwar durchaus im großen

Umfang, man darf aber nicht erwarten, dass Such- oder Rankingalgorithmen bis ins letzte Detail offengelegt würden. Lewandowski hat sich bemüht, so weit wie möglich zu recherchieren: Er hat graue Literatur (u.a. Vorträge) sowie die Patentliteratur gesichtet. Die verbliebenen Lücken wurden geschlossen, indem die Anwendungen analysiert wurden und von diesen auf die Grundlagen geschlossen worden ist.

Die aktuelle Literatur und die Praxis der Suchmaschinen werden mit der theoretischen Diskussion der Informationswissenschaft der letzten rund 40 Jahre konfrontiert. Dabei zeigt sich, dass ein Bezug zu den „alten" Erkenntnissen aus Informationswissenschaft und der Praxis der (ebenso „alten") professionellen Informationsdienste die aktuelle Diskussion befruchten kann.

Nach Lewandowski ist das Ziel jeglicher Bemühungen zum Information Retrieval, „dem Nutzer die für die Befriedigung seines Informationsbedürfnisses besten Ergebnisse zu liefern". Entsprechend muss die Rolle des Nutzers bei der Diskussion der Suchmaschinen eine zentrale Stellung einnehmen. Information Retrieval ist nicht von den Suchmaschinenbetreibern erfunden worden (auch wenn diese das manchmal durchaus so darstellen), sondern hat eine „Vorgeschichte". Diese Bemühungen müssen in eine gute Arbeit zum Web Information Retrieval einfließen. Lewandowski hat dies erkannt: „Die Arbeit konzentriert sich neben der Darstellung des Forschungsstandes im Bereich des Web Information Retrieval auf einem nutzerzentrierten Ansatz des Aufbaus von Suchmaschinen, der sich aus dem Retrieval in klassischen Datenbanken herleitet".

Dirk Lewandowskis „Web Information Retrieval" ist eine methodisch fundierte informationswissenschaftliche Bestandsaufnahme der Web-Suchmaschinen. Schon dies würde die Forschung weiterbringen, da eine solche deskriptiv-analytische Zusammenschau bislang fehlte. Darüber hinaus zeigt Lewandowski anhand dreier Beispiele (Aktualität, Qualität, Dokumentrepräsentation) auf, wie man unter Einsatz „klassischer" informationswissenschaftlicher Erkenntnisse unter einem nutzerzentrierten Ansatz die algorithmischen Web Search Engines verbessern kann. Die Arbeit macht zudem deutlich, dass der informationswissenschaftliche Ansatz die (sonst eher informatisch dominierte) Suchmaschinendiskussion erfolgreich erweitern kann.

Lewandowsi hat sich bereits seit einigen Jahren als *der* Fachmann für Suchmaschinen einen - guten - Ruf erworben. Ich erinnere stellvertretend an seine Vorträge bei den Online-Tagungen der DGI, beim Internationalen Symposium für

Informationswissenschaft, bei der Tagung der Deutschen ISKO sowie durch Artikel z.B. in „IWP - Information - Wissenschaft und Praxis“ oder „Online Information Review“. Er hat das IWP-Schwerpunktheft zum Thema Suchmaschinen herausgegeben. Und Lewandowski betreut seit 2003 die Rubrik „Suchmaschinen“ beim Branchennewsletter „Password“.

Mit dieser Monographie legt Lewandowski seine Forschungsergebnisse zu den Suchmaschinen sowie zu Modellen und Theorien des Information Retrieval in kompakter Form vor. Ich bin davon überzeugt, dass das Fach Informationswissenschaft sowie die forschenden und lehrenden Informationswissenschaftler davon werden profitieren können, und wünsche dem Buch eine weite Verbreitung sowie eine kritische Beachtung und Diskussion.

Düsseldorf, im Juni 2005

Wolfgang G. Stock

1 Einleitung

Verfahren des Information Retrieval haben in den letzten Jahren eine enorme Bedeutung erlangt. Während diese Verfahren jahrzehntelang nur Einsatz in spezialisierten Datenbanken fanden, haben sie durch das Aufkommen von Suchmaschinen im World Wide Web mittlerweile eine zentrale Bedeutung in der Informationsversorgung eingenommen. Verfahren des Web Information Retrieval entscheiden darüber, welche Informationen von Nutzern gefunden werden; man spricht auch von einer „Gatekeeper"-Funktion der Suchmaschinen. Diese sind zum bedeutendsten Rechercheinstrument sowohl im privaten, beruflichen als auch wissenschaftlichen Bereich avanciert.

Google, die berühmteste der „Information-Retrieval-Firmen", ist fast täglich in den Schlagzeilen zu finden. Immer neue Innovationen (nicht nur dieses Anbieters) zeigen die Web-Suche als dynamisches Feld. Vor allem wird durch die zahlreichen Neuerungen der letzten Jahre, teilweise erst der letzten Monate, deutlich, dass die Suche im Web trotz ihrer mittlerweile fast zehnjährigen Geschichte erst am Anfang steht.

Dass dem Web Information Retrieval eine hohe Bedeutung zugemessen wird, zeigt sich auch im wachsenden Interesse kommerzieller Unternehmen an diesem Thema. Ein Blick auf die Sponsorenliste der letztjährigen Konferenz der *ACM Special Interest Group on Information Retrieval* mag dies verdeutlichen: Neben den wichtigen Suchmaschinen-Anbietern Google, Microsoft, Yahoo und Ask Jeeves finden sich auch Großunternehmen wie IBM, Canon und Sharp.

Auch in der gesellschaftlichen Diskussion sind die Suchmaschinen angekommen: Es findet gegenwärtig eine Diskussion um die „Google-Gesellschaft" statt, wobei gefragt wird, inwieweit ein einzelner Anbieter bzw. wenige Anbieter darüber entscheiden sollten, welche Informationen beim Nutzer angelangen. In dieser Hinsicht befassen sich inzwischen auch politische Parteien mit dem Thema. So publizierte etwa die Gründe Bundestagsfraktion ein Diskussionspapier unter dem Titel „Suchmaschinen: Tore zum Netz", in welchem unter anderem die Rolle der Suchmaschinen beim Zugang zu Informationen und Probleme des Datenschutzes bei der Suchmaschinennutzung angesprochen werden.

Die vorliegende Arbeit setzt auf einer eher technischen Ebene an und bietet die Grundlagen für das Verständnis der Funktionsweise und der Defizite von Web-Suchmaschinen. Während zum klassischen Information Retrieval eine breite Auswahl an Literatur vorliegt, gibt es bisher kein Werk, welches eine umfassende Darstellung des Web Information Retrieval mit seinen Unterscheidungen und Besonderheiten gegenüber dem „klassischen" Information Retrieval bietet. Monographien zum Thema Suchmaschinen behandeln vor allem deren Suchfunktionen oder konzentrieren sich allein auf algorithmische Aspekte des Web

Information Retrieval. Die Forschungsliteratur liegt zum überwältigenden Teil nur in englischer Sprache vor; die Forschung selbst findet zu einem großen Teil in den USA statt. Aus diesem Grund werden Spezifika anderer Sprachen als des Englischen sowie Besonderheiten auf nationaler oder gar kontinentaler Ebene vernachlässigt.

Die Konsequenzen, die sich aus den Besonderheiten des Web Information Retrieval ergeben, wurden bisher nur unzureichend erkannt. Suchmaschinen orientieren sich noch stark am klassischen Information Retrieval, wenn auch teils eigene Rankingkriterien gefunden wurden, vor allem die Ergänzung der klassischen Faktoren durch eine Art der Qualitätsbewertung der indexierten Dokumente. Dieses Buch soll aufzeigen, welche Schritte nötig sind, um Web Information Retrieval vor allem auch in Hinblick auf die Charakteristika der Suchmaschinen-Nutzer effektiv zu gestalten. Die Verfahren des klassischen Information Retrieval versagen hier, da sie einerseits von einer gepflegten Dokumentenkollektion, andererseits von einem geschulten Nutzer ausgehen. Suchmaschinen haben mit Problemen des sog. Index-Spamming zu kämpfen: Hierbei werden (oft in kommerziellem Interesse) inhaltlich wertlose Dokumente erstellt, die in den Trefferlisten der Suchmaschinen auf den vorderen Rängen angezeigt werden sollen, um Nutzer auf eine bestimmte Webseite zu lenken. Zwar existieren Verfahren, die ein solches Spamming verhindern sollen, allerdings können auch diese das Problem lediglich eindämmen, nicht aber verhindern. Das Problem ließe sich wenigstens zum Teil durch die Nutzer lösen, wenn diese gezielte Suchanfragen stellen würden, die solche irrelevanten Treffer ausschließen würden. Allerdings zeigt die Nutzerforschung einheitlich, dass das Wissen der Nutzer über die von ihnen verwendeten Suchmaschinen ausgesprochen gering ist; dies gilt sowohl für ihre Kenntnisse der Funktionsweise der Suchmaschinen als auch die Kenntnis der Suchfunktionen.

Dieses Buch konzentriert sich neben der Darstellung des Forschungsstands im Bereich des Web Information Retrieval auf einen nutzerzentrierten Ansatz des Aufbaus von Suchmaschinen, der sich aus dem Retrieval in klassischen Datenbanken herleitet. Als zentral für eine erfolgreiche Recherche wird dabei die Möglichkeit der gezielten Beschränkung der Recherche durch den Nutzer gesehen; die wichtigsten Faktoren sind hierbei die Einschränkung nach Aktualität, Qualität und die verbesserte Dokumentauswahl aufgrund einer erweiterten Dokumentrepräsentation. Alle drei Möglichkeiten sind in bisher verfügbaren Suchmaschinen nicht zufrieden stellend implementiert.

Ein Problem bei der Bearbeitung des Themas ergab sich aus der Tatsache, dass die Forschung im Bereich Web Information Retrieval zu einem großen Teil bei den Anbietern selbst stattfindet, die darauf bedacht sind, ihre Erkenntnisse nicht zu veröffentlichen und damit der Konkurrenz zu überlassen. Viele Forschungsergebnisse können daher nur anhand der fertiggestellten Anwendungen rekonstruiert werden; hilfreich waren in manchen Fällen auch die von den Suchmaschinenbetreibern angemeldeten Patente, die für die vorliegende Ausarbeitung ausgewertet wurden.

Insgesamt zeigt sich, dass eine neue Form des Information Retrieval entstanden ist. Ziele des klassischen Information Retrieval wie die Vollständigkeit der Treffermenge verlieren ob der schieren Masse der zurückgegebenen Treffer an Bedeutung; dafür werden Faktoren der Qualitätsbewertung der Dokumente immer wichtiger. Das Web Information Retrieval setzt auf dem klassischen Information Retrieval auf und erweitert dieses wo nötig. Das Ziel bleibt aber weitgehend das gleiche: Dem Nutzer die für die Befriedigung seines Informationsbedürfnisses besten Ergebnisse zu liefern.

Außerhalb der Informationswissenschaft findet die Information-Retrieval-Forschung hauptsächlich in der Informatik statt. Der informationswissenschaftlichen Forschung kommt die Aufgabe zu, den stark technikzentrierten Ansatz der Informatik um einen „Blick fürs Ganze" zu erweitern und insbesondere die Bedürfnisse der Nutzer in ihren Ansatz einzubinden. Aufgrund der enormen Bedeutung des Web Information Retrieval, welches in den klassischen informationswissenschaftlichen Bereich fällt, ergibt sich für die Informationswissenschaft auch die Chance, sich in diesem Thema gegenüber anderen Disziplinen zu profilieren.

Zum Aufbau des Buchs

Das Buch lässt sich grob in zwei Hauptteile gliedern: Der erste Teil (Kap. 2-10) beschreibt den Bereich Web Information Retrieval mit allen seinen Besonderheiten in Abgrenzung zum klassischen Information Retrieval; der zweite Teil (Kap. 11-13) stellt anhand der Ergebnisse des ersten Teils einen nutzerzentrierten Ansatz der Rechercheverfeinerung in mehreren Schritten vor.

2 Forschungsumfeld. Einleitend wird das Forschungsumfeld des Web Information Retrieval vorgestellt, um das Thema dieses Buchs entsprechend einzugrenzen. Es wird auf den Suchmaschinen-Markt, die unterschiedlichen Formen der Suche im WWW (z.B. Web-Verzeichnisse, algorithmische Suchmaschinen, Meta-Suchmaschinen), den typischen Aufbau der in diesem Buch behandelten algorithmischen Suchmaschinen und deren Abfragesprachen eingegangen. Anhand von Nutzerstudien wird das typische Verhalten der Suchmaschinen-Nutzer dargestellt und geklärt, welche Arten von Suchanfragen an Suchmaschinen gestellt werden. Hier wird deutlich, dass Suchmaschinen aufgrund heterogener Anfragen anderen Anforderungen unterliegen als klassische Datenbanken.

Abschließend wird in diesem Kapitel ein Überblick der aktuellen Forschungsarbeiten gegeben und der Gegenstand des vorliegenden Buchs entsprechend abgegrenzt.

3 Die Größe des Web und seine Abdeckung durch Suchmaschinen. Suchmaschinen decken nicht das gesamte indexierbare Web ab. Nach einer Diskussion der verschiedenen Versuche, die Größe des Web überhaupt zu ermitteln, wird die Struktur des Web dargestellt und anhand dieser klar gemacht, warum eine vollständige Abdeckung des Web für Suchmaschinen nicht möglich ist und die Frage gestellt, ob diese überhaupt erstrebenswert ist. Ausführlich wird auf den Bereich des Invisible Web eingegangen; vor allem auf den Bereich des Web, den Suchmaschinen nicht erschließen *können*.

4 Strukturinformationen. Effektives Retrieval in großen Datenbeständen wird erst durch die Strukturierung der Dokumente möglich. Web-Dokumente werden oft als unstrukturiert bezeichnet. Diese Behauptung wird hier jedoch verworfen; vielmehr soll von schwach strukturierten Dokumenten gesprochen werden. Der Strukturierungsgrad der unterschiedlichen im Web populären Dokumentformate (z.B. HTML, PDF) wird besprochen und Folgerungen für die Indexierung abgeleitet. Es wird gezeigt, welche Möglichkeiten sich durch eine Trennung von Navigation, Layout und Inhalt bei der Erschließung ergeben würden. Letztlich sind Fragen der Repräsentation der Dokumente entscheidend; hier wird darauf hingewiesen, dass Dokumentrepräsentation verbessert bzw. erweitert werden muss, um eine bessere Recherche zu ermöglichen.

5 Klassische Verfahren des Information Retrieval und ihre Anwendung bei Suchmaschinen. In diesem zentralen Kapitel werden die in den letzten Jahrzehnten entwickelten Information-Retrieval-Verfahren in Hinblick auf ihre Anwendung bzw. Anwendbarkeit bei Suchmaschinen dargestellt. Die wichtigsten Unterschiede sind das nur in klassischen Datenbanken vorhandene kontrollierte Vokabular und die bei den Suchmaschinen nur marginal vorhandenen Kriterien für die Aufnahme eines Dokuments in den Datenbestand.

Die klassischen Modelle des Information Retrieval (Boolesches Modell, Vektorraummodell, probabilistisches Modell) werden dargestellt und es wird gezeigt, wie diese in Web-Suchmaschinen eingesetzt werden.

6 Ranking. Das Ranking ist zentral für den Aufbau und die Qualität von Web-Suchmaschinen. In der Regel wird auf Suchanfragen hin eine große Anzahl von Dokumenten zurückgegeben, die für den Nutzer zu umfangreich ist, um alle Dokumente zu sichten. Eine angemessene Sortierung der Trefferlisten ist daher wichtig. In diesem Kapitel werden die eingesetzten Rankingfaktoren aufgezeigt und die grundsätzliche Frage nach der Messbarkeit von Relevanz gestellt.

7 Informationsstatistische und informationslinguistische Verfahren. Angelehnt an das klassische IR verwenden auch Suchmaschinen informationsstatistische Verfahren, um die Relevanz der Dokumente zu einer gegebenen Suchanfrage einzuschätzen, allerdings können aufgrund der Menge und der heterogenen Qualität der Dokumente nicht alleine textstatistische Verfahren eingesetzt werden. Ein weiteres statistisches Verfahren, das das Ranking verbessern soll, ist die Auswertung des Nutzungsverhaltens.

Informationslinguistische Verfahren werden in Web-Suchmaschinen bisher nur in einem geringen Maß eingesetzt. Dies hat mit der Sprachenvielfalt des Web und der zumeist US-zentrierten Sicht der Suchmaschinenbetreiber zu tun. Die Möglichkeiten informationslinguistischer Verfahren und ihre Limitierungen im Bereich des Web Information Retrieval werden diskutiert.

8 Linktopologische Rankingverfahren. Neben der Auswertung des Inhalts der Dokumente hat sich die Auswertung der Verlinkungsstruktur von Dokumenten als Faktor des Ranking bewährt. Diese stellt eine Möglichkeit dar, die Autorität von Dokumenten zu bestimmen und basiert auf den klassischen Verfahren der Zitationsanalyse. Der populärste linktopologische Ansatz ist sicher der sog. PageRank der Suchmaschine Google. Neben diesem werden weitere populäre linktopologische Verfahren beschrieben und ihre Stärken und Beschränkungen herausgearbeitet.

9 Retrievaltests. Die Qualität von Retrievalsystemen wird klassisch mittels Retrievaltests ermittelt, wobei in der Regel die Werte für Recall und Precision der entsprechenden Systeme berechnet werden. Auf der Basis dieser Werte werden dann unterschiedliche Systeme miteinander verglichen. Die wichtigsten Suchmaschinen-Retrievaltests werden vorgestellt und auf ihre Tauglichkeit für die Ermittlung der tatsächlichen Qualität von Suchmaschinen hin bewertet. Hierbei wird klar, dass weitere Faktoren hinzuzuziehen sind, um die Qualität hinreichend bewerten zu können.

10 Verfahren der intuitiven Benutzerführung. Die kommerziell angebotenen Web-Suchmaschinen konzentrieren sich wesentlich darauf, auf eine Suchanfrage hin in *einem* Schritt direkt eine sortierte Trefferliste anzuzeigen, die die für die Suchanfrage relevanten Dokumente enthält. Allerdings stellen die normalen Nutzer in hohem Maße unpräzise Anfragen, die oft in einem Schritt gar nicht sinnvoll beantwortet werden können. Hier helfen Ansätze weiter, die den Nutzer in einem oder mehreren weiteren Schritt dahingehend leiten, seine Suchanfrage gemäß seinem Informationsbedürfnis einzuschränken oder zu erweitern. Weiterhin kann die Benutzerführung dabei helfen, Probleme hinsichtlich homonymer und synonymer Begriffe zu klären.

Die benutzerführenden Ansätze werden vorgestellt und auf ihre Tauglichkeit hin bewertet. Eingegangen wird insbesondere auf den Vorschlag einschränkender Suchbegriffe, Verfahren des Relevance Feedback, die Einbindung von Klassifikationssystemen und die Clusterbildung im Suchprozess.

Im ersten Teil des Buchs werden die Grenzen der Umsetzung des klassischen Information Retrieval im Web-Kontext aufgezeigt. Der zweite Teil stellt die zentralen Anforderungen einer nutzerzentrierten Lösung vor. Ausgehend von den zentralen Einschränkungsmöglichkeiten der Datenbank-Hosts werden die folgenden Bereiche identifiziert, die zentral für eine Verbesserung der Rechercheergebnisse sind: Aktualität, Qualität und die Verbesserung der Dokumentrepräsentation. Alle drei dienen bei den Hosts mit ihren jeweils zahlreichen Datenbanken (Quellen) und den wiederum vielen darin enthaltenen Dokumenten als wichtigste Einschränkungsmöglichkeiten. Mit diesen drei Dimensionen der Beschränkung lassen sich umfangreiche Trefferlisten auf wenige hoch relevante Treffer herunterbrechen. Für die Anwendung in Suchmaschinen ist dieser bei den Hosts durch den Nutzer durchzuführende Prozess durch geeignete Assistenz in einem iterativen Suchprozess durchzuführen.

11 Aktualität. In diesem Kapitel werden die spezifischen Probleme der Datumsbeschränkung in Suchmaschinen behandelt, die möglichen Lösungen des Problems aufgezeigt und der Gewinn für die Recherche dargelegt. Es kann gezeigt werden, dass eine solche Beschränkung in den momentan verfügbaren Suchmaschinen nicht befriedigend funktioniert. Als Lösung bietet sich eine Kombination bisher bereits berücksichtigter und bisher unberücksichtigter Faktoren an, wobei auch in Zweifelsfällen das tatsächliche Datum eines Dokuments wenigstens näherungsweise bestimmt werden kann.

12 Qualität. Suchmaschinen setzen bereits Modelle der Qualitätsbestimmung einzelner Dokumente ein. Diese wurden im ersten Teil des Buchs besprochen. Auch in Hinblick auf Quellen des Invisible Web ist es allerdings vonnöten, Hinweise auf Einstiegspunkte für eine weitere Recherche zu geben. Solche Einstiegspunkte können umfangreiche Web-Sites, die sich mit einem Thema beschäftigen, sein oder aber Datenbanken, in denen sich weitere Informationen finden lassen. Aus dem Bereich der Online-Hosts soll die Beschränkung der Suche auf die „Top-Quellen“ zu einem Thema übernommen und angepasst werden. Hier geht es weniger um ein möglichst umfangreiches Ergebnis, sondern mehr um ein präzises Ergebnis aus anerkannten Quellen.

Die Top-Quellen lassen sich durch unterschiedliche Verfahren ermitteln. Neben der manuellen Einbindung solcher Quellen, die teils bereits praktiziert wird (etwa bei Yahoo und Google) lassen sich beispielsweise Daten aus Web-Verzeichnissen einbinden.

13 Verbesserung der Dokumentrepräsentation. Eine feldbeschränkte Suche lässt sich nur effektiv durchführen, wenn die Dokumente bei der Indexierung entsprechend in sinnvolle Felder eingeteilt werden. Im ersten Teil des Buchs wurden die bisher verwendeten Feldunterteilungen vorgestellt und diese Einteilung kritisiert. Vonnöten ist eine bessere Dokumentrepräsentation, die zuverlässig weitere Felder bereitstellt. Ein Modell einer verbesserten Dokumentrepräsentation wird vorgestellt.

Danksagung

An erster Stelle sei dem Betreuer der Arbeit gedankt, die diesem Buch zugrunde liegt, Herrn Univ.-Prof. Dr. Wolfgang G. Stock, der ihre Entstehung nicht nur kritisch begleitete, sondern auch in vielen Gesprächen wichtige Tipps für deren Gelingen gab. Desweiteren danke ich Herrn Univ.-Prof. i.R. Dr. Norbert Henrichs, der die Zweitkorrektur übernahm.

Großen Gewinn konnte ich aus den Gesprächen mit zahlreichen Fachleuten sowohl aus dem akademischen als auch dem wirtschaftlichen Bereich ziehen. Ihnen allen sei gedankt, ohne dass ich einzelne Namen hervorheben möchte.

2 Forschungsumfeld

In diesem Kapitel wird in einem ersten Überblick das Umfeld der Thematik dieses Buchs vorgestellt. Dabei wird zuerst der Suchmaschinen-Markt betrachtet, danach werden die unterschiedlichen Typen von Suchwerkzeugen, die im Internet verfügbar sind, vorgestellt. Nach einer Einschränkung des Themas auf die algorithmischen Suchmaschinen erfolgt ein kurzer Überblick über die Möglichkeiten und Beschränkungen der Abfragemöglichkeiten der Suchmaschinen.

In einem weiteren Abschnitt werden Untersuchungen zum Nutzerverhalten referiert und es wird gezeigt, in welchem Nutzerumfeld sich die Entwicklung von Suchmaschinen bewegt bzw. an welchem Nutzertypus sich zukünftige Entwicklungen zu orientieren haben. Abschließend werden die aktuellen Forschungsbereiche erläutert und die Thematik des Buchs anhand von diesen weiter eingegrenzt.

2.1 Suchmaschinen-Markt

Der Suchmaschinen-Markt zeichnet sich durch eine hohe Konzentration aus. Nur wenige Anbieter beherrschen den Markt, auch wenn es durch eine Vielzahl kleiner Anbieter so scheint, als ob ein gesunder Wettbewerb herrschen würde.[1] Dazu kommt, dass viele Anbieter selbst keine eigene Suchmaschine betreiben, sondern nur eine Suchoberfläche anbieten, während die dahinter stehende Suchmaschine von einem der großen Anbieter betrieben wird. Dies führt dazu, dass auf dem internationalen Markt nur noch vier große Anbieter existieren, die eigene Suchmaschinen betreiben, welche einen nennenswerten Datenbestand anbieten:

Google. Die Suchmaschine Google ist sicher der bekannteste Vertreter mit eigener Suchtechnologie. Die Suchmaschine erreicht die höchsten Nutzerzahlen und gilt mittlerweile als eine Art Synonym für die Web-Suche allgemein.

Yahoo. Während Yahoo als Web-Verzeichnis gestartet wurde und die algorithmischen Suchergebnisse lange Zeit von Fremdanbietern zugekauft hat, wurde im Jahr 2004 auf Basis der von Yahoo aufgekauften Suchmaschinen All the Web und AltaVista sowie dem Suchtechnologie-Anbieter Inktomi eine eigene Suchmaschine etabliert. Yahoo bietet ein Portalangebot, in dem die Web-Suche integraler Bestandteil ist.

---

[1] Eine ausführliche Darstellung der Entwicklungen auf dem Suchmaschinen-Markt findet sich bei Karzauninkat (2003).

Microsoft. Die Suchdienste von Microsoft werden unter der Firmierung MSN („Microsoft Network") betrieben. Wie bei Yahoo wurde lange Zeit auf Suchergebnisse von Fremdanbietern zurückgegriffen; erst Ende 2004 wurde eine eigene Suchtechnologie vorgestellt, die Anfang 2005 in das eigene Webangebot aufgenommen wurde.

Ask Jeeves. Dieser Suchmaschinen-Anbieter ist auf dem europäischen Festland relativ unbekannt, jedoch in den USA von größerer Bedeutung. Hier aufgeführt ist er, da er mit dem Aufkauf der Suchmaschine Teoma im Jahr 2003 über die vierte wichtige Suchtechnologie verfügt.

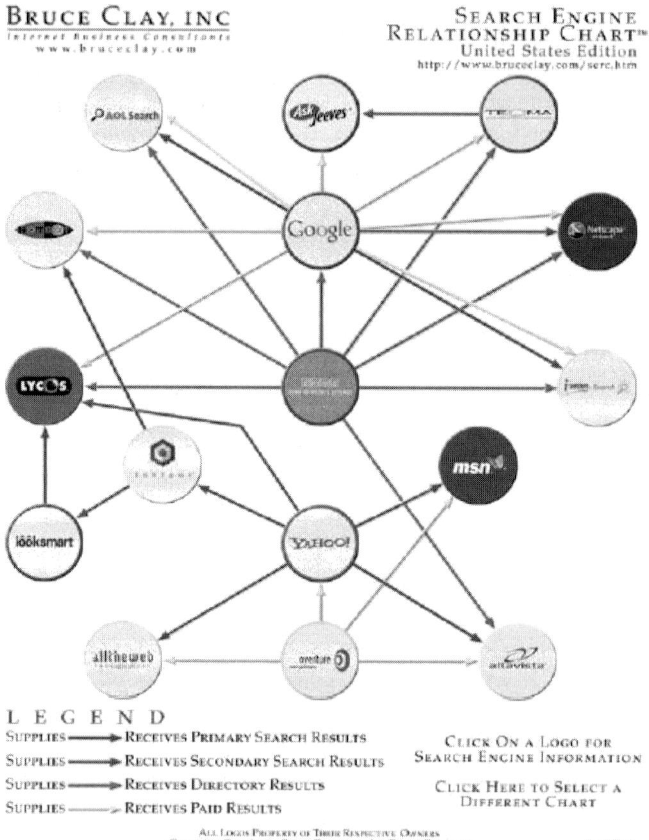

Abb. 2.1. Search Engine Relationship Chart (Clay 2004)

Abbildung 2.1 zeigt die Beziehungen der Suchdienste untereinander, hier in einer Darstellung des US-amerikanischen Markts. Besonders auffällig ist, dass große Portale wie AOL oder Lycos ihre Ergebnisse komplett zukaufen. Die unterschiedlichen Farben der Pfeile (hier im Druck schlecht zu erkennen) zeigen die unterschiedlichen Arten von Ergebnissen an. Auf diese wird im nächsten Abschnitt näher eingegangen.

Für den deutschen Markt sieht das Bild ähnlich aus wie in den USA, allerdings mit der bereits erwähnten Ausnahme Ask Jeeves. Dieser Anbieter ist hier am Markt nicht vertreten bzw. unterhält keine deutsche Site.

Nationale Anbieter, die eine gewisse Bedeutung haben, sind die Suchmaschinen Fireball und Seekport sowie die Metasuchmaschine Metager.

Abbildung 2.2 zeigt analog zum Schaubild des amerikanischen Suchmaschinenmarkts die Beziehungen der deutschsprachigen Suchmaschinen untereinander. Auch hier wird deutlich, dass nur wenige Anbieter Suchergebnisse liefern und mit Ausnahme von Yahoo keines der populären Portale eine eigene Suchmaschine anbietet.

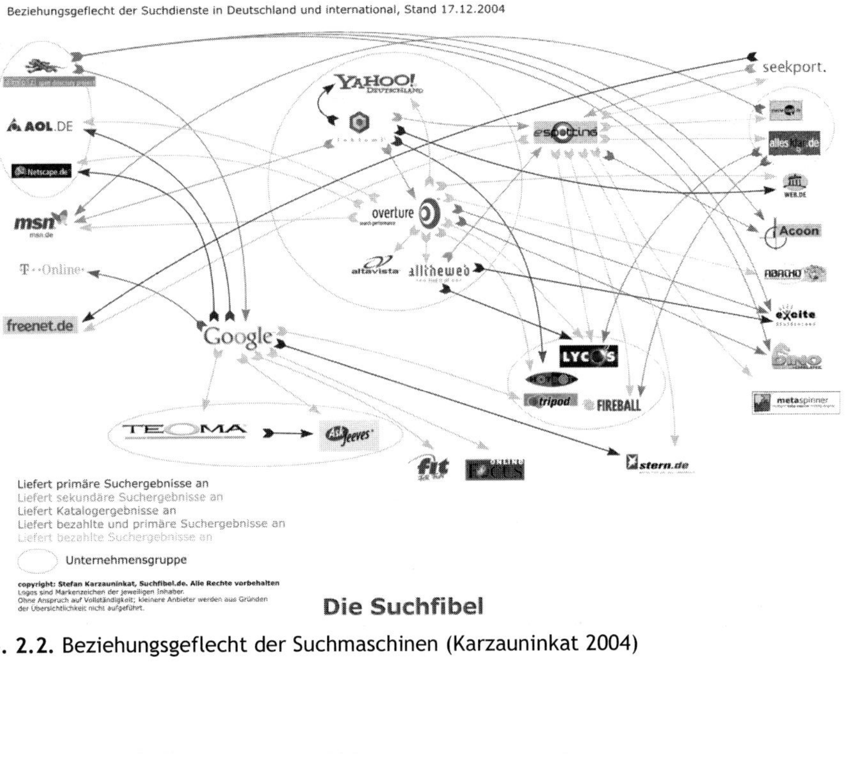

Abb. 2.2. Beziehungsgeflecht der Suchmaschinen (Karzauninkat 2004)

2.2 Formen der Suche im WWW

Betrachtet man die Typen von Suchwerkzeugen im WWW, so lassen sich prinzipiell zwei Formen unterscheiden: einerseits die manuell erstellten Verzeichnisse, andererseits die algorithmischen Suchmaschinen in unterschiedlichen Ausprägungen.

Die algorithmischen Suchmaschinen lassen sich nach thematischen Gesichtspunkten weiter in Universalsuchmaschinen, Spezialsuchmaschinen und Archivsuchmaschinen unterteilen.

Universalsuchmaschinen kennen keine thematischen, geographischen oder sprachlichen Grenzen. Ihr Ziel ist es - soweit möglich - das gesamte WWW zu erfassen. Spezialsuchmaschinen hingegeben beschränken sich bewusst auf eine geographische Region, auf einen Sprachraum oder ein einzelnes Thema bzw. Themengebiet (vgl. Gelernter 2003). So durchsucht beispielsweise die Suchmaschine Scirus nur das wissenschaftliche Web und die Inhalte des Verlags Elsevier (vgl. Medeiros 2002). Bekannt geworden sind vor allem eigene Nachrichten-Suchmaschinen (Machill, Lewandowski u. Karzauninkat 2005), die einen eigenen aktuellen Nachrichtenindex aus vorher ausgewählten Websites erstellen.

Das Beispiel der Nachrichtensuchmaschinen verdeutlicht auch die zunehmende Integration verschiedener Spezial-Indexe innerhalb einer (dem Nutzer bekannten) Suchoberfläche. Suchmaschinen wie Google oder Yahoo bieten über sog. *tabs* („Reiter") die Auswahl verschiedener Datenbestände wie eben Nachrichten, Verzeichnistreffern oder Produkte an (vgl. Hock 2002).

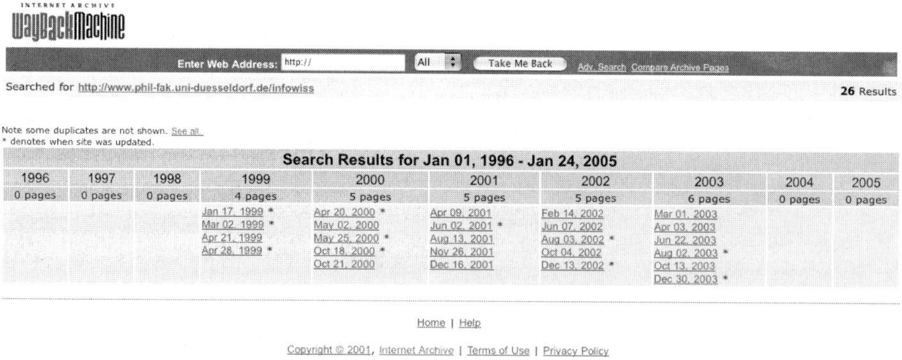

Abb. 2.3. Übersicht gespeicherter Versionen einer Website auf www.archive.org

Weiterhin existieren Spezialsuchmaschinen, die sich auf einen oder mehrere Dateitypen beschränken, beispielsweise auf die Suche nach Graphiken und Bildern oder nach Videodateien.

Archivsuchmaschinen speichern gefundene Web-Seiten auf eigenen Rechnern ab, um diese dauerhaft verfügbar zu machen. Ihr Ziel ist es im Gegensatz zu den Universal- und Spezialsuchmaschinen nicht, ein Abbild des aktuellen WWW zu liefern, sondern vielmehr dem Verschwinden von Dokumenten durch Veränderung oder Löschung der URL entgegenzutreten (Kahle 1997). Neben verschiedenen Projekten, die es sich zur Aufgabe gemacht haben, bestimmte Bereiche des Web zu archivieren, gibt es mit dem Internet Archive[2] eine Initiative, die potentiell alle Web-Inhalte konservieren will. Webseiten werden in regelmäßigen Abständen von den Crawlern abgesucht und können über die „Wayback Machine" in unterschiedlichen Versionen abgefragt werden. Dazu ist allerdings die Eingabe einer bekannten URL erforderlich; eine umfassende Suchfunktion wie bei anderen Suchmaschinen wird (bislang) nicht angeboten. Abbildung 2.3 zeigt die Zugriffsmöglichkeiten auf unterschiedliche Versionen einer Webseite am Beispiel der Startseite der Informationswissenschaft der Heinrich-Heine-Universität Düsseldorf.

Wählt man eine Unterscheidung der Typen algorithmischer Suchmaschinen auf technologischer Ebene, erfolgt die Unterscheidung in „klassische" algorithmische Suchmaschinen, Meta-Suchmaschinen und Suchagenten.

„Klassische" algorithmische Suchmaschinen (im Folgenden schlicht als „algorithmische Suchmaschinen" oder nur „Suchmaschinen" bezeichnet) durchsuchen das Web automatisch und erfassen die gefundenen Dokumente in einer eigenen Datenbank. Wird eine Suchanfrage an die Suchmaschine gestellt, werden die Ergebnisse aus dieser Datenbank gewonnen und mittels eines Ranking-Algorithmus in einer bestimmten Reihenfolge ausgegeben.

Meta-Suchmaschinen besitzen keine eigene Datenbank. Beim Abschicken einer Suchanfrage wird diese an verschiedene andere Suchdienste (in der Regel algorithmische Suchmaschinen) weitergeleitet. Die Ergebnisse, die von diesen Suchmaschinen zurückgegeben werden, werden mittels eines eigenen Ranking-Algorithmus gelistet. Während Meta-Suchmaschinen vor einigen Jahren noch zum Erreichen von Vollständigkeit und zur Erhöhung des Recall als sinnvoll angesehen werden konnten (vgl. Lawrence u. Giles 1998, 100; Lawrence u. Giles 1999, 108), können diese Ziele heute eher von einzelnen algorithmischen Suchmaschinen oder der manuellen Suche in mehreren Suchmaschinen nacheinander erreicht werden. Meta-Suchmaschinen werten in der Regel nur die ersten von den Suchmaschinen zurückgegebenen Trefferseiten aus, so dass die beiden oben genannten Ziele nicht erreicht werden. Vielmehr dient diese Form der Suchmaschinen mittlerweile eher dem Zweck der Demonstration neuer Suchmaschinen-Technologie. Da der Aufbau

[2] http://www.archive.org [24.1.2005]

und die Pflege einer eigenen Datenbank aufwendig und teuer sind, stellt sich die Frage, ob es überhaupt lohnenswert ist, einen eigenen Index bereitzustellen (Seuss 2004). Insbesondere neue Anbieter gehen zunehmend dazu über, ihre Lösungen als Meta-Suchmaschine aufzusetzen.

Suchagenten verfolgen einen anderen Ansatz als die anderen beiden bereits genannten Typen. Hierbei handelt es sich um Programme, die der Nutzer auf seinem eigenen Rechner installieren muss. Sie können Suchanfragen entweder wie Suchmaschinen auf Anfrage hin (ad hoc) ausführen, wobei die abzufragende Suchmaschine bzw. die abzufragenden Suchmaschinen ausgewählt werden können. Andererseits ist es aber auch möglich, die Agenten mit regelmäßigen Suchanfragen zu beauftragen, die in bestimmten Intervallen ausgeführt werden. Neue Ergebnisse werden dem Nutzer angezeigt, die bereits bekannten Ergebnisse werden ausgeblendet. Während algorithmische Suchmaschinen in der Regel also nur den Pull-Ansatz bedienen, gehen die Agenten darüber hinaus und befriedigen auch den wiederkehrenden Informationsbedarf (Push-Ansatz). Mittlerweile findet wenigstens zu einem Teil eine Vermischung der beiden Ansätze bei Suchmaschinen statt, indem zum Beispiel Google einen Alert-Service anbietet.[3]

Als Sonderform der Suchwerkzeuge werden Portale betrachtet (Rösch 2001a, Rösch 2001b). Dies ist darauf zurückzuführen, dass sich die heute bestehenden (Such-) Portale teils aus Suchmaschinen oder Verzeichnissen entwickelt haben (wie etwa Lycos und Yahoo) bzw. viele Suchmaschinen eine Zeit lang die Strategie verfolgten, sich zum Portal zu wandeln, dies aber inzwischen wieder aufgegeben haben (wie z.B. AltaVista). Heute populäre Portale besitzen zwar durchweg eine Suchfunktion, diese fragt jedoch in der Regel keine eigene Datenbank ab. Vielmehr werden die Suchanfragen von einem der großen Anbieter bedient.

2.3 Aufbau von algorithmischen Suchmaschinen

In diesem Abschnitt sollen neben den technischen Komponenten der Suchmaschinen auch die Standards im Bereich der Benutzeroberflächen und der Ergebnispräsentation beschrieben werden. Dabei soll prototypisch beschrieben werden, wie eine Suchmaschine aufgebaut ist und aus welchen Teilen sie besteht. Bei einzelnen Systemen mögen Abweichungen gegenüber dieser Darstellung bestehen, für das Verständnis des Aufbaus sind jedoch die dargestellten Kernpunkte von Bedeutung. Diese sind bei unterschiedlichen Systemen die gleichen oder zumindest ähnlich.

---

[3] http://www.google.com/alerts |17.11.2004]

Abbildung 2.4 zeigt den Aufbau einer algorithmischen Suchmaschine prototypisch am Beispiel von AltaVista[4]. Die wichtigsten in der Abbildung dargestellten Komponenten sind:

- Automated Web Browser (Crawler)
- Parsing Module (Syntaxanalyse)
- Indexing Module (Indexierer)
- Query Module (Abfragemodul)
- Index Stream Readers (ISR)
- Index
- Maintenance Module (Datenpflege)

Ähnliche Darstellungen des Aufbaus von Suchmaschinen finden sich auch in Brin u. Page (1998), Liddy (2001) und Arasu et al. (2001).

Beim *Automated Web Browser* handelt es sich um die Einheit, die in der Regel als *Crawler* oder *Robot* bezeichnet wird. Im weiteren wird der Begriff Crawler verwendet werden. Die Aufgabe des Crawlers ist es, neue Dokumente aufzufinden, indem Hyperlinks innerhalb bereits bekannter Dokumente verfolgt werden. Der Crawl-Vorgang findet kontinuierlich statt. Auf den Crawling-Prozess und die damit verbundenen Probleme wird in Kapitel 3.3 genauer eingegangen.

Das *Parsing Module* (das System zur Syntaxanalyse) zerlegt die gefundenen Dokumente in indexierbare Einheiten (also in einzelne Wörter, Wortstämme oder N-Gramme) und verzeichnet deren Vorkommen innerhalb des Dokuments.

Das *Indexing Module* speichert die Wort-Speicherstelle-Paare ab. So werden zwei *Indexe* erstellt, erstens derjenige der Wörter mit den Nummern der Dokumente, in denen diese vorkommen und zweitens ein Index mit den Dokumentnummern und denen ihnen zugeordneten Wörtern. So können einerseits sämtliche Dokumente ermittelt werden, die ein bestimmtes Wort oder mehrere bestimmte Wörter enthalten. Andererseits ist es möglich, alle in einem Dokument vorkommenden Wörter zu ermitteln.

---

[4] Die Suchmaschine AltaVista besteht in der hier dargestellten Form inzwischen nicht mehr. Die noch bestehende Suchseite http://www.altavista.com und ihre Länderversionen bestehen zwar fort, greifen jedoch auf die unter anderem auf Grundlage der AltaVista-Technologie neu aufgebaute Yahoo-Suchmaschine zurück. Der hier vorgestellte Aufbau ist bei allen Suchmaschinen zumindest ähnlich, allerdings ist der Aufbau anderer Suchmaschinen nicht entsprechend dokumentiert.

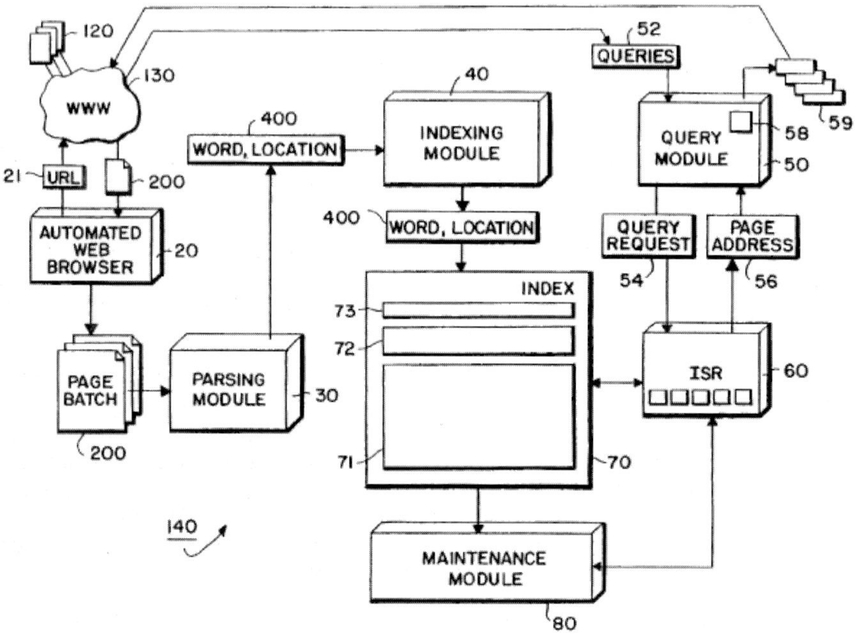

Abb. 2.4. Architektur der Suchmaschine AltaVista (Burrows 1998, fig. 2)

Gibt der Nutzer eine Suchanfrage ein, so wird mittels des *Query Module* der Index abgefragt. Das *Query Module* setzt die eingegebene Suchanfrage in eine weiterverarbeitbare Form um. Dabei werden beispielsweise besondere Befehle und Operatoren so aufgelöst, dass sie entsprechend im Index abgefragt werden können. Die *Index Stream Readers (ISR)* dienen dazu, die umgesetzte Suchanfrage mit dem Index abzugleichen und die passenden Dokumente an das *Query Module* zurückzugeben. Von dort aus werden die Informationen zu den gefundenen Dokumenten an den Nutzer ausgegeben.

Letztlich ist noch das *Maintenance Module* zu erwähnen, welches für eine kontinuierliche Index-Aktualisierung bei laufendem Betrieb und die Aussonderung von Dubletten aus dem Index sorgt.

Suchmaschinen für das WWW gibt es seit mittlerweile etwa zehn Jahren. Auffällig ist, dass sich bei allen technischen Verbesserungen und Moden in der Gestaltung von Web-Angeboten bei den Suchmaschinen gewisse De-facto-Standards in Bezug auf die Benutzeroberflächen und die Präsentation der Ergebnisse herausgebildet haben.

Die Standard-Benutzeroberfläche, die der Nutzer beim Aufrufen der Suchmaschine zu sehen bekommt, besteht in der Regel aus nur einem Eingabefeld und keinen bis nur wenigen Einschränkungsmöglichkeiten. Die „Titelseiten" der Suchmaschinen sind meist schlicht gestaltet und auf das Suchfeld konzentriert. Eine Ausnahme bildet Yahoo, welches sich bei aller Bedeutung als Suchmaschine auf die umfangreichen Portalangebote konzentriert. Allerdings existiert auch hier eine eigene, schlicht gestaltete Einstiegsseite für die Suche.

Auf den Startseiten der Suchmaschinen findet sich oft auch schon die Möglichkeit, einen bestimmten Datenbestand auszuwählen, in dem dann die Suche durchgeführt werden soll. Dies kann beispielsweise eine Suche im Nachrichtenbestand, in einem eigenen Web-Verzeichnis oder eine Produktsuche sein.

Für fortgeschrittene Nutzer oder solche mit komplexeren Suchanfragen stehen bei allen Suchmaschinen sog. erweiterte Suchformulare zur Verfügung. Hier stehen umfangreichere Suchfunktionen zur Verfügung. Auf diese wird im nächsten Abschnitt dieses Kapitels näher eingegangen. Auch die Gestaltung der erweiterten Suche orientiert sich an den Bedürfnissen des ungeübten Nutzers: Die Suche ist menügesteuert, oft stehen Auswahlfelder zur Verfügung. Trotz der anscheinend guten Bedienbarkeit dieser Suchformulare werden die erweiterten Suchfunktionen von den Nutzern kaum angenommen (Spink u. Jansen 2004, 77).

Auch die Präsentation der Suchergebnisse ist bei den meisten Suchmaschinen von erstaunlicher Ähnlichkeit. Es wird eine Liste von meist zehn Treffern präsentiert, die nach ihrer Relevanz geordnet sind. Zu den Treffern werden standardmäßig die folgenden Informationen gegeben (vgl. auch Fauldrath u. Kunisch 2005, 26):

- Titel der Seite
- Kurze Beschreibung des Inhalts: Entweder wird eine in den Metainformationen der Seite enthaltene Zusammenfassung verwendet oder die eingegebenen Suchwörter werden in ihrem Kontext angezeigt (*keywords in context*).
- URL der Seite
- Von vielen Suchmaschinen werden unter jedem Suchergebnis Verweise auf ähnliche Dokumente, eine von der Suchmaschine zum Zeitpunkt der Indexierung gespeicherte Kopie des Dokuments (*Cache*), auf ähnliche Dokumente und im Fall von Nicht-HTML-Dokumenten ein Verweis auf eine von der Suchmaschine erstellte HTML-Version angeboten.

Abweichungen von dieser Präsentationsform finden sich nur selten. Alle wichtigen Suchmaschinen bieten wenigstens in einem ersten Schritt nach dem Abschicken einer Suchanfrage direkt eine Trefferliste in dieser Form an. Größere Unterschiede gibt es allerdings bei den Möglichkeiten, die ausgegebenen Ergebnisse zu filtern und die Suchanfrage zu modifizieren. Diese Möglichkeiten werden in Kapitel 10 ausführlich dargestellt. Grundsätzlich sind die Suchmaschinen allerdings darauf angelegt, auf die Eingabe von Suchbegriffen hin direkt im ersten Schritt ein brauchbares Ergebnis zurückzugeben.

Die Trefferlisten werden stets nach der angenommenen Relevanz angeordnet, weitere Anordnungsmöglichkeiten, wie sei in Datenbanken üblich sind (wie etwa nach dem Datum) werden nicht unterstützt.

2.4 Abfragesprachen

Mitentscheidend für ein erfolgreiches Retrieval ist die Möglichkeit, exakte Suchanfragen zu formulieren. Im Bereich der klassischen Datenbanken haben sich im Lauf der Jahre komplexe Abfragesprachen entwickelt, die von den frühen Suchmaschinen nachgebildet wurden. Hier ist vor allem die Suchmaschine AltaVista zu nennen, die sich an professionellen Ansprüchen orientierte und bis zu ihrer Umstellung auf die Yahoo-Datenbank im Jahr 2004 die umfangreichsten Suchmöglichkeiten bot.

Neuere Suchmaschinen wie etwa Google (gestartet 1998) legen weniger Wert auf erweiterte Suchfunktionen. Dies ist wohl insbesondere auf die recht seltene Nutzung spezieller Funktionen zurückzuführen, so dass in diesem Bereich nur wenig Bedarf gesehen wird.

Tabellarische Vergleiche der Abfragesprachen wichtiger Suchmaschinen bieten unter anderem Hock (2001), Ojala (2002), Hock (2004), Lewandowski (2004a) und Notess (2004b). Lewandowski (2004a) bietet eine Diskussion der Abfragesprachen der wichtigsten Suchmaschinen. Es wird darauf hingewiesen, dass Suchmaschinen die aus der „Datenbank-Welt" bekannten Standardfunktionen nicht umgesetzt haben, dafür aber viele web-spezifische Kommandos bieten. Aus der Untersuchung lässt sich folgern, dass Suchmaschinen zunehmend eigene Abfragemöglichkeiten bieten, die auf die Besonderheiten des Web Information Retrieval zugeschnitten sind, während im Information Retrieval bewährte Funktionen vernachlässigt werden.

Die zweite Auffälligkeit besteht in der Vielfalt der Kommandosprachen. Wie im Datenbank-Umfeld auch hat jede Suchmaschine ihre eigene Syntax, die sich bei anderen Suchmaschinen nicht anwenden lässt. Während von professionellen Nutzern erwartet werden kann, sich in unterschiedliche Abfragesprachen einzuarbeiten, ist im Suchmaschinen-Bereich hierin ein besonderes Problem zu sehen. Zu einem Teil lässt sich damit sicher auch der hohe Anteil der falsch gestellten Suchanfragen in Suchmaschinen erklären (vgl. Jansen, Spink u. Saracevic 2000).

Tabelle 2.1. Gebräuchliche Retrieval-Funktionen in professionellen Datenbanken und ihre (mögliche) Anwendung bei Suchmaschinen

Funktion in professionellen Datenbanken	Anwendung bei Suchmaschinen
Boolesche Operatoren	ja, oft keine vollständige Unterstützung
Phrasensuche	ja
Exaktes Matching	ja; Standard
Feldsuche	eingeschränkt
Klammern (*nesting*)	nicht in allen Suchmaschinen
Suche speichern	nein
Suchhistorie	nein
Trunkierung	in keiner der großen Suchmaschinen
Platzhalter	in keiner der großen Suchmaschinen
Reihenfolge der Operatorenverarbeitung erfolgt nach klaren Regeln.	teilweise
Abstandsoperatoren	in keiner der großen Suchmaschinen
Bereichssuche bei numerischen Angaben	eingeschränkt; bei Datumseinschränkung
Einsatz eines Thesaurus o.ä. in der Suche	nein
Thematische Suche	eingeschränkt; Zugriff über Verzeichnis
Stemming	eingeschränkt; wenn vorhanden, dann in der Regel nur für die englische Sprache

Dass Suchmaschinen auf im Information Retrieval bewährte Funktionen verzichten, lässt sich auch anhand einer Untersuchung über die bei professionellen Datenbanken angebotenen Suchfunktionen verdeutlichen. Othman u. Halim (2004) unterteilen die Retrieval-Funktionen der von ihnen untersuchten 25 Datenbank-Anbieter in zwei Kategorien: gebräuchliche (*common*) und vereinzelt vorkommende (*unique*). Gebräuchlich ist eine Funktion dann, wenn mindestens fünf der untersuchten Datenbanken diese Funktion anbieten; *unique* ist sie, wenn sie bei weniger als fünf der untersuchten Datenbanken vorhanden ist. Vor allem die Liste der gebräuchlichen Funktionen kann als Orientierung für Funktionen und Operatoren bei Web-Suchmaschinen dienen. Die gebräuchlichsten Funktionen der Datenbanken sind in Tabelle 2.1 mit ihren Anwendungen im Suchmaschinen-Umfeld dargestellt.

Deutlich wird, dass viele der bei Datenbanken selbstverständlichen Funktionen bei den gängigen Suchmaschinen nicht vorhanden oder nur unzureichend implementiert sind. Während sich frühe Suchmaschinen wie AltaVista noch an den Retrieval-Funktionen der professionellen Datenbanken orientierten, bieten neuere Suchmaschinen in der Regel weniger Möglichkeiten. Für eine professionelle Recherche sind die gebotenen Möglichkeiten nicht ausreichend.

Eine weitere wichtige Frage ist die nach der Nützlichkeit bzw. Funktionstüchtigkeit der angebotenen Operatoren, speziell in einem Umfeld, in dem nicht mit einem ausgefeilten Umgang mit diesen gerechnet werden kann.

Eastman und Jansen (2003) gehen der Frage nach, inwieweit Operatoren bei der Suche im Web überhaupt nützlich sind. Dafür ermitteln sie aus einem *query log* der Suchmaschine Excite jeweils 25 Anfragen, die den Operator AND, OR, MUST APPEAR (+) bzw. eine Phrasensuche enthalten. Die Anfragen werden jeweils mit und ohne Operator an die drei Suchmaschinen MSN, AOL und Google gestellt. Dabei kann keine durchgängige Verbesserung der Suchergebnisse durch den Einsatz von Operatoren festgestellt werden.

Dieses auf den ersten Blick erstaunliche Ergebnis lässt sich wohl aus dem Umstand erklären, dass Suchanfragen an Web-Suchmaschinen in der Regel sehr große Treffermengen ergeben, also in der Regel auch eine relativ große Menge an relevanten Treffern vorhanden ist. In der Untersuchung von Eastman und Jansen wurden die ersten zehn Treffer jeder Suchanfrage ausgewählt. Es kann angenommen werden, dass schlicht genug relevante Treffer vorhanden waren, um die Top 10 damit „aufzufüllen", auch wenn die Operatoren weggelassen wurden.

Bei der Durchsicht der von Eastman u. Jansen verwendeten Suchanfragen fällt auf, dass insbesondere den mit OR verknüpften Anfragen oft eine gegenteilige Intention unterstellt werden kann. Eine Anfrage nach „microsoft OR office OR 2000" sollte wohl eher mit AND verknüpft sein. Aus diesem Grund verändert sich das durchschnittliche Ergebnis bei Weglassen der Operatoren auch nicht zum Negativen.

Dass Verknüpfungen mit AND nicht besser abschneiden als solche ohne den Operator, ist auf die Standardeinstellung der Suchmaschinen zurückzuführen, die mehrere Begriffe in der Regel automatisch durch AND verknüpfen. Ähnliches gilt für den MUST APPEAR (+) Operator: Die meisten Suchmaschinen suchen exakt die eingegebene Wortform (und nur diese), so dass sich das Plus-Zeichen nur bei der Verwendung von Stoppworten für deren Berücksichtigung auswirkt.

Die seltene Anwendung von Operatoren und erweiterten Suchfunktionen ist auf die schiere Menge der Suchanfragen zurückzuführen. Den Suchmaschinen gelingt es, auch undifferenzierte Suchanfragen oft mit hoher Qualität zu beantworten. Durch die Festlegung eines Standardoperators (in der Regel AND) zur Verknüpfung mehrerer eingegebener Suchbegriffe wird dem Nutzer in den meisten Fällen die eigene Kombinationsleistung erspart. Bei einer rein mengenmäßigen Betrachtung der Suchanfragen und dem Anteil der Suchanfragen mit Operatoren (wie in Silverstein et al. 1999, Spink u. Jansen 2004) und dem Schluss daraus, diese nur noch eingeschränkt anzubieten, wird allerdings vergessen, dass umfangreiche Abfragesprachen für einige Suchanfragen essentiell sind. Soll mit den Suchmaschinen eine Recherche auf hohem Niveau möglich sein, sind auch komplexe Abfragesprachen anzubieten. Wünschenswert (und deren Verwendung sicher förderlich) wäre die Angleichung der Kommandos zwischen verschiedenen Suchmaschinen, so dass diese vom Nutzer nur einmal erlernt werden müssten.

2.5 Arten von Suchanfragen

Während im klassischen Information Retrieval im Fall des konkreten Informationsbedarfs die Antwort auf eine Faktenfrage und im Fall des problemorientierten Informationsbedarfs eine Menge von Dokumenten zur Beantwortung einer Suchanfrage gewünscht wird (Frants et al. 1997, 38), ist die Spanne der bei der Suche im Web unterschiedlichen Anfragetypen weiter zu differenzieren. Broder (2002) unterteilt die Anfragen auf Basis einer Nutzerbefragung sowie der Auswertung eines *query logs* von AltaVista in drei Arten: *navigational* (navigationsorientiert), *informational* (informationsorientiert und *transactional* (transaktionsorientiert).

Eine bestimmte Website zu erreichen, ist das Ziel *navigationsorientierter Anfragen*, wobei der Nutzer entweder bereits von der Existenz dieser Site weiß oder diese vermutet. Diese Anfrage-Art ist mit den known item searches im klassischen Information Retrieval vergleichbar. Spink u. Jansen (2004, 90f.) konstatieren in den letzten Jahren eine Zunahme von navigationsorientierten Anfragen.

Informationsorientierte Anfragen) entsprechen am ehesten den im klassischen Information Retrieval gestellten Anfragen. Ziel ist das Auffinden thematisch passender Dokumente; die einzige weitere Aktion des Nutzers soll das Lesen der gefundenen Dokumente sein. Eine Besonderheit im Web-Umfeld ist einzig die Spannweite der gestellten Suchanfragen: diese reichen von völlig unspezifischen Einwort-Anfragen wie *cars* bis zu hoch spezifischen Anfragen. Solche großen Unterschiede lassen sich in klassischen Systemen nicht feststellen, da diese in der Regel von geschulten Nutzern verwendet werden und die Spezifität nicht unter einer gewissen Schwelle liegt, da sie sich aus dem fachlichen Umfeld ergibt.

Transaktionsorientierte Anfragen zielen auf eine Transaktion nach dem Auffinden der entsprechenden Seite ab. Transaktionen können beispielsweise der Kauf eines Produkts oder der Download einer Datei sein. Solche Anfragen sind web-spezifisch und kommen im klassischen Information Retrieval nur in gesonderten Systemen vor.

Die Auswertung der Nutzerumfrage sowie von 400 zufällig gewählten Anfragen aus dem *query log* ergab, dass sich die Anfragen der AltaVista-Nutzer zum Untersuchungszeitpunkt folgendermaßen aufteilten: zwischen 20 und 24,5 Prozent der Anfragen waren *navigationsorientierte Anfragen*, zwischen 39 und 48 Prozent *informationsorientiert* und zwischen 22 und 30 Prozent *transaktionsorientiert*.

Tabelle 2.2. Arten von Suchanfragen und ihre Häufigkeit (Broder 2002)

Type of query	User Survey	Query Log Analysis
Navigational	24,5%	20%
Informational	?? (estimated 39%)	48%
Transactional	>22% (estimated 36%)	30%

Deutlich wird, dass alle drei Typen von Suchanfragen einen bedeutenden Anteil an der Gesamtmenge aller Anfragen haben. Sie sollten deshalb im Design von Suchmaschinen gleichermaßen berücksichtigt werden. Broder sieht in der Berücksichtigung der Anfragetypen eine Evolution der Suchmaschinen: während die erste Suchmaschinen-Generation sich am klassischen Information Retrieval orientierte und damit in erster Linie informationsorientierte Anfragen beantworten konnte, gelang es in der zweiten Entwicklungsstufe durch die Einbindung webspezifischer Daten wie etwa Linkstruktur oder der Einbindung von Ankertexten, sowohl informationsorientierte als auch navigationsorientierte Anfragen zu beantworten. In einer dritten Stufe sollen auch transaktionsorientierte Anfragen besser beantwortet werden können, indem die Suchmaschinen versuchen, die Nutzeranfrage besser einzuordnen bzw. in einem iterativen Prozess vom Nutzer einordnen zu lassen. Solche Ansätze werden in Kapitel 10 diskutiert.

Während bei navigationsorientierten und transaktionsorientierten Anfragen jeweils nur ein Ziel-„Dokument" gefunden werden soll, werden informationsorientierten Anfragen in der Regel erst durch eine Menge von Dokumenten befriedigt. In der Einteilung nach Broder unberücksichtigt bleiben allerdings natürlichsprachliche Anfragen, die einen konkreten Informationsbedarf ausdrücken.

2.6 Nutzerstudien

Für alle Information-Retrieval-Systeme gilt, dass sich diese zentral an den Bedürfnissen ihrer Nutzer orientieren sollten. Korfhage (1997, 15) etwa konstatiert: „The user is central to the success of an information retrieval system." Für Suchmaschinen gilt diese Feststellung in noch erhöhtem Maß: Sie bedienen die Informationsbedürfnisse von in der Regel ungeschulten Nutzern und müssen sich auf diese spezielle Nutzergruppe einstellen. Erst in den letzten Jahren wurde allerdings klar erkannt, dass sich die Suchmaschinen-Nutzer von den Nutzern klassischer Information-Retrieval-Systeme nicht nur unterscheiden, sondern auch eigene Strategien bei der Informationsbeschaffung entwickelt haben, die es bei zukünftigen Suchmaschinen-Entwicklungen zu berücksichtigen gilt.

2.6.1 Methoden der Nutzerforschung

Für die Untersuchung des Verhaltens der Suchmaschinen-Nutzer kommen unterschiedliche Methoden in Frage. Dies sind die Nutzerbefragung, das Laborexperiment und die Logfile-Analyse.

Nutzerbefragungen arbeiten mittels Fragebögen oder Telefoninterviews und stellen eine standardisierte Methode der - in aller Regel quantitativen - Erfassung des Nutzerverhaltens dar. Der Vorteil dieser Methode liegt in der Möglichkeit, eine relativ hohe Anzahl von Nutzern zu befragen, da die Fragen in der Regel geschlossen gestellt werden, wodurch der Aufwand der Befragung und der Auswertung im Vergleich zu anderen Methoden gering ausfällt. Der Nachteil dieser Methode ist in der mangelnden Interaktivität zwischen Befragtem und Fragendem sowie in der Genauigkeit bzw. Ehrlichkeit der Angaben der Nutzer zu sehen. Werden Nutzer nach ihren Informationsbedürfnissen gefragt, so werden sie etwa in der Regel ein vorhandenes Interesse an pornographischen Inhalten verschweigen.

Im Folgenden werden Ergebnisse aus der Untersuchung von Machill et al. (2003) vorgestellt. Im Rahmen ihrer Nutzerbefragung werteten sie das Verhalten von 1.000 deutschen Internetnutzern aus, die telefonisch befragt wurden. Diese Untersuchung stellt die bisher umfangreichste Nutzerbefragung im deutschsprachigen Raum dar.

Laborexperimente dienen dazu, den Nutzer bei der Recherche direkt zu beobachten. In der Regel werden den Nutzern Aufgaben gestellt, die zu bewältigen sind. Der Untersuchungsleiter beobachtet den Nutzer und protokolliert die Schritte, die zur Befriedigung des Informationsbedürfnisses führen. Diese Methode bietet den Vorteil, den Nutzer direkt beobachten zu können und zumindest in Hinblick auf die gestellten Aufgaben sein tatsächliches Vorgehen erfassen zu können. Der Nachteil liegt im relativ hohen Aufwand und der Künstlichkeit der Laborsituation. Außerdem werden auch in dieser Untersuchungsform die realen Informationsbedürfnisse nicht in Gänze erfasst.

Die Studie von Machill et al. (2003) enthält ebenfalls ein Laborexperiment, bei dem 160 Versuchspersonen teilnehmen. Die Arbeit von Hölscher (2003) enthält zwei Laboruntersuchungen, in denen jeweils das Verhalten von Laien und Experten verglichen wird. Die Teilnehmerzahl der Untersuchungen liegt allerdings mit 19 bzw. 47 Personen relativ niedrig.

Logfile-Analysen bieten die Möglichkeit, eine hohe Anzahl von Anfragen zu untersuchen, da sie die tatsächlich von einer Suchmaschine bearbeiteten Anfragen auswerten; die Anzahl der ausgewerteten Anfragen liegt dabei oft in Millionenhöhe. Der Vorteil dieser Methode liegt neben der Datenmenge in der Abbildung des tatsächlichen Nutzerverhaltens. Die Daten können kostengünstig erhoben werden und die Datenerhebung beeinflusst den Nutzer nicht in seinem Verhalten. Nachteile sind das Fehlen von Informationen über die einzelnen Nutzer sowie technische

Beschränkungen wie etwa die Unmöglichkeit, weitere Schritte des Nutzers, die nicht in direkter Interaktion mit der Suchmaschine stehen, zu protokollieren.

Als die wichtigsten Logfile-Analysen sind die Untersuchungen von Spink u. Jansen (2004) anzusehen. Seit 1997 wurden Logfiles unterschiedlicher populärer Suchmaschinen mit der gleichen Methode ausgewertet, so dass sich erstmals das Nutzerverhalten über einen längeren Zeitraum beobachten lässt.

2.6.2 Nutzergruppen

Suchmaschinen bedienen eine heterogene Nutzerschaft. Neben Laien werden sie auch von Profis verwendet, seien dies Information Professionals (als „Recherche-Profis") oder Experten ihres jeweiligen Fachgebiets. Neben Untersuchungen zum allgemeinen Nutzerverhalten wurden auch Studien über bestimmte Nutzergruppen durchgeführt (s. Spink u. Jansen 2004, 21ff. für eine Übersicht) oder auch über Experten, die sich im Rahmen eines Hobbys eine gewisse Expertise angeeignet haben (Amento et al. 2000). Diesen Untersuchungen ist leider zum großen Teil gemein, dass sie einen Experten bereits durch relativ geringe Kenntnisse im Bereich der Recherche auszeichnen. So spielt etwa für die Auswahl als Experte in der Untersuchung von Hölscher die formale Ausbildung keine Rolle: „Bezüglich ihrer Web-Kenntnisse sind die Teilnehmer als Autodidakten zu beschreiben, die sich ihr Wissen über die Jahre eigenständig, zum Teil als Hobby, insbesondere aber im Rahmen eines *training-on-the-job* selbst angeeignet haben" (Hölscher 2003, 102).

Untersuchungen zur Nutzung von Suchmaschinen durch tatsächliche Recherche-Profis beispielsweise in den Informationsabteilungen von Großunternehmen oder Unternehmensberatungen liegen bislang nicht vor.

Die meisten Untersuchungen konzentrieren sich auf die typischen Laien-Nutzer, welche den Großteil der Suchmaschinen-Nutzer ausmachen. Im Folgenden sollen die wichtigsten Erkenntnisse aus den Nutzerstudien systematisch vorgestellt werden. Die Ergebnisse bilden die Grundlage für die weiteren Überlegungen zum Aufbau und der Verbesserung von Suchmaschinen, wobei stets der Nutzer, wie er durch die Nutzerstudien beschrieben wird, im Vordergrund steht. Wo dies sinnvoll erscheint, wird allerdings auch auf die Bedürfnisse von Profinutzern eingegangen.

2.6.3 Recherchekenntnisse und -strategien

Operatoren. Boolesche Operatoren werden nur bei etwa jeder zehnten Anfrage verwendet (Spink u. Jansen 2004, 184), während etwa 20 Prozent der Nutzer angeben, diese öfter zu verwenden (Machill et al. 2003, 167). Eine Untersuchung aus dem Jahr 2000 (Jansen, Spink, Saracevic 2000) fand heraus, dass etwa die Hälfte der Booleschen Anfragen zudem Fehler enthalten; bei den von den Nutzern an Stelle der Booleschen Operatoren bevorzugten Plus- und Minuszeichen (die die selben Funktionen ausdrücken) lag die Fehlerquote sogar bei zwei Dritteln.

Der Anteil der Anfragen mit Booleschen Operatoren erscheint sehr gering; zu bedenken ist allerdings, dass die Eingabe dieser Verknüpfungen bei Suchmaschinen im Gegensatz zu anderen Recherchesystemen nicht zwingend notwendig ist. In der Regel werden mehrere eingegebene Begriffe automatisch mit AND verbunden, so dass zumindest einfache Anfragen ohne die Eingabe von Operatoren gestellt werden können.

Erweiterte Suchformulare. Während die Booleschen Operatoren nach der Befragung von Machill et al. (2003) nur etwa der Hälfte der Nutzer bekannt sind, erreichen die erweiterten Suchformulare („Profisuche") mit 59 Prozent eine etwas höhere Bekanntheit. Allerdings zeigt sich, dass sie noch seltener genutzt werden als die Operatoren: Nur 14 Prozent der Nutzer geben an, die erweiterte Suche öfter zu nutzen (Machill et al. 2003, 168). In der angeschlossenen Laboruntersuchung lag deren Nutzung noch einmal deutlich darunter.

Zeitliche Entwicklungen. In Hinblick auf die Nutzung von Operatoren kann keine Entwicklung festgestellt werden; ihre Nutzung hat sich im Lauf der Jahre nicht verändert (Spink u. Jansen 2004, 79). Allerdings nimmt die Länge der Suchanfragen langsam zu und liegt mittlerweile bei durchschnittlich etwa 2,6 Termen je Anfrage. Spink u. Jansen (2004, 80) sehen darin ein Anzeichen für die zunehmende Komplexität der Web-Suchen. Hier ist allerdings anzumerken, dass die größere Länge wenig über die Komplexität der Anfragen aussagt; diese würde sich vielmehr in der Nutzung von Operatoren oder anderen Möglichkeiten der Rechercheeinschränkung zeigen. Letztlich bleibt nur der Schluss zu ziehen, dass sich die Entwicklung bzw. Verbesserung von Suchmaschinen an dem geringen Kenntnisstand der Nutzer zu orientieren hat, wobei keine größeren Veränderungen des Nutzerverhaltens erwartet werden dürfen.

2.6.4 Themen und Auswahl der Suchbegriffe

Zu den verwendeten Suchbegriffen bietet allein die Untersuchung von Spink u. Jansen (2004) konkrete Aussagen. Hier ist besonders interessant, dass die Spannbreite der Informationsbedürfnisse im Lauf der Jahre deutlich zugenommen hat. Zwar werden 20 Prozent aller eingegebenen Suchbegriffe regelmäßig verwendet, zehn Prozent kamen allerdings nur ein einziges Mal vor.

Die thematischen Interessen der Suchmaschinen-Nutzer haben sich im Lauf der letzten Jahre ebenfalls gewandelt. Während in den Anfangsjahren viele Anfragen aus den beiden Themenfeldern Sex und Technologie kamen, gehen diese mittlerweile zurück. Dafür nehmen Anfragen im Bereich E-Commerce zu. Weiterhin zugenommen haben nicht-englischsprachige Begriffe sowie Zahlen und Akronyme.

Die Popularität von Suchbegriffen ist auch saisonabhängig und wird durch aktuelle Nachrichten beeinflusst (Spink u. Jansen 2004, 183f.).

2.6.5 Sichten der Treffer

Von allen Untersuchungen wird übereinstimmend festgestellt, dass Nutzer in der Regel nur die ersten Treffer aus den Ergebnislisten überhaupt ansehen. Etwa 80 Prozent der Nutzer sehen sich nur die ersten zehn Treffer in der Ergebnisliste an, also in der Regel die erste Seite der Trefferliste (Hölscher u. Strube 2000; Jansen et al. 2000; Silverstein et al. 1999; Spink u. Jansen 2004). Nach den Studien von Spink u. Jansen hat die Anzahl der angesehenen Ergebnisseiten im Lauf der Zeit abgenommen; dies könnte allerdings auch darauf zurückzuführen sein, dass es den Suchmaschinen im Lauf der Zeit gelungen ist, die Suchanfragen besser zu beantworten, so dass sich brauchbare Ergebnisse öfter bereits auf der ersten Ergebnisseite finden. Allerdings wird auch immer wieder darauf hingewiesen, dass in erster Linie die Treffer auf den ersten Listenplätzen, welche ohne vorheriges Scrollen am Bildschirm sichtbar sind, angeklickt werden (Singhal 2004).

Im Rahmen einer Recherche sichten die Nutzer im Durchschnitt nur etwa fünf Dokumente (Spink u. Jansen 2004, 101), wobei jedes Dokument nur kurz geprüft wird, ob es die gewünschte Information enthält. Die Recherche wird meist abgebrochen, sobald ein Dokument gefunden wurde, welches geeignet erscheint, das Informationsbedürfnis zu befriedigen. Eine gesamte Such-Session inklusive der Sichtung der Dokumente dauert in der großen Mehrheit nur etwa 15 Minuten (Spink u. Jansen 2004, 101).

2.6.6 Wissen über Suchmaschinen und deren Finanzierung

In der Nutzerbefragung von Machill et al. werden die Nutzer danach gefragt, wie viele Suchmaschinen sie kennen. Nur 16 Prozent der Nutzer können die Namen von vier oder mehr Suchmaschinen nennen; ein Viertel der Befragten kennt nur eine einzige Suchmaschine.

Hinsichtlich der Finanzierung von Suchmaschinen herrscht bei den Nutzern weitgehende Unkenntnis: In der Befragung von Machill et al. (2003, 190) können nur neun Prozent der Befragten Werbeeinblendungen und Sponsoren als Finanzquelle der Suchmaschinen nennen, während über die Hälfte der Befragten (irrtümlich) annimmt, dass sich Suchmaschinen durch den Weiterverkauf von Nutzerdaten finanzieren. Eine amerikanische Laborstudie aus dem Jahr 2003 (Marable et al. 2003) zeigt, dass durchschnittliche Suchmaschinennutzer über die Finanzierung der Suchmaschinen im Unklaren sind und verwundert reagieren, wenn ihnen gezeigt wird, dass sich oberhalb der regulären Trefferlisten bezahlte Treffer befinden. Im Laborexperiment hatten die Nutzer zu 41 Prozent solche Treffer in der Annahme angeklickt, dass es sich um reguläre Ergebnisse handeln würde. Die Untersuchung wird durch die geringe Teilnehmerzahl von nur 17 Personen in ihrer Aussagekraft geschwächt; die Ergebnisse können allerdings durchaus als Indikator für das mangelnde Wissen der Laiennutzer gewertet werden.

2.7 Forschungsbereiche

Dieser Abschnitt soll einen knappen Überblick der Forschungsbereiche im Rahmen des Web Information Retrieval geben. Neben der Evaluierung von Suchmaschinen, welche in der Regel mittels Retrievaltests stattfindet (vgl. Kap. 9) und der Erforschung des Nutzerverhaltens (wie im vorangegangenen Abschnitt beschrieben) liegen die Schwerpunkte der Forschung vor allem auf neuen algorithmischen Ansätzen, die die Suche und das Ranking der Trefferlisten verbessern sollen und auf der Arbeit am *Semantic Web*.

Das Semantic Web (Berners-Lee et al. 2001) erweitert das bisherige WWW um semantische Auszeichnungen, die insbesondere die Kommunikation zwischen Rechnern ermöglichen bzw. erleichtern soll. Das bisherige Web ist vor allem auf die Kommunikation zwischen Mensch und Maschine ausgelegt, während dem Austausch von Informationen zwischen Maschinen für die Zukunft eine tragende Rolle zugemessen wird.

Die Forschung zum Semantic Web wird in diesem Buch ausgeklammert, weil sich die Entwicklung in diesem Bereich trotz großer Anstrengungen noch in einer frühen Phase befindet und die Auswertung semantischer Auszeichnungen zumindest auf absehbare Zeit für Suchmaschinen nicht in Frage kommt. Technologien des Semantic Web müssen sich noch in größeren und vor allem allgemeineren als speziellen Fachumgebungen bewähren, bevor sie im großen Stil im „allgemeinen Web" ausgewertet werden können.

Eine Zusammenfassung der Kernprobleme im Bereich Web Information Retrieval auf algorithmischer Ebene bieten Henzinger, Motwani und Silverstein (2002). Dabei geht es um die Felder, auf denen bisher nicht oder nur wenig geforscht wird. Die fünf angeführten Punkte lauten:

Spam: eine Besonderheit des Web Information Retrieval ist es, dass den Dokumenten nicht per se vertraut werden kann. Es gibt massive Bestrebungen von Inhalteanbietern und Werbetreibenden, die Indexe der Suchmaschinen mit von diesen unerwünschten Inhalten zu überfluten. Aufgabe der Suchmaschinen ist es, diese Spam-Seiten gezielt auszufiltern. Das Problem ist den Suchmaschinen-Betreibern inzwischen bewusst; verschiedene Techniken werden mehr oder weniger erfolgreich eingesetzt. Die Zunahme des Spam-Problems wird auch von den Suchmaschinen-Betreibern bestätigt (Machill, Welp 2003, 82).

Qualität der Inhalte (*Content Quality*): Selbst wenn das Spam-Problem nicht existierte, wäre die Frage des Vertrauens in die Dokumente nicht gelöst. Das Web sei voll von Dokumenten von zweifelhafter Qualität. Gute Suchmaschinen müssten von der Annahme ausgehen, dass den Dokumenten erst einmal nicht zu trauen sei. Erst durch das Erkennen von Zusammenhängen zwischen den Dokumenten kann deren Qualität bewertet werden. Bisherige Ansätze nutzen dazu Verfahren der Link-Topologie (s. Kap. 8). Henzinger, Motwani und Silverstein fordern erweiterte Ansätze, die sowohl die Auswertung von Informationen im Dokument selbst als auch von Beziehungen der Dokumente untereinander vornehmen. Projekte wie AQUAINT (Mandl 2005) beschäftigen sich inzwischen mit der Qualität der Inhalte.

Web-Konventionen (*Web Conventions*): Unter den Autoren von Web-Seiten haben sich gewisse Konventionen herausgebildet, die aber nicht unbedingt explizit bekannt sind. Beispielsweise werden Ankertexte eingesetzt, um die Seite, auf die verwiesen wird, zu beschreiben. Bisher gibt es nur wenig Forschung über diese Konventionen und Methoden, deren Verletzung zuverlässig zu erkennen.

Gespiegelte Hosts (*Duplicate Hosts*): Hier ist nicht das Problem der Dublettenkontrolle von bereits durch den Crawler angeforderter Seiten gemeint, sondern Methoden, die eine Überprüfung gesamter Server ohne den vorherigen Download sämtlicher Dokumente möglich machen.

Schwach strukturierte Daten (*Vaguely-Structured Data*): Web-Inhalte stehen hinsichtlich ihrer Struktur in der Regel zwischen Fließtext (unstrukturiert) und den Inhalten von Datenbanken (stark strukturiert). Da die Textauszeichnungssprache HTML nur wenige strukturbeschreibende Informationen liefert (siehe Kapitel 4.2.1), müssen die Layout-Angaben aus HTML-Dokumenten ausgewertet werden.

Auffällig an dieser Aufstellung der Forschungsgebiete ist die Konzentration auf die *rein* algorithmischen Aspekte von Suchmaschinen. Und hier ist wohl auch ein Kernproblem der bisherigen Forschung zu sehen: Das Vertrauen darauf, dass eine algorithmische Lösung der Web-Suche gefunden werden wird. Wie in diesem Buch allerdings gezeigt werden wird, wird eine vollkommene, *rein* algorithmische Lösung nicht nur nicht möglich sein, sondern ist auch gar nicht unbedingt als wünschenswert zu betrachten. Algorithmische Lösungen gehen davon aus, dass eine Suchanfrage in einem Schritt beantwortet werden könnte; nach der Eingabe der Suchanfrage erscheinen direkt die Ergebnisse und auf den ersten Trefferplätzen sollen diejenigen Dokumente stehen, die der Nutzer benötigt. Unberücksichtigt bleibt hier allerdings der Nutzer selbst: Von ihm wird angenommen, dass er in der Lage ist, sein Informationsbedürfnis adäquat auszudrücken. Dass dies nur in den wenigsten Fällen der Fall ist, konnte bereits im letzten Abschnitt gezeigt werden. Es sind daher Lösungen zu finden, die den Nutzer besser in die Recherche einbinden und ihm die Möglichkeiten aufzeigen, eine „perfekte" Suchanfrage zu stellen.

3 Die Größe des Web und seine Abdeckung durch Suchmaschinen

Die Betreiber von Suchmaschinen werben in der Regel damit, dass ihre Suchmaschine den größten Teil des WWW indexiert hätte, wenn nicht gar damit, „the world's information" zugänglich zu machen (so das Motto der Firma Google)[5]. In der Tat sind die von den Suchmaschinen selbst angegebenen Indexgrößen imposant (siehe Abbildung 3.1).

Der Indexierung der Web-Inhalte durch Suchmaschinen sind jedoch sowohl in ökonomischer als auch in technischer Hinsicht Grenzen gesetzt. Ökonomisch betrachtet lohnt es sich schlicht nicht, eine möglichst hohe Vollständigkeit zu erreichen, da nur wenige Dokumente sehr häufig nachgefragt werden, während manche nur äußerst selten nachgefragt werden. Der Aufbau und die Pflege eines Web-Index verursachen enorme Kosten, so dass hier ein Mittelweg zwischen Vollständigkeit und ökonomischer Vertretbarkeit gefunden werden muss.

Von größerer Bedeutung sind in unserem Zusammenhang jedoch die technischen Hindernisse, die Suchmaschinen daran hindern, das komplette Web zu indexieren. In diesem Kapitel soll erst die Frage nach der Abdeckung des Web durch Suchmaschinen allgemein gestellt werden, während in den weiteren Unterkapiteln als Konsequenz daraus spezielle Problembereiche wie das Erreichen von Vollständigkeit im Crawling-Prozess, die Aktualität der in den Suchmaschinen-Indexe vorhandenen Dokumente und vor allem der für den weiteren Gang der Untersuchung wichtigste Bereich, der des sog. „Invisible Web", behandelt werden sollen.

---

[5] http://www.google.com/corporate [2.7.2004]

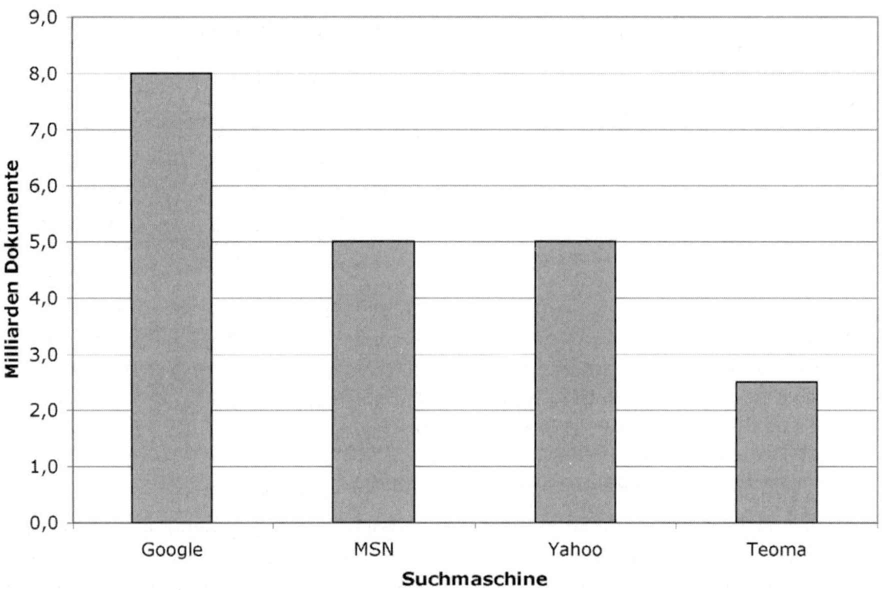

Abb. 3.1. Indexgrößen der führenden Suchmaschinen (Angaben der Betreiber und Schätzungen)

3.1 Die Größe des indexierbaren Web

Soll die Größe des Web berechnet werden, so muss zuerst gefragt werden, welche Dokumente überhaupt zu „dem Web" gezählt werden. Einerseits besteht die Möglichkeit, sich auf diejenigen Dokumente zu beschränken, die von Suchmaschinen indiziert werden können, andererseits kann man auch die nicht indizierbaren Dokumente dazu rechnen, also jedes im Web vorhandene Dokument werten. Bei letzterem Ansatz besteht allerdings (neben anderen) das Problem der kostenpflichtigen Datenbanken, die „über das Web" erreichbar sind. Werden diese mitgerechnet, so sinkt die Abdeckungsquote durch Suchmaschinen erheblich, obwohl es nicht im Ermessen oder an den technischen Beschränkungen der Suchmaschinen liegt, diese Dokumente in den Index aufzunehmen. Auf die Frage, welche Dokumente überhaupt von den Suchmaschinen erschlossen werden (können), wird in Abschnitt 3.4 näher eingegangen.

Vergleiche von Suchmaschinen werten oft die relative Indexgröße dieser Suchmaschinen aus, um zu Aussagen über den Abdeckungsgrad einzelner Suchmaschinen zu gelangen. Dabei werden Anfragen gestellt und die erzielte Anzahl der Treffer in den unterschiedlichen Suchmaschinen verglichen (vgl. u.a. Notess 2003a). Lawrence und Giles (1998, 98) weisen darauf hin, dass solche Vergleiche jedoch nur von beschränkter Aussagekraft sind, da die Suchmaschinen oft Dokumente ausgeben, die keine exakte Übereinstimmung mit den Suchtermen enthalten. Dies könne etwa daran liegen, dass die Information-Retrieval-Technologie mancher Suchmaschinen keine exakte Übereinstimmung zwischen Suchtermen und Termen im Dokument verlangt, dass die aufgelisteten Dokumente nicht mehr vorhanden seien oder aber, dass die Dokumente zwar noch vorhanden seien, ihr Inhalt sich aber mittlerweile verändert habe. Zwar mögen die zusätzlich ausgegebenen Dokumente relevant sein, sie verhindern aber eine treffende Schätzung der Abdeckung der jeweiligen Suchmaschine auf Basis der angegebenen Trefferzahl. Zu ergänzen sind hier noch die unzutreffenden Angaben der Trefferzahlen durch die Suchmaschinen, bei denen es sich (zumindest bei größeren Treffermengen) um Hochrechungen handelt.

Lawrence und Giles (1998) verwenden daher ein anderes Verfahren, um zu einer Schätzung der Gesamtgröße des Web und seiner Abdeckung durch Suchmaschinen zu kommen. In der ersten Untersuchung von 1998 wurden 575 von Wissenschaftlern des NEC Research Institute gestellte Suchanfragen ausgewertet.[6]

Um nun die Gesamtmenge der im WWW vorhandenen Dokumente zu errechnen, werden zuerst die Überschneidungen zwischen jeweils zwei Suchmaschinen gemessen. Dabei wird der relative Anteil des Web, der von einer Suchmaschine a abgedeckt wird (p_a), durch Teilung der Schnittmenge der von Suchmaschine a und b ausgegebenen Dokumente durch die Anzahl der von Suchmaschine b ausgegebenen Dokumente ermittelt. Um nun von diesem relativen Anteil zu einem absoluten Wert (der Gesamtgröße des indexierbaren Web) zu gelangen, wird die (bereits vor der Untersuchung bekannte) Zahl der von einer Suchmaschine indexierten Dokumente (in diesem Fall HotBot mit damals 110 Millionen Dokumenten) durch p_a geteilt.

Auf Basis der Überschneidung der beiden größten Suchmaschinen (damals HotBot und AltaVista) wird der Gesamtumfang des indexierbaren Web auf 320 Millionen

---

[6] Die für die Auswahl der Anfragen gegebenen Kriterien waren:

- Es musste die gesamte Liste der gefundenen Dokumente ausgegeben werden.
- Alle Dokumente wurden heruntergeladen und mit den Termen der Anfrage verglichen. Damit wurden nur die erreichbaren Dokumente ausgewertet.
- Dubletten wurden entfernt.
- Nur kleingeschriebene Anfragen wurden berücksichtigt (wegen der unterschiedlichen Behandlung von Groß- und Kleinschreibung bei den untersuchten Suchmaschinen)
- Für den Abruf der Dokumente wurde ein 60 Sekunden Time Out verwendet. (Lawrence u. Giles 1998, 99)
- Maximal 600 Dokumente je Anfrage wurden ausgewertet (gerechnet wird die Zahl aller von allen Suchmaschinen gefundenen Dokumente nach der Dubletteneliminierung).
- Nur exakte Übereinstimmungen zwischen Suchanfrage und Termen im Dokument wurden ausgewertet.

Dokumente geschätzt. Diese Zahl ist inzwischen deutlich überholt; die Indexgrößen der führenden Suchmaschinen liegen heute durchweg im Milliarden-Bereich (vgl. Abbildung 3.1).

Die Abdeckung der untersuchten Suchmaschinen lag in der Untersuchung von Lawrence und Giles (1998) zwischen drei und 34 Prozent. Bei Verwendung aller genannten Suchmaschinen wird eine Abdeckung von etwa 60 Prozent erreicht. Die Autoren empfehlen aus diesem Grund u.a. die Nutzung von Meta-Suchmaschinen, welche die Ergebnisse von unterschiedlichen Suchmaschinen kumulieren (s. auch Kapitel 2.2).

In einer zweiten Untersuchung wählten Lawrence and Giles (1999) ein anderes Verfahren, um die Größe des indexierbaren Web zu bestimmen. Sie wählen zufällig IP-Adressen aus allen möglichen IP-Adressen aus, gleich, ob diese besetzt sind oder nicht. Die ermittelten aktiven IP-Adressen (d.h. diejenigen, hinter denen ein Server steht) werden daraufhin untersucht, ob es sich um einen öffentlichen, d.h. durch Suchmaschinen indexierbaren Server handelt. Von einem Sample aus 3,6 Millionen IP-Adressen bleiben so 2,8 Millionen übrig. Aus diesen werden wiederum zufällig 2.500 ausgewählt, deren durchschnittliche Anzahl von Seiten (289) als Grundlage der Hochrechnung genommen wird. So kommen die Autoren zu dem Schluss, dass das indexierbare Web etwa 800 Millionen Seiten umfasst.

Die Abdeckung dieser Seiten durch Suchmaschinen wird mit 1.050 Anfragen getestet. Die am besten abschneidende Suchmaschine (Northern Light) deckt nur 16 Prozent des indexierbaren Web ab, alle untersuchten Suchmaschinen zusammen kommen auf 42 Prozent. Die zweite Untersuchung kommt also zu noch schlechteren Ergebnissen für die Suchmaschinen. Leider liegen seit der Untersuchung von 1999 keine weiteren Aktualisierungen vor.

Ein Projekt, das sich mit der Größe und Entwicklung des öffentlichen Web (im Sinne des indexierbaren Web) beschäftigt, ist das Web Characterization Project des Online Computer Library Center (OCLC). Die Größe des Web wird aufgrund eines Zufallssamples von 0,1 Prozent der möglichen IP-Adressen berechnet. Die ausgewählten IP-Adressen werden per HTTP-Request angefragt; im Falle einer erfolgreichen Rückmeldung wird die Website indexiert, um ihren Umfang zu ermitteln. Dubletten werden ausgefiltert, um die Anzahl eigenständiger Websites zu ermitteln. Daten aus dieser Untersuchung liegen für den Zeitraum von 1998 bis 2002 vor. Für 2002 wurde die Anzahl der öffentlichen Websites mit 3,08 Millionen angegeben. Die durchschnittliche Anzahl von Seiten je Website betrug 441, so dass sich eine Größe des öffentlichen Web von etwa 1,4 Milliarden Seiten ergab (O'Neill et al. 2003).

Diese Zahlen widersprechen allerdings sowohl den von den Suchmaschinen-Betreibern selbst für das Jahr 2002 angegebenen Indexgrößen (Sullivan 2003) als auch statistischer Berechnungen der „wahren" Indexgrößen (Notess 2003a). Demnach wären die Indexe einiger Suchmaschinen umfangreicher als das gesamte öffentliche Web. Allein durch das Vorhandensein von Dubletten in den Indexen lässt sich dieses Phänomen nicht erklären.

Generell bleibt also das Problem der unbekannten Größe des WWW bestehen. Henzinger und Lawrence (2004, 5186) kommen zu dem Schluss, dass „the sheer size of the web has led to a situation where even simple statistics about it are unknown, for example, its size or the percentage of pages in a certain language."

Seit den Untersuchungen von Lawrence und Giles sind die Indexe der Suchmaschinen massiv gewachsen (vgl. Abb. 3.1). Zwar ist nicht bekannt, wie groß das Web mittlerweile ist und welcher Anteil davon durch Suchmaschinen abgedeckt wird, es ist jedoch anzunehmen, dass die Verbesserungen bei den Suchmaschinen trotz dem weiteren Wachstum des Web zu einer größeren Abdeckung geführt haben.

Im weiteren Verlauf dieses Kapitels soll nun auf Problembereiche eingegangen werden, die die Indexierung von Dokumenten durch Suchmaschinen entweder verhindern oder doch zumindest erschweren.

3.2 Struktur

Die Struktur des Web aufgrund der Verlinkung der Dokumente zeigt Abbildung 3.2. Demnach besteht das Web einem Kernbestand an Dokumenten, die stark untereinander verbunden sind (der sog. SSC - Strongly Connected Core). Des Weiteren gibt es einen Bereich, der auf den SSC verweist (IN) sowie einen, auf den vom SSC aus verwiesen wird (OUT). Verbindungen zwischen dem IN- und dem OUT-Bereich existieren nur vereinzelt („tubes"). Neben den verbundenen Bereichen existieren sog. tendrils („Ranken"), die zwar mit einem der drei großen Subgraphen verbunden, jedoch insgesamt relativ isoliert sind. Jeder der vier Bereiche macht nach der Untersuchung von Broder et al. (2000) etwa ein Viertel des untersuchten Web aus (insgesamt wurden die Verlinkungen zwischen etwa 200 Millionen Dokumente untersucht). Weit kleiner als die genannten vier Bereiche ist die Zahl der unverbundenen Seiten („disconnected components"). Aufgrund der Größe und der Anordnung der Verlinkungsstruktur sprechen Broder et al. von einer „Bow-Tie-Struktur" (Fliegen-Struktur) des Web. Allerdings existieren keine Untersuchungen, die der Frage nachgehen, ob es sich bei dieser Fliegen-Struktur um eine dem Web grundsätzlich eigene Struktur handelt oder ob sich diese im Lauf der Zeit verändert (hat) (Chakrabarti 2003, 246).

In der weiteren Diskussion soll die Fliegen-Struktur zur Grundlage genommen werden, da sie in der Lage ist, die Struktur des Web zu beschreiben und bisher keine andere Struktur gefunden wurde, die zur Grundlage genommen werden könnte. Weiterhin ist anzunehmen, dass selbst bei einer veränderten Struktur gewisse für die Suchmaschinen relevante Merkmale beibehalten blieben.

Aus der Fliegen-Struktur lassen sich für das Auffinden von Web-Dokumenten folgende Schlüsse ziehen: Erstens lassen sich durch das einfache Verfolgen von Links nicht alle Web-Dokumente aufspüren. Diese Feststellung ist von besonders hoher Bedeutung, da alle eingesetzten Systeme auf genau dieser Annahme basieren und als einzige ergänzende Methoden zum Aufspüren unbekannter Dokumente manuelle Anmeldeverfahren sowie teilweise Paid-Inclusion-Programme einsetzen.

Der zweite wichtige Schluss, der sich aus der Fliegen-Struktur ergibt, ist, dass sich Dokumente im IN-Bereich des Web deutlich schwieriger aufspüren lassen als solche im Kernbereich oder im OUT-Bereich.

Wenn nun nicht alle Web-Dokumente von den Suchmaschinen erfasst werden, so stellt sich die Frage, ob die Dokumente wenigstens „gleichmäßig" erfasst werden, d.h. ob die Abdeckung des Web beispielsweise in Bezug auf unterschiedliche Länder gleich bzw. ähnlich ist oder ob es hier große Unterschiede gibt.

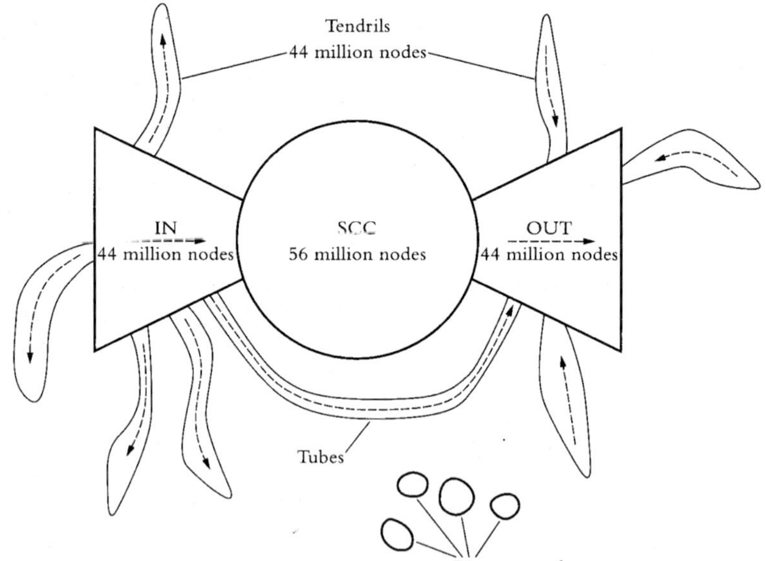

Abb. 3.2. Bow-Tie-Struktur des Web (Broder et al. 2000)

Vaughan und Thelwall (2004) untersuchen die Abdeckung von Websites in unterschiedlichen Ländern durch drei Universalsuchmaschinen. Dabei wird zwei Fragen nachgegangen: 1. Wie hoch ist der Anteil der erfassten Websites? 2. Welchen Anteil der Dokumente dieser Sites erfassen die untersuchten Suchmaschinen?

In die Untersuchung einbezogen werden die Suchmaschinen Google, All the Web und AltaVista. Die untersuchten Länder sind die Vereinigten Staaten, China, Singapur und Taiwan. Die Länder sind so gewählt, dass bei der Auswertung der Ergebnisse eine Unterscheidung getroffen werden kann, ob eine eventuell auftauchende Verzerrung aufgrund der Sprache oder aufgrund der Verlinkungsstruktur besteht. Für die USA und Singapur wurden englischsprachige Seiten ausgewertet, für China und Taiwan jeweils chinesischsprachige.

Die für die Untersuchung ausgewählten Sites stammen aus einem Zufallssample kommerzieller Sites aus den ausgewählten Ländern. Diese wurden über zufällig generierte IP-Nummern ermittelt. Ein Versuchscrawler indexierte dann alle Dokumente, die auf dem Server durch Verfolgung von Links gefunden wurden. Die untersuchten Suchmaschinen hatten gegenüber dem Versuchscrawler den Vorteil, durch Links von anderen Seiten eventuell Kenntnis über Unterseiten zu haben, die durch reine Linkverfolgung von der Startseite aus nicht zu erreichen sind.

Die Untersuchung ergab, dass die Abdeckung der Sites nach Ländern und Suchmaschinen erheblich differiert. Die beste Abdeckung ergab sich wie erwartet bei den US-Sites, sie lag hier zwischen 80 und 87 Prozent. Die Abdeckung der Sites aus China lag zwischen 52 und 70 Prozent, derjenigen aus Singapur zwischen 41 und 56 Prozent und der aus Taiwan zwischen vier und 75 Prozent, wobei hier AltaVista mit nur vier Prozent Abdeckung einen deutlichen Ausreißer gegenüber den anderen beiden Suchmaschinen darstellt (siehe Tabelle 3.1).

Auch bei der Tiefe der Indexierung der Sites zeigen sich deutliche Unterschiede. Während von den US-Sites durchschnittlich 89 Prozent der Seiten indexiert werden, sind dies bei den Sites aus China nur 22 Prozent und bei denen aus Taiwan sogar nur drei Prozent (Vaughan u. Thelwall 2004, 701).

Die Autoren müssen ihre am Beginn der Studie aufgestellte Hypothese, dass chinesischsprachige Sites aufgrund der technischen Probleme der Indexierung von nicht im ASCII-Zeichensatz darstellbaren Sprachen benachteiligt werden, verwerfen. Die Benachteiligung gilt ebenso für die englischsprachigen Seiten aus Singapur.

Erklären lässt sich die Benachteiligung von Nicht-US-Seiten durch die Linkstruktur: Sites, die viele Links auf sich ziehen, werden mit höherer Wahrscheinlichkeit (und tiefer) indexiert als solche, die keine oder nur wenige Links auf sich ziehen konnten. Allerdings ist hier zu beachten, dass dies auf Links von Seiten beschränkt ist, die ihrerseits von Suchmaschinen indexiert sind. Vaughan und Thelwall führen die bessere Verlinkung der US-Sites auf Startvorteile zurück. Dadurch, dass das Web zuerst in den USA populär wurde, haben die Suchmaschinen länger Zeit gehabt, diesen Bestand zu erschließen. Weiterhin würden Links eher auf Seiten des eigenen Landes gesetzt als auf ausländische (Vaughan u. Thelwall 2004, 704).

Kombiniert man die Ergebnisse von Vaughan und Thelwall mit der Bow-Tie-Struktur des Web, so lässt sich sagen, dass im *Strongly Connected Core* zu einem hohen Anteil US-Seiten enthalten sein müssen. Diese Seiten werden am besten von den Suchmaschinen indexiert.

Tabelle 3.1. Prozentsatz der abgedeckten Websites (Vaughan u. Thelwall 2004, 700)

	U.S.	China	Singapore	Taiwan	Durchschnitt
Google	87%	70%	56%	75%	72%
AllTheWeb	83%	61%	50%	75%	67%
AltaVista	80%	52%	41%	4%	44%
Average	83%	61%	49%	51%	61%

Ein wichtiger Schluss, der sich aus der Studie ergibt, ist die Feststellung, dass durchaus ein Bedarf für national, sprachlich oder thematisch orientierte Suchmaschinen besteht (Vaughan u. Thelwall 2004, 705). Diese haben (zumindest im deutschsprachigen Raum) in den letzten Jahren an Bedeutung verloren, da ihre ursprüngliche Legitimation (die mangelnde Abdeckung des „deutschen Web") hinfällig geworden zu sein schien. Durch die massive Erweiterung der Indexe der internationalen Universalsuchmaschinen glaubte man, auch mit diesen ähnlich große bzw. größere Dokumentmengen in der Landessprache zu finden.

Leider schließt die Studie von Vaughan und Thelwall den deutschen Sprachraum nicht mit ein. Hier wären Untersuchungen zu wünschen, die die Abdeckung deutschsprachiger Websites durch internationale und auf den deutschen Sprachraum beschränkte Suchmaschinen vergleichen.

3.3 Crawling

Ziel des Crawlings ist das Auffinden aller im Web vorhandenen bzw. aller als für den jeweiligen Index als wichtig betrachteten Dokumente. Eine Grenze ist dabei unter anderem durch die von der Suchmaschine angestrebte bzw. durch Gegebenheiten der Hardware vorgegebene Indexgröße gegeben.

Der Prozess des Crawlings verläuft durch das Traversieren der Linkstruktur des Web. Prinzipiell kann hier von einem einzigen Dokument ausgegangen werden. Nach der Erfassung dieses Dokuments werden die darin enthaltenen Links verfolgt, wodurch neue Dokumente gefunden werden. Diese werden wiederum erschlossen, enthaltene Links werden wiederum verfolgt. Im Idealfall ließe sich durch dieses Verfahren das gesamte Web erschließen; wie in Abschnitt 3.2 dargestellt, stehen jedoch strukturelle Merkmale des Web entgegen. Beim Neuaufbau eines Index ist daher von einer Menge von Startdokumenten auszugehen, die über möglichst viele Bereiche des Web verteilt sein sollten. Um auch die *disconnected components* erschließen zu können, sollte eine Anmeldemöglichkeit für neue Sites bestehen.

Ausgehend von einem bereits bestehenden Index erfüllt der Crawling-Vorgang vier Aufgaben. Es werden Informationen über

- neue Dokumente
- veränderte Dokumente
- gelöschte Dokumente
- verschobene Dokumente

ermittelt.

Neue Dokumente werden gefunden, sobald sie von einer bekannten Seite aus verlinkt werden. Dies kann zu Verzögerungen bei der Erschließung neuer Dokumente führen, da diese erst einen gewissen Bekanntheitsgrad erreichen müssen, um verlinkt zu werden. Als Dilemma ist hier zu betrachten, dass solche Dokumente wiederum erst bekannt werden, wenn eine entsprechende Verlinkung besteht.

Der Crawling-Prozess wird periodisch wiederholt. Bereits erfasste Dokumente werden dabei auf Veränderungen hin überprüft und gegebenenfalls im Index aktualisiert. Auf Fragen der Aktualität der Indexe wird im nächsten Abschnitt dieses Kapitels ausführlicher eingegangen.

Bei der Überprüfung bekannter Seiten durch den Crawler kann auch die Löschung oder der Umzug der entsprechenden Seite festgestellt werden. In diesen Fällen wird vom besuchten Server ein Fehlercode zurückgegeben. Das Dokument wird aus dem Index der Suchmaschine gelöscht bzw. kann, falls das Dokument zu einer neuen URL „verzogen" ist und dies vom Server entsprechend angegeben wird, unter seiner neuen Adresse neu erschlossen werden.

Neben den bereits angesprochenen Crawling-Problemen aufgrund der Linkstruktur bestehen weitere Problemfelder, die berücksichtigt werden müssen.

Aufgrund der Unmöglichkeit vollständiger Indexe ist zu entscheiden, welche Sites bevorzugt erfasst werden sollen. In der Regel wird hier auf Link-orientierte Verfahren zurückgegriffen (vgl. Kapitel 8), wobei stark verlinkte Sites bzw. Seiten bevorzugt und/oder tiefer indexiert werden (Cho, Garcia-Molina, Page 1998). In Kombination mit linktopologischen Verfahren beim Ranking lässt sich so die Listung von nicht mehr vorhandenen Seiten auf den vorderen Rängen der Trefferlisten minimieren. Zwar wird angestrebt, dem Ideal der vollständigen Erfassung aller Sites möglichst nahe zu kommen, in Hinblick auf die Crawling-Strategie ist allerdings zwischen zwei Ansätzen zu unterscheiden. Der erste Ansatz strebt eine möglichst tiefe Erfassung der gefundenen Sites an, der zweite verfolgt das Ziel, möglichst viele Sites nachzuweisen, dafür aber Einschränkungen in der Indexierungstiefe hinnehmen.

Schon im Crawling-Vorgang sollten Dubletten erkannt und aus dem Index herausgehalten werden (Bharat et al. 2000). Dies kann einerseits auf der Ebene einzelner Dokumente geschehen, andererseits aber auch schon auf der Ebene der Server bzw. Dokument-Sammlungen. Gespiegelte Server und Dokumentsammlungen sollten erkannt werden, um Kapazitäten bei der Indexierung zu sparen (Cho, Shivakumar, Garcia-Molina 1999). Die Dublettenkontrolle ist von großer Bedeutung, da auftauchende Dubletten die Trefferlisten verstopfen und damit von weiteren relevanten Dokumenten ablenken können.

3.4 Aktualität

Eine wesentliche Herausforderung für die Suchmaschinen ist es, ihre Indexe nicht nur umfangreich zu gestalten, sondern auch aktuell zu halten. Gerade durch die enormen Indexgrößen wird dies zu einem Problem, dessen Lösung neben enormer Rechenleistung intelligente Ansätze des Crawlings benötigt, so dass Seiten, die eine hohe Veränderungsfrequenz haben, öfter indiziert werden als statische Seiten oder solche, die nur eine seltene Aktualisierung erfahren.

Ntoulas, Cho und Olston (2004) unterscheiden zwei Kennzahlen, um festzustellen, wie stark sich Seiten verändert haben: Veränderungsfrequenz (*frequency of change*) und Veränderungsgrad (*degree of change*)[7]. Dabei stellen sie fest, dass die von den meisten Suchmaschinen beachtete Veränderungsfrequenz kein guter Indikator für den Veränderungsgrad ist. Oft finden nur kleinste Veränderungen statt; zu denken ist hier beispielsweise an eine automatische Aktualisierung der auf einer Seite enthaltenen Datumsangabe.

Allerdings stellen die Autoren eine signifikante Übereinstimmung zwischen dem in der Vergangenheit gemessenen und dem für die Zukunft zu erwartenden Veränderungsgrad fest. Diese Korrelation variiert aber signifikant zwischen unterschiedlichen Seiten.

Aus den von Ntoulas, Cho und Olston (2004) auf das gesamte Web hochgerechneten Ergebnissen ergibt sich, dass pro Woche 320 Millionen neue Seiten entstehen (wobei auch auf eine andere URL verschobene Seiten zu diesen gerechnet werden). Ebenso fanden sie heraus, dass 20 Prozent der heute vorhandenen Seiten in einem Jahr nicht mehr vorhanden sein werden. Inhaltlich rechnen sie damit, dass innerhalb eines Jahres 50 Prozent des Webs neu sein werden. Noch schneller ändert

---

[7] Eine ähnliche Unterscheidung findet sich bereits bei Tan, Foo u. Hui (2001), die zwischen *content change* und total *changes per page* (der Anzahl der Veränderungen einer Seite in einem bestimmten Untersuchungszeitraum) unterscheiden.

sich allerdings die Linkstruktur: innerhalb eines Jahres werden 80 Prozent aller Links neu oder verändert sein. Die Untersuchung von Tan, Foo und Hui (2001) kommt zu dem Ergebnis, dass innerhalb eines Monats etwa 45 Prozent der von ihnen untersuchten Webseiten verändert wurden.

Die Untersuchungen von Greg Notess (Notess 2001, Notess 2003b) machen allerdings deutlich, dass die bestehenden Suchmaschinen nicht in der Lage sind, mit den Aktualisierungsfrequenzen der Inhalte mitzuhalten. Für die Untersuchungen werden Seiten ausgewählt, die täglich aktualisiert werden und deren Aktualisierungsdatum auf der Seite explizit enthalten ist. Zwar haben die meisten Suchmaschinen einige der Seiten in den letzten Tagen indexiert, bei den meisten Seiten zeigt sich jedoch eine Verzögerung von etwa dreißig Tagen. Manche Seiten wurden sogar über einen noch längeren Zeitraum nicht besucht.

Die vorgestellten Untersuchungen unterstreichen die Bedeutung eines aktuellen Index für jede Suchmaschine. Innerhalb kurzer Zeit finden weitreichende Veränderungen sowohl auf der Ebene der URLs als auch auf der Ebene der Verlinkung und der Inhaltsebene statt. Die Aktualität des Index ist also ein bedeutender Faktor für die Qualität einer Suchmaschine. Beobachtungen der gängigen Suchmaschinen haben gezeigt, dass diese teilweise zwischen einem häufigen, aber eher oberflächlichen Crawling, bei dem vor allem die aktualisierten Startseiten der Angebote indexiert werden, und einem sog. *deep crawl*, bei in größeren Abständen die Websites möglichst vollständig erfasst werden, unterscheiden.

3.5 Invisible Web

Unter dem sog. *Invisible Web* (auch *Deep Web*) versteht man denjenigen Teil des Web, der von Suchmaschinen nicht erfasst wird. Dafür kann es unterschiedliche Gründe geben; neben technischen Hürden, die es den Suchmaschinen unmöglich machen, diesen Teil des Web zu erschließen, gibt es von den Inhalteanbietern selbst erstellte Barrieren oder solche Dokumente, die die Suchmaschinen willentlich von der Erschließung ausschließen. Sherman und Price definieren das Invisible Web wie folgt:

“Text pages, files, or other often high-quality authoritative information available via the World Wide Web that general-purpose search engines cannot, due to technical limitations, or will not, due to deliberate choice, add to their indices of Web pages” (Sherman u. Price 2001, 57).

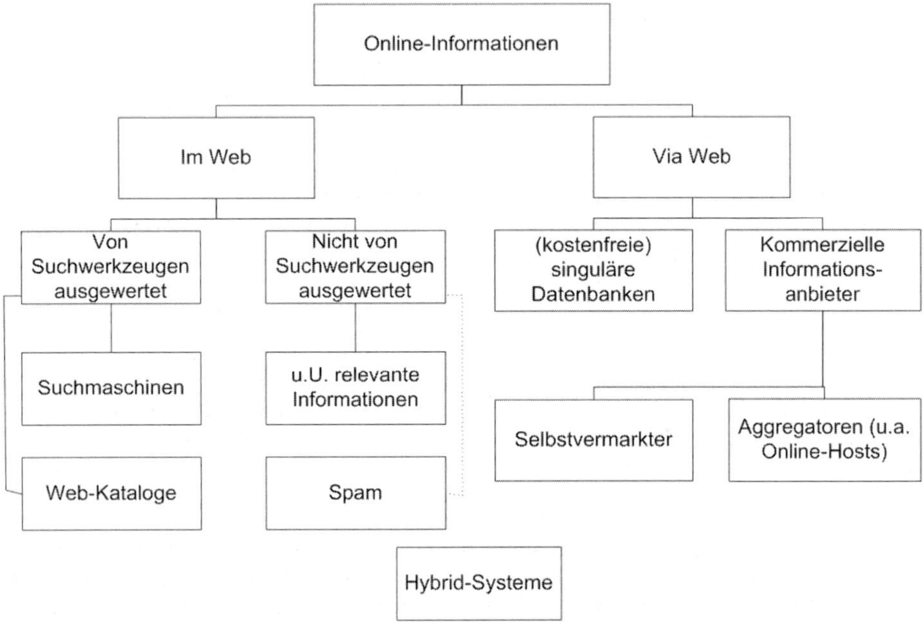

Abb. 3.3. Taxonomie der digitalen Online-Information (nach Stock 2003, 27)

Die Stellung der Invisible-Web-Inhalte im Kontext der Online-Informationen zeigt Abbildung 3.3. Die hauptsächliche Unterscheidung liegt in der Erreichbarkeit der Informationen. Während die von den Suchmaschinen erschlossenen Informationen im Web erreichbar sind, sind die Inhalte des Invisible Web nur über das Web erreichbar, d.h. es bestehen zwar Schnittstellen im Web, die dahinter liegenden Inhalte sind jedoch nicht direkt erreichbar. Besonders bedeutend ist der Bereich der kommerziellen Informationsanbieter: die Menge der hier erschlossenen Dokumente kann bei einem einzelnen Anbieter durchaus die Menge der von den größten Suchmaschinen erschlossenen Dokumente erreichen (vgl. Lexis-Nexis 2004). Dies mag verdeutlichen, dass heutige Suchmaschinen (entgegen von den Anbietern vorgetragenen Behauptungen, die dies implizieren) nicht in der Lage sind, alle online verfügbaren relevanten Informationen zu erschließen.

Tabelle 3.2 zeigt die Unterteilung des Invisible Web nach Inhaltstypen.

Da Suchmaschinen die zu erfassenden Dokumente in der Regel durch die Verfolgung von Links finden, können, wie bereits dargestellt wurde, Dokumente, auf die keine Links verweisen, nicht gefunden werden. Alle Suchmaschinen bieten aus diesem Grund auch die Möglichkeit an, Seiten manuell anzumelden. Es ist allerdings nicht damit zu rechnen, dass sich das Problem damit lösen lässt.

Tabelle 3.2. Typologie der Invisible-Web-Inhalte

Type of Invisible Web Content	Why It's Invisible
Disconnected page	No links for crawlers to find the page
Page consisting primarily of images, audio, or video	Insufficient text for the search engine to "understand" what the page is about
Pages consisting primarily of PDF or Postscript, Flash, Shockwave, Executables (programs) or Compressed files (.zip, .tar, etc.)	Technically indexable, but usually ignored, primarily for business or policy reasons
Content in relational databases	Crawlers can't fill out required fields in interactive forms
Real-time content	Ephemeral data; huge quantities; rapidly changing information
Dynamically generated content	Customized content is irrelevant for most searchers; fear of "spider traps"

(Sherman u. Price 2001, 61)

Da sowohl die Crawler der Suchmaschinen als auch Information-Retrieval-Systeme im Allgemeinen auf textuelle Informationen orientiert sind, haben die Suchmaschinen Probleme, Dokumente zu erfassen, die hauptsächlich aus Bildern, Audio- oder Video-Dateien bestehen. Zwar ist es möglich, in diesen Dateiformaten enthaltene Texte, aus solche Dateien verweisende Ankertexte sowie im Umfeld dieser Dateien stehende Texte zu extrahieren und für die Erschließung zu verwenden. Mit dieser Lösung können allerdings wiederum nicht die Inhalte selbst, sondern nur deren Metainformationen ausgewertet werden.

Als dritter Inhaltstyp werden von Sherman und Price Dokumente genannt, die in Dateiformaten vorliegen, die von den Suchmaschinen nicht unterstützt werden. Dieses Problem hat sich in den vergangenen Jahren allerdings relativiert - alle großen Suchmaschinen unterstützen inzwischen die gebräuchlichsten Dateiformate (vgl. Lewandowski 2004a, 100f.). Richtig ist aber, dass „exotische" Dateiformate und solche, die keine Dokumente, sondern Programme darstellen, von den Suchmaschinen nicht berücksichtigt werden. Programme können allerdings als durch auf HTML-Seiten vorhandene Beschreibungen (also wiederum Metadaten) als hinreichend erschlossen angesehen werden. Der Anteil der „exotischen" Dateiformate dürfte relativ gering sein, weil sich zunehmend Standards für die wichtigsten Dokumenttypen herausgebildet haben.

Datensätze aus relationalen Datenbanken bilden sowohl in quantitativer als auch in qualitativer Hinsicht den bedeutendsten Inhaltstyp. Erst ab einer gewissen Mindestdatenmenge dürfte es sich lohnen, diese in einer Datenbank zu erfassen statt durch konventionelle HTML-Seiten. Um aber eine größere Datenmenge zu verwalten, sind

Zeit und Personal nötig. Wer diese investiert, wird sich auch um die Qualität seiner Daten bemühen (Lewandowski 2002, 560)

Da Suchmaschinen nur Dokumente erfassen und durch die Link-Verfolgung auf neue Dokumente stoßen, haben sie keine Möglichkeit, die Datensätze aus solchen Datenbanken abzurufen. Sie können die Abfrageformulare der Datenbanken nicht auszufüllen, um zu den Inhalten zu gelangen. Es existieren aber bereits einige Lösungsansätze, um die Inhalte der Datenbanken doch indizieren zu können. Auf diese wird in Kap. 12.5 näher eingegangen. Seitens der Inhalteanbieter, die ein besonderes Interesse daran haben, dass ihre Seiten in die Indexe der Suchmaschinen aufgenommen werden (also vor allem kommerzielle Sites), wird oft versucht, die Inhalte ihrer Datenbanken in statische HTML-Seiten umzuwandeln, die dann von den Suchmaschinen erfasst werden können. Diese sog. Teaser-Seiten verweisen dann auf die Datenbank-Inhalte (Heinisch 2003). Problematisch dabei ist, dass so viele Dokumente generiert werden, dass die Suchmaschinen nicht die gesamte Menge erfassen können. Weiterhin stellt sich die Frage, ob es sinnvoll ist, diese Inhalte in den Datenbestand aufzunehmen. Deutlich wird dies auch bei Angeboten wie dem in Seiffert (2003) vorgestellten, die keine kommerziellen Absichten haben.

Bei Real-Time-Content handelt es sich um Informationen, die in kurzen Abständen aktualisiert werden. Suchmaschinen können diese Inhalte zwar oft erfassen, können in ihren Datenbanken jedoch nur ein nicht mehr aktuelles Abbild dieser Informationen speichern, welches für den Suchenden allenfalls von historischem Interesse ist. Beispiele für solche Inhalte sind Börsenkurse und aktuelle Flugdaten.

Dynamisch generierte Inhalte sind in erster Linie solche, die von Content-Management-Systemen nach einer Anfrage durch den Nutzer „on the fly" erstellt werden. Für die Inhalteanbieter bringen solche Systeme den Vorteil, dass Inhalte, Struktur und Layout unabhängig voneinander verwaltet werden können und Veränderungen in einem dieser Bereiche automatisch in den anderen Bereichen integriert werden können.

Dynamisch generierte Seiten können allerdings - willentlich und unwillentlich - zu Problemen bei Suchmaschinen führen. So ist es möglich, tausende von ähnlichen, aber nicht identischen Seiten zu generieren, die einzig zu dem Zweck erstellt werden, die Indexe der Suchmaschinen mit den enthaltenen Inhalten zu überfluten. Die Crawler geraten dabei in eine Endlosschleife, weil fortwährend URL generiert werden, die ihrerseits auf weitere Seiten verweisen. Diese Fallen sind unter dem Begriff „spider traps" bekannt (Sherman u. Price 2001, 65). Beispiele für Spider-Traps finden sich in Chakrabarti (2003, 28f.).

Suchmaschinen können dynamisch generierte Seiten erkennen und vermeiden bzw. nur bis zu einer bestimmten Tiefe indexieren. Allerdings gibt es die zunehmende Tendenz, solche Seiten zu erfassen und eventuell auftauchende Spider-Traps zu erkennen. Letztlich werden Websites aber oft nur zum Teil erfasst; von einer vollständigen Erfassung solcher Präsenzen sind Suchmaschinen noch weit entfernt.

Sherman und Price (2001, 70ff.) schlagen eine Unterteilung des Invisible Web in unterschiedliche Ebenen vor. Diese sind das Opaque Web, das Private Web, das Proprietary Web und das Truly Invisible Web.

Das *Opaque Web* („undurchsichtige Web“) besteht aus Seiten, die von den Suchmaschinen technisch erfasst werden könnten, die aber aufgrund bestimmter Restriktionen auf Seiten der Suchmaschinen nicht erfasst werden. Beschränkungen der Suchmaschinen bestehen in Bezug auf die Tiefe des Crawlings (Websites werden nur bis zu einer bestimmten Ebene bzw. nicht vollständig erfasst), die Crawl-Frequenz (die Indexe der Suchmaschinen werden nicht oft genug aktualisiert, um mit der Aktualisierungsfrequenz manche URLs mithalten zu können), die Maximalzahl der angezeigten Ergebnisse (es wird zwar eine Trefferzahl angegeben, die tatsächlich über die Trefferlisten der Suchmaschinen zugänglichen Dokumente beschränkt sich aber in der Regel auf etwa 1.000 Dokumente) und das Problem der *disconnected pages*.

Seit dem Erscheinen des Sherman-Price-Buchs hat sich die Situation insbesondere in Bezug auf die Tiefe des Crawlings wesentlich verbessert. Die Indexe der Suchmaschinen sind rapide gewachsen (Sullivan 2003), Websites werden von den Suchmaschinen nach Möglichkeit vollständig erfasst; Ausnahmen sind weiterhin besonders umfangreiche Sites. Der in der Untersuchung von Fries et al. (2001) gezogene Schluss, dass Suchmaschinen grundsätzlich nicht alle Ebenen einer Website indexieren und eine deutliche Zeitverzögerung zwischen Anmeldung bei einer Suchmaschine bzw. dem ersten Auffinden einer Site durch eine Suchmaschine und der Indexierung mehrerer Seiten dieser Site bestehe, lässt sich heute in dieser Weise sicher nicht mehr ziehen. Neuere empirische Untersuchungen liegen allerdings nicht vor.

Weiterhin wurde auch die Crawl-Frequenz verbessert; die meisten Suchmaschinen verwenden neben dem Standard-Index inzwischen auch einen „Fresh-Index", der Dokumente von Websites enthält, bei denen festgestellt wurde, dass sie sich schnell verändern bzw. oft neue Seiten hinzugefügt werden. Auch hier ist allerdings keine Garantie der Vollständigkeit gegeben; für die Suche nach aktuellen Meldungen (Nachrichtenmeldungen, Einträge aus Weblogs) sollten weiterhin spezielle Suchmaschinen bzw. spezielle Indexe der allgemeinen Suchmaschinen abgefragt werden (Machill, Lewandowski, Karzauninkat 2005; Gelernter 2003). Für die Probleme der maximalen Trefferzahl und der disconnected pages lassen sich in den letzten Jahren keine Verbesserungen feststellen.

Ergänzend können zum Opaque Web auch Spam-Seiten und Dubletten gerechnet werden. Auch diese könnten ohne Probleme erfasst werden, die Suchmaschinen nehmen davon jedoch Abstand, um ihre Indexe „sauber zu halten". Die Dimension, die Spam inzwischen angenommen hat, lässt sich an den Verhältnissen in der Inktomi-Datenbank ablesen: Nach Aussage eines Vertreters der Suchmaschinen-

Firma Inktomi auf der Search-Engine-Strategies-Konferenz 2003 kannte diese Suchmaschine im Herbst 2003 etwa fünf Milliarden URLs, von denen aber nur etwa 1,2 Milliarden als indexierungswürdig angesehen wurden. Ähnliche Verhältnisse wurden von einem Vertreter von AltaVista bestätigt.

Das *Private Web* („privates Web") besteht aus Seiten, die von ihren Autoren bewusst von der Indexierung durch Suchmaschinen ausgeschlossen wurden, sei es durch eine Passwort-Abfrage, durch die Nutzung des „noindex"-Metatags oder durch den Einsatz einer Robots-Exclusion-Datei („robots.txt"). Nur die erste Methode garantiert allerdings, dass die Seiten nicht erfasst werden; Anweisungen an die Robots der Suchmaschinen werden zwar in aller Regel befolgt, stellen aber tatsächlich nur eine freiwillige Einschränkung der Suchmaschinen dar.

Das *Proprietary Web* („proprietäres Web", „geschütztes Web") ist für die Suchmaschinen nicht zugänglich, da für seine Nutzung die Zustimmung zu bestimmten Nutzungsbedingungen notwendig ist. Dies kann eine Registrierung mit den persönlichen Daten sein, hierunter fallen aber auch die kostenpflichtigen Inhalte, die zunehmend angeboten werden (Lewandowski 2003, 35). Die technischen Beschränkungen bestehen in der ersten Linie aus einer Passwort-Abfrage wie im Fall vieler Seiten des Private Web, aber auch Einschränkungen aufgrund eines IP-Adressbereichs sind denkbar.

Das *Truly Invisible Web* („wirklich unsichtbares Web") besteht aus Seiten bzw. Sites, die für die Suchmaschinen aufgrund technischer Gegebenheiten nicht indexierbar sind. Welche Dokumente zum wirklich unsichtbaren Web gehören, verändert sich aufgrund der Weiterentwicklung der Suchmaschinen natürlich ständig (Sherman, Price 2001, 74). Als die heute noch bedeutendsten Bereiche sind einerseits die dynamisch generierten Seiten und andererseits - und dies macht den bedeutendsten Teil aus - die Inhalte von Datenbanken anzusehen. Zwar gibt es einzelne Ansätze, diese zu erfassen (vgl. z.B. Hamilton 2003; siehe auch Kapitel 12.8), diese müssen aber wenigstens zur Zeit noch als Experimente angesehen werden, die noch weit vor der allgemeinen Durchsetzung stehen.

Betrachtet man die Bereiche des Invisible Web hinsichtlich ihrer Bedeutung für die weitere Erschließung des Web, so lässt sich folgendes feststellen: Die Erschließung des *Opaque Web* ist weit fortgeschritten; in diesem Bereich sind die Probleme am geringsten. Eine Ausnahme bilden die *disconnected pages*, die den Suchmaschinen schlicht unbekannt bleiben. Hier zeichnet sich derzeit auch keine Lösung ab. Dass das Private Web durch Suchmaschinen nicht erschlossen wird, wird sich nicht ändern lassen und sollte auch nicht durch die Umgehung von De-facto-Standards (Robots Exclusion) umgangen werden. Im Bereich des *Proprietary Web* zeichnen sich Lösungen ab, registrierungs- oder auch kostenpflichtige Inhalte zu erschließen. Zwei Ansätze hierfür sind der Aufbau hybrider Suchmaschinen und die Einspeisung der Inhalte des geschützten Web durch Methoden des *cloaking* (vgl. Lewandowski 2003, 35). Bei beiden Methoden ist die Zustimmung bzw. aktive Mitwirkung der Inhalteanbieter notwendig.

Bergman (2001) versucht, die Größe des Invisible Web (bzw. in seiner Terminologie: des „Deep Web") zu bestimmen. Ausgangspunkt ist dabei die Untersuchung der Größe der 60 größten bekannten Invisible-Web-Sites. Auf dieser Basis ergibt seine Hochrechnung, dass das Invisible Web etwa 400- bis 500-mal größer sei als das von Suchmaschinen erfasste „surface web". Dabei seien 95 Prozent des Invisible Web frei zugänglich, der kostenpflichtige Teil mache nur etwa fünf Prozent aus.

Problematisch an Bergmans Berechnung ist die Grundlage: zu den 60 größten Invisible-Web-Sites gehören auf den ersten beiden Plätzen das National Climate Data Center (NOAA) und die NASA EOSDIS, beides Datenbanken mit Satellitenbildern der Erde. Die Größe dieser beiden Datenbanken macht mehr als drei Viertel der Größe der von Bergman als die 60 größten Invisible-Web-Sites ausgemachten Sites aus. Bergman stellt nicht die Frage nach dem Informationsgehalt der entsprechenden Sites; die Erd-Bilder mit einem relativ hohen Speicherplatzbedarf und in Relation zur Gesamtheit je Bild relativ geringem Informationsgehalt werden Datenbanken wie die von Lexis-Nexis gleichgestellt. Nach Bergmans Rechnung enthält Lexis-Nexis 12.200 GB an Informationen, die Site des National Climate Data Centers aber 366.000, also 30-mal so viel Informationen. Die Gleichsetzung von Datenvolumen und Informationsgehalt macht diese Berechnung allerdings wertlos. Auch eine Berechnung nach der Zahl der Dokumente statt nach dem Datenvolumen dürfte keine wesentliche Verbesserung bringen: So wäre im Invisible Web jeder Datensatz einer Datenbank bzw. jede Kombination von Datensätzen oder Teilen davon als ein einzelnes Dokument zu werten. Sherman (2001) spricht von einer Gleichsetzung von Rohdaten mit den Inhalten von textorientierten Datenbanken und dem Fehler, die Größe der Datenbanken schlicht durch die durchschnittliche Größe einer Webseite zu teilen.

Die Zahlenangaben von Bergman sind zu einiger Popularität gekommen und werden auch beständig (vor allem in der Publikumspresse) zitiert. Der Realität entsprechen sie jedoch kaum - aufgrund fehlender Berechnungsgrundlagen ist man hier allerdings weiterhin auf Schätzungen angewiesen. Stock (2003, 27) schätzt die Größe des Invisible Web auf etwa ein Zehntel des von Bergman angegebenen Werts, Sherman (2001) auf das etwa Zwei- bis Fünfzigfache des Visible Web.

Suchmaschinen werden das Web nicht vollständig abdecken, da ökonomische und vor allem technische Hindernisse dem entgegenstehen. Hier entsteht ein grundlegendes Dilemma der Informationsrecherche mittels Suchmaschinen: einerseits liefern diese in der Regel lange Trefferlisten, also zu viele Dokumente, als dass der Nutzer diese alle begutachten könnte. Auf der anderen Seite erreichen die Suchmaschinen in ihren Nachweisen bei weitem keine Vollständigkeit, liefern also zu wenige Dokumente. Wie zu zeigen sein wird, wird dieses Dilemma durch bestehende linguistische Probleme noch verstärkt.

Angesichts der enormen Menge der im Web vorhandenen Dokumente erscheint eine vollständige Erschließung durch die Suchmaschinen nicht in allen Bereichen unbedingt notwendig. Allerdings sollte von Seiten der Suchmaschinen auch nicht der Eindruck erweckt werden, dass dies der Fall wäre.

4 Strukturinformationen

Für die Erschließung von Web-Dokumenten ist die Einbeziehung der Dokumentstruktur von besonderer Bedeutung. Hierbei handelt es sich neben explizit im Dokumententext gekennzeichneten Feldmerkmalen vor allem um im Dokument implizit enthaltene Strukturmerkmale, die primär anderen Zwecken als der Dokumenterschließung dienen und oft von den Autoren nicht bewusst eingesetzt werden. Zu denken ist hier etwa an Strukturen, die aus den Layout- oder Navigationselementen von Dokumenten abgeleitet werden können.

Dieses Kapitel gibt zuerst einen Überblick über die unterschiedlichen Strukturierungsgrade von Web-Dokumenten, stellt dann die im Web gängigsten Dokumentformate in Hinblick auf die Auswertbarkeit ihrer Strukturmerkmale vor und zieht aus den gewonnenen Erkenntnissen schließlich Konsequenzen für die Dokumentrepräsentation in den Datenbanken der Suchmaschinen.

4.1 Strukturierungsgrad von Dokumenten

Das Problem der nur implizit vorhandenen Strukturinformationen ergibt sich bei den Dokumenten aus klassischen Datenbanken nicht. Die Dokumente werden schon bei der Erfassung in ein Feldschema eingepasst, wobei einerseits Felder vorhanden sind, die das Dokument selbst strukturieren (z.B. Felder für Überschrift, Anreißer, Text), andererseits Felder für Metainformationen, die erst bei der Erschließung hinzugefügt werden (bspw. behandelte Unternehmen oder Personen, Branchenschlüssel).

Web-Dokumente sind dagegen nicht in einer solchen - maschinell gut weiterverarbeitbaren - Form vorhanden. Oft wird vom WWW als einer Sammlung von unstrukturierten Dokumenten gesprochen. Allerdings sind Strukturinformationen sowohl explizit (dies allerdings nur zu einem geringen Anteil) als auch implizit in den Dokumenten enthalten.

Eikvil (1999, 8f.) unterscheidet Dokumente aufgrund ihrer Struktur nach *free text* (Fließtext), *structured text* (strukturierter Text) und *semistructured text* (schwach strukturierter Text). In Fließtexten ist keinerlei Unterteilung beispielsweise nach Überschriften oder Autorenangaben gegeben. Auch Meta-Informationen wie bspw. die Namen der behandelten Personen fehlen. Als Gegensatz zu den Fließtexten sind die strukturierten Texte anzusehen. Hier sind alle Daten in Feldern erfasst und können so leicht recherchiert und maschinell weiterverarbeitet werden. Diese Art der Texterschließung wird hauptsächlich in professionellen Datenbanken angewendet. Oft werden umfassende Feldschemata angewandt; so hat etwa die Handelsblatt-Datenbank mehr als zwanzig verschiedene Felder, durch welche die

Datenbank sowohl formal als auch inhaltlich erschlossen wird. Dadurch wird eine sehr genaue Recherche ermöglicht. Die Erschließung erfolgt hier manuell, jedoch ist in solchen thematisch begrenzten Datenbeständen auch eine maschinelle Erschließung erfolgreich (so etwa bei Factiva).

Unter *semistructured text* versteht Eikvil ein Zwischending aus den beiden anderen Text-Arten. Da diese Texte im Gegensatz zu den Fließtexten keiner grammatischen Struktur folgen (indem sie zum Beispiel im Telegrammstil verfasst sind), aber auch nicht über eine entsprechende Feldstrukturierung verfügen, sei ihre Erschließung besonders schwierig. Weder lasse sich das Feld-Schema anwenden, noch die Verarbeitung natürlicher Sprache. Für unsere Zielsetzung ist diese Definition nicht ausreichend, da HTML-Dokumente nicht in den Bereich der semi-strukturierten Dokumente fallen würden, sondern dem Fließtext zugeordnet werden müssten. Dabei würden die vorhandenen Textauszeichnungen unberücksichtigt bleiben.

Henzinger, Motwani und Silverstein (2002, 10f.) sehen *semi-structured data* (schwach strukturierte Daten) als aus strukturierten Datenbanken generierten Inhalt an, der allerdings auf der HTML-Seite seine Strukturinformationen verloren hat. Hier seien Ansätze zu finden, wie sich die Strukturinformationen wiedergewinnen lassen.

Die meisten Webseiten fallen jedoch nach dieser Definition weder in die Kategorie der strukturierten, der unstrukturierten noch der semi-strukturierten Daten. Für sie ist eine weitere Kategorie notwendig, da sie zwar dem unstrukturierten Fließtext ähnlich sind, durch die HTML-Tags jedoch auch Strukturinformationen enthalten. Diese sind allerdings von den Autoren oft nicht bedacht worden, sondern ergeben sich aus deren Layout-Wünschen.

Im Folgenden soll deshalb eine andere Definition für schwach strukturierte Dokumente verwendet werden: Diese Dokumente enthalten demnach teilweise eine Strukturierung in Felder, ohne dass diese Strukturierung allerdings einheitlich erfolgt oder die Struktur des Dokuments explizit vom Autor vorgegeben wird. Vielmehr handelt es sich in vielen Fällen von Webseiten eher um eine Struktur innerhalb des Texts, die durch gestalterische Aspekte gebildet wird. So kann beispielsweise anhand der gewählten Schriftgröße erkannt werden, ob es sich bei einer Textpassage um eine (Zwischen-)Überschrift handelt und welche Bedeutung diese innerhalb des Texts einnimmt.

4.2 Strukturinformationen in den im Web gängigen Dokumenten

Eine Besonderheit des WWW ist, dass es über die Möglichkeit verfügt, unterschiedlichste Dokumenttypen unter einer Oberfläche zu integrieren. Zwar wird als Standardsprache HTML verwendet, prinzipiell lassen sich jedoch

Dokumente jeden Dateityps einbinden. Die populärsten Dateitypen sollen hier vorgestellt und auf ihre Erschließungsmöglichkeiten hin untersucht werden.

Gemäß dem in Kapitel 2 definierten Forschungsfeld dieses Buchs werden hier ausschließlich Formate mit textuellen Informationen berücksichtigt. Die zunehmende Bedeutung von multimedialen Informationen ist unbestritten, die Basis des Web bilden jedoch weiterhin unterschiedliche Dokumentformate, die für die Darstellung von Texten geschaffen wurden. In HTML können Grafiken sowie Audio- und Videodateien unterschiedlicher Formate eingebunden werden. Sie werden hier allerdings allein als Bestandteile von HTML-Dokumenten betrachtet.

Weiterhin existieren im Web Multimedia-Formate wie Flash, die hier nur der Vollständigkeit halber erwähnt werden. Auch diese fallen nicht in das hier behandelte Themenfeld; im Problemfeld der Internet-Suche sind sie vor allem interessant, weil sie nur wenig textuelle Informationen enthalten und so die Erschließung extrem erschweren. Allerdings werden immer mehr Websites komplett in Flash erstellt, weshalb schon allein aus Gründen eines möglichst vollständigen Index deren Erschließung gewährleistet werden muss.

Bei der Erschließung der Nicht-Text-Formate konkurrieren zwei Ansätze: einerseits die Erschließung durch Metadaten (*description-based approach*), andererseits die Erschließung durch im „Dokument" selbst enthaltene Informationen (*content-based approach*). Nach Chu (2003, 149) ist der erste Ansatz derjenige, auf den sich die informationswissenschaftliche Forschung konzentriert, während die Informatik eher dem zweiten Ansatz folgt.

4.2.1 HTML

Auch wenn die Anzahl der Multimedia-Dateien im Web ständig steigt, hat HTML immer noch die größte Bedeutung für die Erstellung von Web-Dokumenten. Während sich die ursprüngliche Version noch stark an der komplexen Textauszeichnungssprache SGML orientierte (wovon HTML ein Derivat ist), verloren die explizit strukturbeschreibenden *tags* zunehmend an Bedeutung zu Gunsten von eher Layout-orientierten Auszeichnungen.

Tabelle 4.1 zeigt HTML-Tags, die Teile des Dokuments explizit nach ihrem Inhalt beschreiben. So kann etwa das Tag <dfn> eingesetzt werden, um eine Definition zu markieren. Für die Erschließung dieses Dokuments durch Suchmaschinen würde dies bedeuten, dass die Definition leicht extrahiert werden kann und auf eine entsprechende Suchanfrage nach einer bestimmten Definition zurückgegeben werden kann. Leider werden die explizit inhaltsbeschreibenden Tags nur sehr selten von den Autoren von Webseiten eingesetzt. Der Grund dürfte darin liegen, dass Webseiten in aller Regel entweder von Laien oder aber von Agenturen erstellt werden, die eher Layout-orientiert arbeiten. Eine explizite Auszeichnung der verschiedenen Inhaltsblöcke wird von ihnen nicht angestrebt; im Vordergrund stehen klar Layout-Ansprüche.

Zwei Arten von explizit inhaltsbeschreibenden Tags werden jedoch verwendet: der <title>-Tag sowie die Klasse der Überschriften <h1> bis <h6>. Der <title>-Tag eignet sich ausgesprochen gut für die Erschließung durch Suchmaschinen, da er den Titel des Dokuments bezeichnet. Er wird daher von den Suchmaschinen auch entsprechend ausgewertet und fließt meist mit relativ hoher Gewichtung in das Ranking ein. Allerdings muss der <title>-Tag nicht notwendigerweise mit dem tatsächlichen Titel des Dokuments übereinstimmen. Bei der Erstellung eines HTML-Dokuments ist es nicht unbedingt notwendig, <title> mit Inhalt zu füllen, während wohl kaum ein Autor auf eine Hauptüberschrift in seinem Text verzichten dürfte. Weiterhin werden bei der Erstellung von HTML-Dokumenten aus WYSIWYG-Editoren heraus die Titelinformationen oft nicht explizit abgefragt, so dass viele HTML-Dokumente entweder keine Titelinformationen oder aber von den Editoren eingesetzte Titel wie „no title" oder ähnliches tragen. Auf Websites, die mit Content-Management-Systemen erstellt wurden, finden sich oft für alle Dokumente die gleichen Titelinformationen; für die Beschreibung des einzelnen Dokuments taugen sie daher wenig.

Tabelle 4.1. Explizit inhaltsbeschreibende HTML-Tags

Tag	Bedeutung
abbr	Abkürzung
acronym	Akronym
address	Adresse
blockquote	abgesetztes Zitat
cite	Zitat
code	Quellcode
dfn	Definition
dl, dt, dd	abgesetzte Definition
em	betont
h1, h2, h3, h4, h5, h6	Überschriften
ins, del	Änderungsmarkierungen
kbd	Tastatureingabe
samp	Beispiel
strong	stark betont
title	Titel
var	Variable

Zuverlässig ist die Auswertung der Überschriften, die mittels der <h_n>-Tags ausgezeichnet werden. Zwar werden auch diese Tags eher Layout-orientiert eingesetzt. Da jedoch in den Standardeinstellungen sowohl von Editoren als auch von Browsern Überschriften höherer Ordnung größer dargestellt werden als solche niederer Ordnung, passen hier Layout-Wünsche gut mit der Strukturbeschreibung zusammen. Anhand der Überschriften können die Suchmaschinen die Gliederung von Texten erkennen und Begriffe je nach ihrem Vorkommen auf unterschiedlichen Hierarchieebenen für das Ranking gewichten.

Probleme bei der Auswertung der Überschriften ergeben sich, wenn einzelne Gliederungsebenen vom Autor der Seite (meist wieder aufgrund von Layout-Wünschen) nicht verwendet werden. Beispielsweise könnten <h1>, <h3> und <h4> vorhanden sein, <h2> jedoch nicht. Die Suchmaschine müsste bei der Auswertung dieser Gliederung die verwendeten Überschriften in Relation setzen und entsprechend die Gliederungsstufen bestimmen. In diesem Beispielfall würde <h3> als Überschrift zweiter Ordnung gewertet, <h4> als Überschrift dritter Ordnung.

Tabelle 4.2. HTML-Tags, die zur Extraktion von Strukturinformationen eingesetzt werden können

Tag	Bedeutung
b	fett
big, small	größere / kleinere Schrift in Relation zur Standardschrift
br	Zeilenumbruch
font size	Schriftgröße
hr	Trennlinie
i	kursiv
p	Textabsätze
s	durchgestrichen
sup, sub	hochgestellt, tiefgestellt
table	Tabelle
u	unterstrichen
ul, ol, dl, menu, dir, ul compact	Listendarstellungen

Tabelle 4.2 zeigt weitere Tags, die für die Strukturbeschreibung eingesetzt werden können, deren primäre Funktion jedoch in gestalterischen Funktionen zu sehen ist.

Textauszeichnungen wie <b> (fett), <i> (kursiv) und <u> (unterstrichen) heben bestimmte Passagen eines Texts hervor und kennzeichnen diese als vom Fließtext unterschieden. Wichtig ist auch der Tag <font size>, mit dem die Schriftgröße exakt festgelegt werden kann. Anhand einer größeren Schrift in Relation zum restlichen Text können Überschriften und Hervorhebungen durch die Suchmaschinen erkannt werden.

HTML-Elemente zur Erstellung von Tabellen können dazu dienen, die Erschließung im Kontext durchzuführen. Oft werden die Tabellen weniger dazu genutzt, tatsächliche Tabellen darzustellen, welche strukturiert Informationen darstellen sollen, sondern sie werden als gestalterisches Mittel verwendet, um Text mehrspaltig zu platzieren. Die Probleme, die dadurch unter Umständen auftreten können, werden in Kapitel 4.3 behandelt.

Der Grad der Strukturierung variiert deutlich. In der Regel dürften Dokumente, die aus Content-Management-Systemen (CMS) heraus generiert werden (also aus zumindest zum Teil strukturierten Datenbanken), stärker strukturiert sein als solche, die manuell und intellektuell erstellt wurden (Eikvil 1999, 10). CMS speichern die Daten intern in einer relationalen Datenbank und generieren die HTML-Dokumente entweder kontinuierlich bei jeder Aktualisierung oder aber (und dies ist die weit öfter praktizierte Methode) die Dokumente werden „on the fly", das heißt erst in dem Moment, in dem sie von einem Nutzer abgerufen werden, generiert. CMS verfügen in der Regel über Felder für Überschriften, Unterüberschriften und ähnliche Elemente.

Hier wäre für Suchmaschinen ein Ansatz zu suchen, wie aus einer Menge von Dokumenten, die auf einer Website mit dem gleichen System erstellt wurden, Strukturinformationen gewonnen und für die Recherche nutzbar gemacht werden können.

Eine weitere Möglichkeit, HTML-Dokumente zu strukturieren, ist durch sog. Sprungmarken gegeben. Sprungmarken gliedern das Dokument in „Kapitel", die einzeln angewählt werden können, beispielsweise über ein Inhaltsverzeichnis am Anfang eines längeren Dokuments. Externe Links können direkt auf Sprungmarken gesetzt werden, so dass sie auf ein bestimmtes Kapitel dieses Dokuments verweisen anstatt auf den Anfang des Dokuments. Solche Sprungmarken könnten von Suchmaschinen genutzt werden, um Dokumentstrukturen zu ermitteln, aber auch um Ankertexte, die direkt auf Sprungmarken verweisen, dem richtigen Teil des Dokuments zuzuordnen.

4.2.2 Word-Dokumente

Weitere populäre Formate, um Dokumente zu erstellen und im Web abzulegen, sind die Microsoft-Office-Formate. In Hinblick auf die für diese Untersuchung relevanten Textformate soll die Möglichkeit, Strukturinformationen aus Word-Dokumenten zu gewinnen näher betrachtet werden. Als Austauschformat für Word-Dateien wurde von Microsoft das Rich Text Format (RTF) entwickelt. Auch in diesem Format liegen viele Dokumente im Web vor; in Fragen der Erschließung ergeben sich allerdings keine Unterschiede zum proprietären Word-Format (.doc). Die im Folgenden gemachten Aussagen gelten grundsätzlich auch für andere Textverarbeitungsprogramme, da die Strukturierung der Dokumente hier ähnlich erfolgt.

Es ist möglich, Word-Dokumente mittels Formatvorlagen zu strukturieren. Dabei ist es sowohl möglich, auf im Programm vorgegebenen Formatvorlagen zurückzugreifen als auch diese zu erweitern bzw. neue Formatvorlagen zu erstellen. Vorgegebene Vorlagen beinhalten etwa Überschriften unterschiedlicher Hierarchieordnungen, die für die Erschließung der Struktur des Dokuments von Bedeutung sind. Werden vom Autor eines Dokuments die bestehenden Formatvorlagen verwendet, so können Suchmaschinen die Struktur des Dokuments relativ leicht erfassen. Probleme bereiten selbst erstellte Formatvorlagen und Erweiterungen. Ein Autor könnte beispielsweise eine eigene Vorlage erstellen, die alle Definitionen, die in seinem Text vorkommen, entsprechend kennzeichnet. Allerdings kann hier die Suchmaschine nicht entscheiden, welche Art von Elementen auf welche Weise gekennzeichnet ist. Suchmaschinen sollten also die Struktur des Dokuments aufgrund von bestehenden Standard-Formatvorlagen auswerten, Erweiterungen und eigens erstellte Formatvorlagen allerdings außer acht lassen.

Da Formatvorlagen in der Textverarbeitung nicht zwingend verwendet werden müssen, bestehen hier die gleichen Probleme wie bei HTML-Dokumenten, die ohne die strukturbeschreibenden Tags erstellt wurden. Hier ist u.a. aufgrund der Relation der Schriftgrößen zu entscheiden, welche Elemente Überschriften, Hervorhebungen oder ähnliches darstellen.

Word bietet weiterhin die Möglichkeit, Meta-Informationen in das Dokument zu integrieren. Dabei ist zu unterscheiden zwischen Informationen, die vom Programm automatisch eingefügt werden (aber später durch den Autor verändert werden können) und solchen, die vom Autor selbst erstellt werden.

Die Autorenangaben und die Firma oder Institution, der der Autor zugeordnet ist, werden vom Programm aus den Lizenzinformationen übernommen. Die Titelinformationen werden nach dem ersten Speichern des Dokuments auf Grundlage des Dateinamens erstellt. Wird der Dateiname später verändert, werden die Titelinformationen allerdings nicht automatisch mit verändert. Hier liegt auch das Problem der Erschließung dieser Informationen: ihnen mangelt es an Zuverlässigkeit. Die wenigsten Autoren erstellen bzw. verändern die vorgegebenen

Informationen, so dass die entsprechenden Felder entweder leer bleiben oder mit nicht (mehr) zutreffenden Informationen gefüllt sind.

Mögliche Meta-Informationen, die vom Autor selbst hinzugefügt werden müssen, sind beispielsweise Kategorie, Stichwörter und Kommentar. Diese Felder könnten als nützlich betrachtet werden, um den Inhalt des Dokuments kurz zu charakterisieren. Allerdings existieren keinerlei Vorgaben, was in diesen Feldern stehen sollte noch in welcher Form die Informationen angegeben werden sollten. Den meisten Autoren dürfte - sofern sie überhaupt auf diese Felder, die nur über die Dokumenteigenschaften bearbeitbar sind, stoßen - unklar sein, welche Informationen in die jeweiligen Kategorien einzutragen sind. Suchmaschinen sollten deshalb diese Informationen nicht auswerten.

4.2.3 PDF

Das Portable Document Format (PDF) wurde von der Firma Adobe als Austauschformat entwickelt, bei dem plattformunabhängig sämtliche Layoutelemente beibehalten werden. Daher eignen sich PDF-Dateien besonders für Texte, die zitierfähig sein sollen oder deren Layout denen eines gedruckten Pendants entsprechen soll. Weiterhin können mit geeigneter Software PDF-Dateien direkt aus anderen Anwendungen wie etwa Office-Anwendungen erzeugt werden. Dabei können in den Ursprungsdokumenten enthaltene Strukturen umgesetzt werden, indem diese durch „Lesezeichen" abgebildet werden. Die Lesezeichen dienen der Navigation vor allem innerhalb umfangreicher Dokumente und stellen sich in der Anwendung ähnlich den Sprungmarken in HTML dar.

Auch PDF-Dateien enthalten Metainformationen, die in der Regel aus den Ursprungsdokumenten entnommen werden, aber auch veränderbar sind. Ähnlich wie bei den Word-Dokumenten entsteht hier das Problem der Unzuverlässigkeit dieser Angaben, da die dafür vorgesehenen Felder oft nicht ausgefüllt werden oder unklar ist, welche Informationen in welcher Form in bestimmte Felder eingetragen werden sollen.

Die Erschließung von PDF-Dokumenten durch Suchmaschinen ist von besonderer Bedeutung, da diese das bevorzugte Format sind, um umfangreiche Texte verfügbar zu machen. Wissenschaftliche Abhandlungen, technische Dokumentationen und viele Umsetzungen von ursprünglich für den Druck vorgesehenen Publikationen liegen in diesem Format vor. Alle wichtigen Suchmaschinen unterstützen mittlerweile die Erschließung von PDF-Dokumenten und erlauben die Beschränkung der Suche auf diese.

4.3 Trennung von Navigation, Layout und Inhalt

Webseiten enthalten in der Regel neben dem eigentlichen Inhalt (dem Text) als weitere Bestandteile Navigationselemente und Elemente des Layouts. Seitens der Site-Betreiber wird hier eine formale Trennung gewünscht, um bequem eines dieser Elemente ändern zu können, ohne jede einzelne Seite einer Site einzeln verändern zu müssen.

Eine frühere Lösung für dieses Problem war der Einsatz von sog. Frames. Mit Hilfe von Angaben in einem Frameset können mehrere HTML-Dokumente zur Darstellung innerhalb desselben Browserfensters angeordnet werden. So können Inhalts- und Navigationselemente voneinander getrennt werden. Allerdings werden solche Dokumente auch von den Suchmaschinen als mehrere einzelne Dokumente betrachtet und deshalb einzeln erschlossen. Dies wäre an sich wünschenswert, wirft jedoch das Problem auf, dass Nutzer, die in einer Trefferliste auf ein Dokument, das zu einem Frameset gehört, klicken, nur dieses eine Dokument und nicht das komplette Frameset angezeigt bekommen. Es besteht die Möglichkeit, bei solch einem Einzelaufruf das Frameset neu zu genieren, dies ist allerdings als Behelfslösung zu betrachten. Der Einsatz von Framesets hat unter anderem aus diesem Grund in den letzten Jahren deutlich abgenommen. Durch Content-Management-Systeme und die neuen Skriptsprachen können unterschiedliche Bestandteile der Dokumente einzeln gepflegt werden und erst beim Aufrufen des Dokuments wieder zusammengefügt werden.

Das Zusammenfügen von unterschiedlichen *Inhaltselementen* wie Text, Werbung und Hinweise auf weitere Dokumente innerhalb derselben Website geschieht in der Regel innerhalb einer Tabelle mit mehreren Spalten. Hierbei können die Inhalte der Spalten deutlich voneinander unterschieden sein; üblich sind zum Beispiel in einer Spalte Hinweise auf weitere Artikel, die auf derselben Website verfügbar sind. Begriffe aus diesen Hinweisen sind für die Erschließung nicht hilfreich, da sie nicht im Kontext des eigentlichen Inhalts des Dokuments stehen. Abbildung 4.1 zeigt den typischen Aufbau einer Webseite mit Hilfe von Tabellen und verdeutlicht die Problematik mit Suchbegriffen in unterschiedlichen Spalten, die nicht im Kontext zueinander stehen. Hervorgehoben sind die Begriffe „Heise“, „Virenschutz“ und „Google“. Alle drei sind im Dokument enthalten, der Text in der mittleren Spalte (also der eigentlich zu erschließende Inhalt des Dokuments) enthält jedoch nur zwei der Begriffe.

Probleme dieser Art treten insbesondere bei Suchanfragen auf, die als Ergebnis nur eine kleine Anzahl von Treffern liefern. Solche Treffer sind für die Suchanfrage nicht relevant und werden nur deshalb zurückgegeben, weil die Suchmaschinen den eigentlichen Inhaltsteil der Dokumente nicht erkennen können. Insbesondere durch die Tabellenstruktur könnten die Suchmaschinen jedoch erkennen, welche Elemente einer Seite tatsächlich inhaltstragend sind. Die Präzision der Suchergebnisse könnte so erhöht werden. Ein Ansatz zur Ermittlung des eigentlichen Inhalts von durch Tabellen strukturierten HTML-Dokumenten wird in Kap. 13.1 vorgestellt.

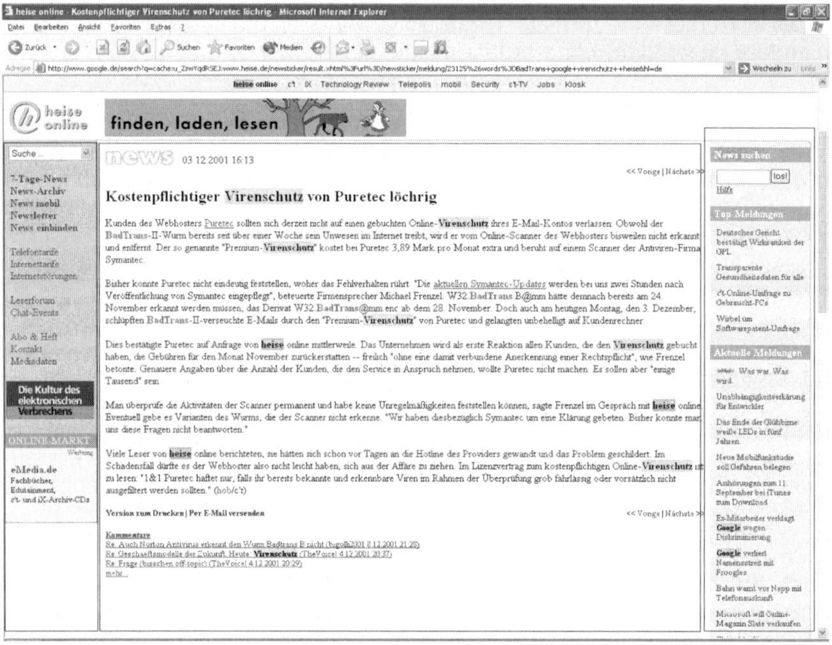

Abb. 4.1. Aufbau eines dreispaltigen HTML-Dokuments mit Hilfe von Tabellen

4.4 Repräsentation der Dokumente in den Datenbanken der Suchmaschinen

In der Dokumentation werden die Dokumente (dort: dokumentarische Bezugseinheiten (DBE)) in einer Datenbank durch einen Repräsentanten (Dokumentationseinheit) repräsentiert. Der Repräsentant enthält im Fall eines Textes neben einer formalen Beschreibung des Dokuments auch eine inhaltliche Beschreibung. Der eigentliche Volltext ist - so vorhanden - nicht Bestandteil der Dokumentationseinheit, sondern ist nur mit dieser verknüpft. Bei modernen Systemen besteht allerdings auch die Möglichkeit der Suche im Volltext.

Suchmaschinen erschließen in aller Regel den Volltext der von ihnen gefundenen Dokumente. Dabei kann nur auf die oben dargestellte schwache Strukturierung der

Dokumente zurückgegriffen werden, was zu Problemen in der Repräsentation führt. Während eine dokumentarische Repräsentation stark strukturiert ist und entsprechend genau durchsucht werden kann, entstehen bei einer Volltexterschließung Probleme durch das Fehlen eines kontrollierten Vokabulars und der nicht vorhandenen Unterscheidung zwischen inhaltsbeschreibenden Begriffen (keywords, Deskriptoren) und nicht inhaltsbeschreibenden Begriffen.

Allerdings handelt es sich bei der Repräsentation der Dokumente durch Suchmaschinen auch nicht um eine reine Volltextspeicherung. Zwar wird der Volltext mehr oder weniger komplett erfasst[8], allerdings werden weitere Informationen *über das Dokument* der Repräsentation hinzugefügt. Tabelle 4.3 zeigt das Dokument beschreibende Informationen, die zumindest in manchen Suchmaschinen für die Repräsentation genutzt werden.

Tabelle 4.3. Dokumentbeschreibende Informationen zur Ergänzung der Repräsentation des Dokuments

Attribut	Erläuterung
Datum	Datum der Erstellung bzw. der letzten Aktualisierung des Dokuments.
Sprache	Aufgrund von Sprachspezifika ermittelte Sprache des Dokumententexts.
Top-Level-Domain	Verwendung zur Ermittlung der Herkunft des Dokuments (bei Länderdomains) bzw. zur Zuordnung zu einem Bereich (bei generischen Domains).
Wert für Linkpopularität	Unabhängig von der Suchanfrage ermittelter Wert für die „Autorität" bzw. Qualität eines Dokuments.
Begriff aus Ankertexten externer Seiten	Ergänzung des Dokuments um potentielle Suchbegriffe, die in den Verweisen aus anderen Dokumenten vorkommen.
Dateiformat	Formale Unterscheidung nach Dateitypen
Eingebettete Dateitypen	Dateitypen, die mit dem Dokument verbunden sind, z. B. ein illustrierendes Hörbeispiel zu einem Text.

[8] Oft werden Volltexte allerdings nur bis zu einer bestimmten Länge bzw. Dateigröße erfasst, was dazu führt, dass der Text abgeschnitten wird und damit nicht mehr der tatsächliche Volltext, sondern nur ein Teil davon durchsucht werden kann. Die Suchmaschine Google beispielsweise indexiert nur die ersten 101 KB eines Dokuments, was insbesondere bei umfangreichen PDF-Dokumenten zu einem Informationsverlust führen kann.

Der Grad der Zuverlässigkeit der genannten Informationen ist sehr unterschiedlich. Während Angaben wie die Top-Level-Domain keinerlei Probleme bei der Zuordnung korrekter Werte zu ihrem Attribut bereiten, kann die Zuordnung der korrekten Sprache und insbesondere des korrekten Aktualisierungsdatums (Lewandowski 2004b; s. Kap. 11.2) zu Problemen führen.

Als besonders nützlich für eine erweiterte Dokumentbeschreibung ist die Verwendung von Ankertexten aus externen Seiten zu nennen. Anwendungen dieser Verfahren sind in McBryan (1994) sowie Brin u. Page (1998) beschrieben. Ankertexte können dazu verwendet werden, um Dokumente zu beschreiben, die für die Suchmaschine nicht erfassbar sind (zum Beispiel aufgrund ihres Dateiformats) oder (noch) nicht erfasst wurden (aufgrund Einschränkungen der Indexgröße oder aufgrund der Aktualität). Wichtiger erscheint aber der Punkt der zutreffenden Beschreibung. Die innerhalb des Texts eines externen Verweises gegebene Beschreibung ist oft treffender als die Beschreibung, die sich im Dokument selbst findet (Brin u. Page 1998). Solche Linktexte sollten deshalb von Suchmaschinen zumindest ergänzend zur Indexierung der Dokumente eingesetzt werden. Sie können auch helfen, Dokumente, die in einer anderen Sprache als der der Suchanfrage verfasst sind, zu finden, sofern Verweise in der Sprache der Suchanfrage bestehen.

Im Zuge einer verbesserten Repräsentation der Dokumente in den Datenbanken der Suchmaschinen sollten Möglichkeiten gefunden werden, den genannten Attributen ihre jeweiligen Werte korrekt zuordnen zu können. Weiterhin wäre zu untersuchen, welche weiteren Attribute sich für die Dokumentrepräsentation eignen würden.

5 Klassische Verfahren des Information Retrieval und ihre Anwendung bei WWW-Suchmaschinen

Dass sich web-spezifisches Information Retrieval von der klassischen Variante unterscheidet, ist bereits in den letzten Kapiteln mehrfach angeklungen. Hier soll nun ein systematischer Überblick über die Besonderheiten des Web Information Retrieval unter Rückgriff auf die Information-Retrieval-Literatur erfolgen. Zusätzlich sollen die Hauptprobleme der Recherche im Web im Vergleich zu den klassischen Online-Datenbanken und das „Nadelöhr" der Kriterien für die Aufnahme in den Datenbestand behandelt werden. Im zweiten größeren Teil dieses Kapitels werden dann unterschiedliche Modelle des Information Retrieval vorgestellt und ihre Anwendung bei Web-Suchmaschinen beschrieben.

5.1 Unterschiede zwischen „klassischem" Information Retrieval und Web Information Retrieval

Mit den Unterschieden zwischen dem klassischen Information Retrieval und dem Web Retrieval haben sich bereits viele Autoren befasst (vgl. u.a. Huang 2000; Chowdhury 1999; Brooks 2003; Chu 2003, 128-139; Ferber 2003, 285-292; Savoy 2002). Auf Basis dieser Untersuchungen werden im folgenden die Unterschiede systematisch herausgearbeitet und beschrieben.

Die Unterschiede zwischen klassischem Information Retrieval und Web Retrieval lassen sich in vier Klassen unterteilen. Dies sind Unterschiede hinsichtlich des zugrunde liegenden Dokumentenkorpus, hinsichtlich der Inhalte, der Nutzer und hinsichtlich der Eigenarten des IR-Systems selbst.

In Kapitel 3 wurde die Struktur des Web beschrieben. Es wurde insbesondere bereits dargelegt, dass die genaue Dokumentenmenge des WWW nicht bekannt ist und auch nicht ermittelt werden kann und dass Hyperlink-Strukturen einer gewissen Form existieren, die die vollständige Erfassung erschweren. Diese Probleme liegen bei der Erschließung von Dokumenten in klassischen Datenbanken nicht vor. Hier ist die zu erfassende Datenmenge aufgrund der schon bei der Planung der Datenbank gemachten Einschränkung der Dokumentenmenge (beispielsweise „alle Dokumente aus deutschsprachigen informationswissenschaftlichen Zeitschriften") bekannt. Probleme des Auffindens von neuen Dokumenten bestehen nicht in der gleichen Form; um bei dem oben angeführten Beispiel zu bleiben: die Erfassungsmenge ändert sich nur, wenn Zeitschriften aus dem Bestand genommen werden oder neue

Zeitschriften erscheinen. Die einmal definierte Menge der Zeitschriften vollständig zu erfassen bereitet dagegen keine Probleme.

In Bezug auf die Sprache der zu erschließenden Dokumente besteht im Web das Problem, dass Dokumente in potentiell allen Sprachen vorkommen können. Da von Seiten der Suchmaschinen kein einheitliches Indexierungsvokabular vorliegt, sondern auf die Volltexterschließung gesetzt wird, können die Dokumente auch jeweils nur bei Eingabe der Suchbegriffe in der Sprache der zu findenden Dokumente gefunden werden. Im Bereich der Online-Datenbanken sind in einer Datenbank entweder nur Dokumente in einer Sprache enthalten, oder aber die in unterschiedlichen Sprachen verfassten Dokumente werden mittels eines einheitlichen Vokabulars in der Zielsprache der Datenbank erschlossen. Als weitere Hilfsmittel existieren Klassifikationssysteme und mono- oder multilinguale Thesauri.

Ein weiteres Problem der Vielfalt des Web taucht in Form unterschiedlicher Medienarten bzw. Dateiformate auf. Das Web ist nicht auf Textdokumente beschränkt, sondern enthält beispielsweise viele Multimedia-Informationen. Die Erschließung dieser Informationen muss aufgrund der mangelnden Textmenge grundsätzlich anders erfolgen als die der Textdokumente. In Online-Datenbanken sind entweder keine Multimedia-Informationen enthalten oder aber diese sind durch spezielle Metadaten erschlossen, so dass die Recherche über Texteingaben einfacher möglich ist.

Probleme bei Web-Dokumenten bereitet auch die stark differierende Länge der Dokumente und deren eventuell bestehende Granularität (Ferber 2003, 287). Zwar sind auch die in den Online-Datenbanken erschlossenen Dokumente von unterschiedlicher Länge, die Spannbreite ist jedoch weit geringer. Im Web finden sich hingegen aus nur wenigen Wörtern bestehende Dokumente ebenso wie komplette Bücher, die als einzelnes Dokument verfügbar gemacht wurden. Teils werden längere Dokumente jedoch auch in Teile zerlegt, um den Zugriff zu verbessern. Dabei kann unter einem langen Dokument schon ein solches verstanden werden, welches sich nicht ohne Scrollen am Bildschirm lesen lässt.

Insbesondere journalistische Angebote unterteilen ihre Dokumente oft in kleinere Bestandteile (so zum Beispiel populäre Angebote Handelsblatt.com oder Welt.de). Die Probleme der im Gegensatz zu den Online-Datenbanken mangelnden Strukturierung der Web-Dokumente wurden in Kapitel 4.2 beschrieben.

Während in Online-Datenbanken jedes Dokument nur einmal abgelegt wird und klare Kriterien für die Aufnahme von Dokumenten in die Datenbank bestehen (Xie 2004), findet sich im Web aufgrund der dezentralen Struktur eine hohe Anzahl an Dubletten. Einerseits werden komplette Server gespiegelt (mirror hosts), andererseits werden die gleichen Texte in unterschiedliche Angebote integriert. Für die Suchmaschinen ist die Eliminierung jeglicher Dubletten von besonderer Bedeutung, da sie die gerankten Trefferlisten verstopfen können. Weiterhin besteht das

Problem unterschiedlicher Versionen des gleichen Texts. Während in Datenbanken in der Regel nur eine, nämlich die endgültige Fassung eines Dokuments abgelegt wird (beispielsweise ein Artikel in der Form, in der er in einer Druck-Version erschienen ist), existieren von vielen Dokumenten im Web unterschiedliche Versionen, die nicht leicht durch automatische Verfahren als solche erkannt werden können.

Ein besonderes Problem der Dokumentenkollektion betrifft die Zuverlässigkeit der zu erschließenden Dokumente. Während im klassischen Information Retrieval nur in Einzelfällen das Problem bestand, jedes zu erfassende Dokument auf seine Qualität hin zu kontrollieren, ist dies für die Aufnahme in einen Suchmaschinen-Index essentiell. Nur Dokumente, die tatsächlich für den Benutzer von Bedeutung für die Lösung eines Informationsproblems sinnvoll sind, sollen in den Datenbestand aufgenommen werden (Chu 2003, 128); alle Suchmaschinen bestimmen inzwischen einen Wert für die *Autorität* jedes Dokuments (s. Kap. 8).

Hier ist zu ergänzen, dass die Suchmaschinen sehr wohl Verfahren einsetzen, die unterscheiden sollen, ob ein Dokument in den Datenbestand aufgenommen wird oder nicht. Richtig ist allerdings, dass keine intellektuelle Auswahl stattfindet, die definiert, welchen Anforderungen ein Dokument genügen muss, um in den Datenbestand aufgenommen zu werden. In der Regel werden alle Dokumente, die nicht durch automatische Verfahren als Spam erkannt werden, in den Datenbestand aufgenommen. Eine ausführlichere Diskussion der Kriterien für die Aufnahme in den Index wird in Kapitel 5.3 geführt.

Auch in Bezug auf die Nutzer gibt es wesentlich Unterschiede zwischen den Online-Datenbanken und dem Web. Die Web-Nutzer wurden bereits in Kapitel 2.6 charakterisiert. Als Fazit war dort festgestellt worden, dass die Suchmaschinen-Nutzer nur geringe Kenntnisse über die Möglichkeiten und den Suchprozess der Suchmaschinen haben und die Systeme aus diesen Gründen an diese Nutzer angepasst sind bzw. angepasst werden müssen. Vergleicht man die Art der gestellten Anfragen von Web-Nutzern und von Nutzern der Online-Datenbanken, so lässt sich klar feststellen, dass die Datenbank-Nutzer mit den Abfragesprachen und komplexen Suchmöglichkeiten dieser Systeme umgehen können und entsprechend genau formulierte Suchanfragen verwenden. Dazu kommt, dass das Nutzerinteresse bei Online-Datenbanken aufgrund der Homogenität der Inhalte klar fokussiert ist; an Suchmaschinen werden hingegen Anfragen unterschiedlichster Ausrichtung gestellt (vgl. Kapitel 2.5).

Als letzte Klasse der Unterschiede zwischen den beiden Typen von IR-Systemen sind schließlich die Eigenarten der jeweiligen Systeme zu nennen. Dieser Bereich ist allerdings am ehesten Veränderungen unterworfen, da sich die Funktionen des Systems relativ leicht ändern bzw. verbessern lassen. Allerdings haben sich bei den Suchmaschinen bestimmte Standards in Bezug auf die Funktionalitäten herausgebildet (vgl. Kapitel 2.3), die sich wesentlich von denen bei den Online-Datenbanken unterscheiden.

Wie schon beschrieben, sind die Suchanfragen bei Web-Suchmaschinen weit weniger komplex als die in Online-Datenbanken. Während frühe Suchmaschinen wie AltaVista noch versuchten, die komplexen Abfragemöglichkeiten der klassischen IR-Systeme nachzubilden, verzichten neuere Suchmaschinen weitgehend auf diese, da solche Funktionen von den Nutzern nur in sehr geringem Umfang angenommen werden. Suchmaschinen bieten also keine den klassischen IR-Systemen vergleichbare Suchmöglichkeiten. Dies gilt sowohl für die Standard-Abfragemöglichkeiten wie Boolesche Suche, Abstandsoperatoren und Trunkierung als auch für speziellere Abfragemöglichkeiten wie gewichtetes Retrieval oder Fuzzy-Suche (Chu 2003, 130f.; s. a. Stock 2000a; Lewandowski 2004a).

Die Standards für die Interfaces bei Suchmaschinen wurden in Kapitel 2.3 beschrieben, wobei als großer Vorteil der Suchmaschinen hervorzuheben ist, dass sich die Interfaces stark ähneln und ein Wechsel von einem zum anderen System daher in der Regel problemlos möglich ist. Online-Datenbanken verfügen in der Regel über weit komplexere Interfaces, die oft auch gezielt auf die speziellen Inhalte der jeweiligen Datenbank ausgerichtet sind. Es existieren allerdings auch Interfaces von kommerziellen Hosts, die auf die Suche in sehr großen Datenbeständen ausgerichtet sind. Hier erfolgt die Suche jedoch in mehreren Schritten, so dass die Treffermenge schon in der Vorbereitung der eigentlichen Suche entsprechend eingeschränkt werden kann. Vor allem geschieht dies durch eine gezielte Auswahl der zu durchsuchenden Quellen. Auch die Möglichkeiten der Modifikation einer bereits gestellten Suchanfrage sind bei den Suchmaschinen außerordentlich beschränkt. In der Regel wird nur die Option angeboten, nochmals in den bereits gefundenen Ergebnissen zu suchen. Eine Eigenheit der Suchmaschinen ist der automatische Vorschlag von weiteren Suchbegriffen, um die Suche entsprechend einzuschränken, zu erweitern oder zu verändern (Chu 134f.).

Alle Suchmaschinen setzen bei der Sortierung der Trefferlisten auf Ranking-Mechanismen. Auch in klassischen IR-Systemen werden teils Ranking-Verfahren eingesetzt, allerdings ist dies nur selten der Fall. Wenn, dann verwenden in der Regel Faktoren wie *term frequency*, *term proximity*, *term location* und *inverse document frequency*, bei WWW-Suchmaschinen kommen weitere Faktoren hinzu: linktopologische Verfahren, Verfahren auf Basis der Auswertung von Seitenbesuchen (Klicks) und Mischverfahren aus klassischem Ranking und linktopologischen Verfahren.

Alle genannten Unterschiede zwischen Web Information Retrieval und dem Retrieval in Online-Datenbanken sind in Tabelle 5.1 zusammengefasst.

Tabelle 5.1. Unterschiede zwischen Web-IR und klassischem Information Retrieval (Lewandowski 2005c, 8)

Unterscheidungsmerkmal	Web	Klassische Datenbanken
Merkmale des Dokumentenkorpus		
Sprachen	Dokumente liegen in einer Vielzahl von Sprachen vor; aufgrund der Volltexterschließung keine einheitliche Erschließung über Sprachgrenzen hinweg.	Einzelne Sprache oder Dokumente liegen in vorher definierten Sprachen vor; Erschließung von Dokumenten verschiedener Sprachen mittels einer einheitlichen Indexierungssprache.
Medienarten	Dokumente in unterschiedlichen Formaten.	Dokumente liegen in der Regel in nur einem Format vor.
Länge und Granularität der Dokumente	Länge der Dokumente variiert, große Dokumente werden oft aufgeteilt.	Länge der Dokumente variiert innerhalb eines gewissen Rahmens; pro Dokument eine Dokumentationseinheit.
Spam	Problem der von den Suchmaschinen unerwünschten Inhalte.	Beim Aufbau der Datenbank wird vorab definiert, welche Dokumente erschlossen werden.
Hyperlink-Struktur	Dokumente sind miteinander verbunden.	Dokumente sind in der Regel nicht miteinander verknüpft; keine Notwendigkeit, aus Verlinkungsstrukturen auf die Qualität der Dokumente zu schließen.
Inhalte		
Datenmenge / Größe des Datenbestands	Genaue Datenmenge nicht bestimmbar; keine vollständige Indexierung möglich.	Genaue Datenmenge aufgrund formaler Kriterien bestimmbar.
Abdeckung des Datenbestands	Abdeckung der Zielmenge unklar.	Abdeckung gemäß dem bei der Planung der Datenbank gesteckten Ziel in der Regel vollständig.

Tabelle 5.1. (Fortsetzung)

Dubletten	Dokumente können mehrfach / vielfach vorhanden sein; teils auch in unterschiedlichen Versionen.	Dublettenkontrolle bei der Erfassung der Dokumente. Versionskontrolle in der Regel nicht notwendig, da jeweils eine endgültige Fassung existiert und diese in die Datenbank eingestellt wird.
Nutzer		
Art der Anfragen	Aufgrund heterogener Informationsbedürfnisse der Nutzer sehr unterschiedlich.	Genaue Zielgruppe mit klarem Informationsbedürfnis.
Ill-formed queries	Geringe Kenntnis der Nutzer über angebotene Suchfunktionen / Recherche allgemein.	Nutzer sind mit der jeweiligen Abfragesprache vertraut.
IR-System		
Interface	Einfache, intuitiv bedienbare Interfaces für Laien-Nutzer.	Oft komplexe Interfaces; Einarbeitung notwendig.
Ranking	Relevance Ranking aufgrund der großen Treffermengen notwenig.	Relevance Ranking aufgrund genau formulierter Suchanfragen und dadurch geringerer Treffermengen meist nicht nötig.
Suchfunktionen	beschränkte Suchfunktionen	komplexe Abfragesprachen
Modifikation der Suche	In der Regel nur Möglichkeiten zur weiteren Einschränkung der Suchanfrage.	Umfangreiche Modifikationsmöglichkeiten
Strukturierung der indexierten Dokumente	schwache Strukturierung; Feldsuche nur bedingt für die Recherche geeignet.	starke Strukturierung; Suche innerhalb einzelner Felder gut für die Recherche geeignet.
Auswahl der Dokumente	Abgesehen vom Ausschluss von Spam keine weitere Auswahlkriterien.	Klare Auswahlkriterien werden schon bei der Planung der Datenbank bestimmt.

5.2 Kontrolliertes Vokabular

Soll das Web als Quelle für professionelle Recherchen genutzt werden, tauchen zwei Probleme auf: einerseits die Frage der Vollständigkeit der ermittelten Informationen, andererseits die Methode der Erschließung. Die Frage der Vollständigkeit der im Web vorhandenen Informationen und der Abdeckung dieser durch die Suchmaschinen wurde in Kapitel 3 behandelt. Bei der Websuche bleibt stets die Frage offen, ob tatsächlich alle verfügbaren Informationen gefunden wurden, da nicht festgestellt werden kann, welche Informationen in welchem Umfang überhaupt im Web vorhanden sind und auch nie sichergestellt werden kann, ob aus der Menge der erschlossenen Informationen auch tatsächlich alle relevanten Dokumente gefunden wurden.

Zwar besteht auch bei mittels eines kontrollierten Vokabulars erschlossenen Datenbanken das grundsätzliche Problem, dass der Recall-Wert nicht genau ermittelt werden kann, jedoch ist das Problem hier als weit geringer einzuschätzen, da wenigstens klar ist, welche Quellen in der jeweiligen Datenbank erschlossen werden. Damit lässt sich feststellen, ob überhaupt Dokumente zum gewünschten Thema vorhanden sind. Bei der Suche in einer Suchmaschine lässt sich bei null Treffern nicht ermitteln, ob zu diesem Thema schlicht nichts vorhanden ist oder ob die Suchstrategie ihr Ziel verfehlte.

Die Dokumente in klassischen Online-Datenbanken werden in der Regel mittels eines kontrollierten Vokabulars erschlossen. Den Dokumenten werden Deskriptoren bzw. Schlagwörter, Notationen und weitere Merkmale zugeteilt. Die Dokumente, auch die aus unterschiedlichen Quellen, werden einheitlich beschrieben, so dass sie bei Verwendung desselben Vokabulars bei der Recherche besser wiedergefunden werden können. Einige linguistische Probleme können so gelöst werden: Unterschiedliche Bezeichnungen eines Begriffs beispielsweise durch Synonyme und Akronyme werden zu einem Begriff zusammengefasst, homonyme Bezeichnungen werden in unterschiedliche Begriffe getrennt. Die Dokumente werden nicht nur durch Begriffe beschrieben, die tatsächlich in ihrem Volltext vorkommen, sondern auch durch Begriffe, die den dargestellten Sachverhalt beschreiben, vom Autor selbst jedoch nicht genannt werden. Der Anteil der Begriffe, die in der Erschließung, jedoch nicht in den Texten selbst verwendet werden, liegt bei etwa zehn Prozent (Bates 2004).

Allerdings verlangen Systeme, die mit einem kontrollierten Vokabular arbeiten, vom Nutzer die Kenntnis desselben. Als weiterer Nachteil ist die relative Starrheit eines solchen Vokabulars zu sehen. Insbesondere universelle Klassifikationssysteme lassen sich nur schwer veränderten Gegebenheiten anpassen und tendieren damit stets zur Inaktualität. Die Erschließung mittels Thesauri hingegen ist in der Regel auf ein einzelnes Fachgebiet beschränkt und taugt nicht zur Erschließung thematisch nicht beschränkter Datenbestände.

Während also kontrollierte Vokabulare für den Einsatz in Online-Datenbanken und systematisch aufgebauten fachlichen Kollektionen (wie etwa Bibliotheken) unbedingt benötigt werden, ist ihr Einsatz bei Suchmaschinen nur im Kontext der nutzerführenden Verfahren (s. Kap.10) als sinnvoll anzusehen. Vor allem wegen der Universalität der von den Suchmaschinen erschlossenen Inhalte und in Hinblick auf das Verhalten der Nutzer ist ansonsten davon abzuraten. Aus den Erfahrungen mit kontrolliertem Vokabular bleibt jedoch die durchaus nutzbare Erkenntnis, dass die Textwörter allein zur vollständigen Beschreibung eines Dokuments nicht genügen. Im Bereich der Suchmaschinen wurde die Diskussion um die Erweiterung vor allem unter der Überschrift „Metadaten“ geführt, weiterhin ist an eine „Erweiterung“ der Dokumente um beschreibende Daten von externen Seiten zu denken.

5.3 Kriterien für die Aufnahme in den Datenbestand

Alle Suchmaschinen versuchen, ihren Nutzern möglichst nur die für die gestellte Suchanfrage relevanten Dokumente anzubieten. Ein wichtiger Punkt hierbei ist der Ausschluss von Dokumenten, die unabhängig von einer Suchanfrage als qualitativ nicht ausreichend angesehen werden. Drei Arten von Inhalten lassen sich dabei unterscheiden:

1. Spam (+ eventuell weitere unerwünschte Inhalte)
2. Dubletten
3. Inhaltsarme Seiten

Die Aufnahme von Spam in den Index soll generell vermieden werden. Die Suchmaschinen setzen unterschiedliche Verfahren ein, um Spam zu erkennen und entsprechende Seiten bzw. komplette Sites aus dem Index auszuschließen. Diese Verfahren werden jedoch verständlicherweise nicht dokumentiert, weshalb sie hier nicht ausführlich beschrieben werden können. Klar ist jedoch, dass der Ausschluss solcher Seiten die Qualität der Trefferlisten wesentlich steigern kann bzw. umgekehrt, dass Suchmaschinen, denen es nicht gelingt, entsprechende Seiten aus ihrer Datenbank herauszuhalten, die Qualität ihrer Trefferlisten dadurch verschlechtern.

Neben diesen klar unerwünschten Inhalten gibt es weitere Inhalte, die nicht grundsätzlich von allen Suchmaschinen unerwünscht sind, jedoch beispielsweise aufgrund nationaler Gesetzgebungen ausgeschlossen werden sollen. Es handelt sich hier meist um verbotene Inhalte; allerdings besteht bei den international operierenden Suchmaschinen das Problem der unterschiedlichen Bestimmungen in den verschiedenen Ländern. Die Lösung ist hier weniger der Ausschluss bestimmter Seiten aus dem Index generell, sondern eher der Ausschluss dieser Inhalte aus der jeweils nationalen Suche. Dies wird etwa bei den großen Suchmaschinen Google und Yahoo praktiziert, die bestimmte Inhalte über die Suchinterfaces auf den deutschen Domains nicht zugänglich machen. Allerdings lassen sich solche

Einschränkungen - wenn sie dem Nutzer denn bekannt sind - leicht umgehen, indem ein anderes Länderinterface der Suchmaschine benutzt wird.

Dubletten stellen ein großes Problem für die Suchmaschinen dar. Zwar ist das Problem insofern nicht mehr so massiv wie früher, dass alle Suchmaschinen linktopologische Verfahren einsetzen, die Dokumente unabhängig von einer Suchanfrage nach ihrer Qualität bzw. Autorität bewerten und so Dokumente gleichen Inhalts nicht mehr unbedingt direkt hintereinander in der Trefferliste erscheinen. Allerdings sollten Dubletten generell aus dem Index ausgeschlossen werden. Dabei ist zu unterscheiden zwischen Dubletten auf Dokument-Ebene (*duplicate pages*) und Dubletten auf Site-Ebene (*duplicate hosts*) (Henzinger 2003, 118). Werden *duplicate hosts* erkannt, so können diese künftig schon vom Crawling ausgeschlossen werden.

Eine Besonderheit der Dubletten sind Seiten, die einen *fast* gleichen Inhalt aufweisen, beispielsweise zwei nur marginal unterschiedliche Versionen des gleichen Texts. Allerdings erschließen Suchmaschinen auch oft Seiten, die sich kaum voneinander unterscheiden. Vielfach wird diese Schwäche dazu genutzt, um aus Datenbanken generierte Teaser-Seiten in die Indexe der Suchmaschinen zu bringen (Heinisch 2003, 16ff.). Dabei handelt es sich um Dokumente, in die gezielt potentielle Suchwörter eingebaut werden, um die Seiten in den Suchmaschinen gut zu platzieren. Einen für den Benutzer interessanten Inhalt haben diese Seiten nicht, sondern verweisen auf Inhalte von Datenbanken, die von den Suchmaschinen nicht erschlossen werden können. Solche Teaser-Seiten werden in Masse produziert; in erster Linie von kommerziellen Anbietern, allerdings gibt es auch Fälle öffentlicher Institutionen, die sich dieser Technik bedienen (z. B. Seiffert 2003). Oft bestehen solche Seiten aus nur kurzen Texten und unterscheiden sich voneinander nur durch das jeweils unterschiedliche eingesetzte Suchwort. Solche Seiten werden von den Suchmaschinen heute nicht zuverlässig erkannt. Strittig ist auch die Frage, wie solche Seiten grundsätzlich zu bewerten sind. Zwar gibt es viele negative Beispiele, die die Nutzer auf für die Suchanfrage irrelevante Seiten lenken sollen (wobei solche Seiten dann wiederum als Spam zu betrachten sind), andererseits existieren durchaus Teaser-Seiten, die den Nutzer auf wertvolle Inhalte lenken, die sonst mit Hilfe von Suchmaschinen nicht gefunden werden könnten (Heinisch 2003, 24). Offensichtlich pflegen die populären Suchmaschinen bisher keinen einheitlichen Umgang mit solchen Seiten; manche dieser Angebote finden sich in den Indexen wieder, andere bleiben ausgeschlossen. Klare Kriterien für das jeweilige Vorgehen können nicht festgestellt werden.

Die Teaser-Seiten fallen in den Bereich der inhaltsarmen Seiten. Sie enthalten keinen eigenständigen Text, der dem Benutzer allein nützlich wäre. Ähnlich verhält es sich mit Dokumenten, die nur einen sehr kurzen Text enthalten. Zwar *kann* auch in diesen die gewünschte Information enthalten sein (meist die Antwort auf eine Faktenfrage; z.B. „Die Höhe des Mount Everest beträgt 8.850 Meter“), dies ist jedoch in den meisten Fällen als für ein umfassenderes Informationsbedürfnis als nicht ausreichend zurückzuweisen. Solche Dokumente könnten aufgrund ihres geringen Umfangs ausgeschlossen werden. Allerdings ist auch hier die in Kapitel 4.3 beschriebene Trennung von Navigations- und Inhaltselementen zu beachten, um die tatsächliche Länge des Dokuments festzustellen.

Festzuhalten ist, dass die Suchmaschinen zwar über Kriterien verfügen, nach denen Dokumente aus den Indexen ausgeschlossen bzw. gar nicht erst in diese aufgenommen werden, diese Kriterien jedoch nicht einheitlich sind und der Nutzer (aus teils verständlichen Gründen) keine Kenntnis von ihnen bekommt. Ein Problem, welches am Beispiel der Teaser-Seiten erläutert wurde, ist, dass die Suchmaschinen nur unzureichend erkennen können, was ein „echter Text“ ist und was nur ein mit potentiellen Suchwörtern gespicktes Dokument. Zwar tauchen solche Dokumente bei ausreichender Konkurrenz zu den gleichen Begriffen aufgrund der Bewertung der Verlinkungsstruktur in der Regel nicht unbedingt auf den vorderen Plätzen der Trefferlisten auf, dazu kann es allerdings kommen, wenn die verwendeten Suchbegriffe alleine, aber vor allem in Kombination mit anderen Begriffen selten sind (als Beispiel zeigt Heinisch (2003, 16ff.) eine Suche nach dem Begriff „Zettelflut“).

Bei den Universalsuchmaschinen sind keine inhaltlichen Kriterien für die Aufnahme in den Index vorhanden. Da der Anspruch besteht, möglichst das gesamte WWW zu erfassen (und dem Nutzer diese Vollständigkeit auch suggeriert wird), werden weder gezielt gewisse Inhaltsbereiche ausgeschlossen noch Schwerpunkte gesetzt. Dies wird nur von Spezialsuchmaschinen geleistet, die sich auf ein bestimmtes Themenfeld beschränken.

5.4 Modelle des Information Retrieval

Im Folgenden wird ein kurzer Überblick über die wichtigsten Information-Retrieval-Modelle gegeben. Dies sind das Boolesche Modell, das Vektorraummodell und das probabilistische Modell.

In der Darstellung wird vor allem auf ihre Tauglichkeit für bzw. ihre Verwendung in Suchmaschinen eingegangen. Für umfassende Darstellungen der besprochenen Modelle sei auf Korfhage (1997), Belkin u. Croft (1987) sowie Grossman u. Frieder (2000) verwiesen.

5.4.1 Boolesches Modell

Das Boolesche Modell ist das einzige der hier vorgestellten, welches nach der Methode des *exact match*, also der exakten Übereinstimmung zwischen Anfrage und Dokument, arbeitet. Suchbegriffe werden mit den Dokumenten bzw. deren

Repräsentanten abgeglichen. Es werden nur Dokumente ausgegeben, die die Suchbegriffe exakt in der Form, in der sie eingegeben wurden, enthalten.

Zur Formulierung der Suchanfrage stehen im klassischen Modell die drei Operatoren AND, OR und NOT, in manchen Systemen auch das ausschließende Oder (XOR), zur Verfügung. Weiterhin besteht die Möglichkeit der Klammersetzung, um komplexe Suchanfragen formulieren zu können. Erweiterungen des Booleschen Modells sehen Abstandsoperatoren vor, mit denen die Treffermenge weiter eingeschränkt werden kann.

Neben dem kostengünstigen Aufbau Boolescher Retrievalsysteme werden die bestehende Popularität solcher Systeme (und daher die Gewöhnung zumindest der regelmäßigen Nutzer an diese) sowie die Flexibilität als Vorteile dieses Systems angesehen (Chu, 100). Die Formulierung der Suchanfragen ist bei entsprechender Kenntnis der Operatoren und ihrer Anwendung nahezu unbeschränkt möglich. Boolesche Operatoren bieten damit eine effektive Möglichkeit, ein Informationsbedürfnis in einer Suchanfrage auszudrücken.

Die Recherche mit Hilfe der Booleschen Logik wird in den meisten kommerziell verfügbaren Systemen eingesetzt und hat sich entsprechend etabliert. Allerdings wird die Boolesche Suche oft und ausführlich kritisiert (vgl. u.a. Cooper 1988; Chu 2003, 100-102; eine Verteidigung des Booleschen Prinzips findet sich in Frants et al. 1999). Belkin u. Croft (1987, 113) fassen die Nachteile der Booleschen Systeme (bzw. aller Systeme, die ein *exact match* erfordern) unter fünf Punkten zusammen:

1. Viele relevante Dokumente werden nicht gefunden, weil ihre Repräsentationen die Anfrage nur teilweise erfüllen.
2. Es findet kein Ranking statt.
3. Die unterschiedliche Wertigkeit bestimmter Begriffe innerhalb der Anfrage oder innerhalb des Texts wird nicht berücksichtigt.
4. Die Formulierung der Anfragen ist kompliziert.
5. Die Repräsentation der Anfrage und die Repräsentation des Dokuments müssen im gleichen Vokabular vorliegen.

Der erste Punkt beschreibt das Problem, welches bei der Suche mit mehreren Begriffen auftritt. Werden diese mit AND verknüpft, so werden nur Dokumente gefunden, die alle eingegebenen Begriffe exakt in der eingegebenen Form enthalten. Dokumente, die beispielsweise alle bis auf einen der Begriffe enthalten, werden ausgeschlossen. Es findet also kein Vergleich der Ähnlichkeit zwischen Anfrage und Dokument statt, sondern nur ein Abgleich exakter Gemeinsamkeiten. In der Websuche ist dieses Problem allerdings dadurch nicht genauso gravierend wie in professionellen Datenbanken, da in Suchmaschinen in den meisten Fällen deutlich weniger Terme pro Anfrage eingegeben werden (für Datenbanken vgl. Spink u. Saracevic 1997; für Suchmaschinen Spink u. Jansen 2004).

Dadurch, dass im Booleschen Modell keine Unterscheidung der Relevanz der Dokumente stattfindet, kann auch beim Retrieval keine Grenze gesetzt werden, wie viele Dokumente ausgegeben werden sollen (Chu 2003, 102).

Auf das nicht vorhandene Ranking in rein Booleschen Systemen bzw. auf die Vorteile des Rankings allgemein wird in Kapitel 6 ausführlich eingegangen. Bereits hier ist jedoch schon anzumerken, dass ein Ranking überhaupt erst notwendig ist, wenn die Dokumentenmenge zu groß ist, um vom Nutzer gesichtet zu werden. Das Boolesche Modell geht davon aus, dass bereits durch die Anfrage die Treffermenge so weit eingeschränkt wird, dass nur wenige hoch relevante Treffer übrig bleiben.

Für komplexe Suchanfragen kann es sinnvoll sein, den Begriffen schon bei der Suche unterschiedliche Wertigkeiten zu geben. So kann bestimmt werden, dass ein Begriff beispielsweise auf jeden Fall in den ausgegebenen Dokumenten vorhanden sein muss, ein anderer aber nur vorkommen sollte, stattdessen aber auch ein anderer Begriff vorkommen kann. Solche Anfragen werden im klassischen Booleschen Retrieval nicht unterstützt. Für den durchschnittlichen Suchmaschinen-Nutzer dürften solche Anfragen auf jeden Fall zu kompliziert sein; als einzige Suchmaschine hat AltaVista eine Zeit lang in der erweiterten Suche eine entsprechende Möglichkeit angeboten (Chu 2003, 109), diese wurde jedoch schon bald wieder eingestellt.

Punkt vier beschreibt einen grundsätzlichen Nachteil des Booleschen Modells, nämlich seine mangelnde Verständlichkeit (s.a. Cooper 1988, 243). Da alle Anfragen zuerst in eine formale Sprache übersetzt werden müssen, sei das Modell für den Laien schwer verständlich und daher sei es für diesen nur schwer möglich, adäquate Suchanfragen zu formulieren. Insbesondere die Formulierung komplexer Suchanfragen, für die die Arbeit mit Klammern notwendig ist, um die Reihenfolge der Verarbeitungsschritte auszudrücken, bereitet enorme Probleme (s.a. Kapitel 2.6).

Der fünfte Punkt beschreibt das Problem des mangelnden Recalls aufgrund der nicht exakten Übereinstimmung zwischen den in der Suchanfrage verwendeten Begriffen und denen, die in der Repräsentation bzw. im Falle einer reinen Volltextindexierung im Dokument selbst verwendet werden. Dokumente werden nicht gefunden, weil ein im Dokument verwendeter Begriff beispielsweise ein Synonym des gesuchten Begriffs ist oder weil im Dokument nur die Pluralform anstatt der in der Suchanfrage verwendeten Singularform verwendet wird. Für Suchmaschinen ist diese Problematik relevant: Sie arbeiten mit einer Volltextindexierung und verwenden kein kontrolliertes Vokabular, welches die aufgezeigten Probleme mindern könnte. In der Regel geben sie auch nur strenge exact matches zurück, so dass eine Menge von tatsächlich relevanten Dokumenten nicht ausgegeben wird. Allerdings geben Suchmaschinen aufgrund ihres immensen Datenbestands auf die meisten typischen Suchanfragen hin eine sehr große Menge an Dokumenten zurück, die vom Benutzer nicht alle gesichtet werden können. Wird eine zweiwertige Relevanzbewertung allein der „Top-Treffer“ zu Grunde gelegt, erscheint es fraglich, ob sich der Anteil der relevanten Dokumente signifikant verändert, wenn Suchanfragen mit Singular- bzw. Pluralformen oder Suchanfragen mit Synonymen eines Begriffs ausgeführt werden. Entsprechende Untersuchungen liegen allerdings bisher nicht vor.

Für die Web-Suchmaschinen (und alle anderen Systeme, die Volltexte indizieren) ergibt sich das Problem des in Booleschen Anfragen nicht berücksichtigten Kontext der Suchbegriffe. Da Dokumente im Booleschen System als relevant eingestuft werden, sobald sie die Anfrage erfüllen, aber keine Unterscheidung nach dem Grad der Relevanz stattfindet, wird ein Dokument, welches die Suchbegriffe in direkter Umgebung enthält als ebenso relevant angesehen wie eines, in dem die Suchbegriffe weit voneinander entfernt stehen. Aufgrund der Volltexterschließung sowie der besonders großen Menge der vorhandenen Dokumente ist es für die Suchmaschinen unabdingbar, den Grad der Relevanz der gefundenen Dokumente zu messen und eine entsprechend gewichtete Trefferliste auszugeben. Die Grundlage des Matchings in Suchmaschinen bildet jedoch das Boolesche Modell. Nachdem eine Menge von der Booleschen Anfrage entsprechenden Dokumenten ermittelt wurde, wird diese Menge mittels eines Rankingverfahrens in eine nach Relevanz sortierte Listenform gebracht.

Nicht alle Internet-Suchmaschinen unterstützen allerdings die kompletten Booleschen Funktionen. Insbesondere Google bietet keine vollständige Unterstützung der Booleschen Operatoren, so dass die Formulierung mancher Anfragen schlicht unmöglich wird. Andere Anfragen können durch die Benutzung nicht regelkonformer Syntax gestellt werden (Notess 2000). Da Operatoren nur selten verwendet werden (Spink u. Jansen 2004, 184; Machill et al. 2003, 167f.), müssen die Suchmaschinen die eingegebenen Begriffe automatisch verknüpfen; alle bekannten Suchmaschinen tun dies mittlerweile mit der AND-Verknüpfung, obwohl aufgrund von Rankingverfahren, die das Vorkommen aller Begriffe in einem Dokument bevorzugen, auch an eine OR-Verknüpfung zu denken wäre. Diese wurde einige Jahre beispielsweise bei AltaVista eingesetzt.

5.4.2 Vektorraummodell

Als Grundproblem des Booleschen Modells (wie auch aller anderen Modelle, die das Konzept des *Exact Match* verfolgen) kann die notwendige genaue Übereinstimmung zwischen den in der Suchanfrage und in den Dokumenten verwendeten Begriffen angesehen werden. Einerseits werden von rein Booleschen Verfahren viele irrelevante Dokumente gefunden, die zwar die Suchbegriffe enthalten, in denen diese jedoch nicht im Kontext zueinander stehen, andererseits werden relevante Dokumente nicht gefunden, weil sie nicht exakt die Begriffe in der Form enthalten, wie sie in der Suchanfrage eingegeben wurden.

Salton u. McGill (1987, 126) sehen die Stärken des klassischen Modells des *exact match* darin, dass es bei einer konsistenten Indexierung mittels eines einheitlichen

Indexierungsvokabulars, welches sowohl dem Indexierer als auch dem Rechercheur gut bekannt ist, gute Ergebnisse liefert. Dazu kommt, dass dieses Verfahren aufgrund der Arbeit mit einer invertierten Datei für kurze Antwortzeiten sorgt, da auf die Dokumentdatei erst zugegriffen werden muss, wenn die Ergebnisse angezeigt werden. Als Nachteil ist zu sehen, dass nur exakte Übereinstimmungen als Treffer gewertet werden, ähnliche Dokumente aufgrund der Nicht-Geordnetheit der invertierten Datei nicht nahe beieinander stehen und alle gefundenen Dokumente als gleich relevant eingestuft werden.

Das Vektorraummodell nach Salton (Salton, Wong u. Yang 1975; Salton u. McGill 1987) verspricht eine Lösung dieser Problematik, indem es nicht mehr nach *exakten Übereinstimmungen* zwischen Suchanfrage und Dokumenten sucht, sondern nach *Ähnlichkeiten* zwischen Dokument und Suchanfrage oder zwischen mehreren Dokumenten.

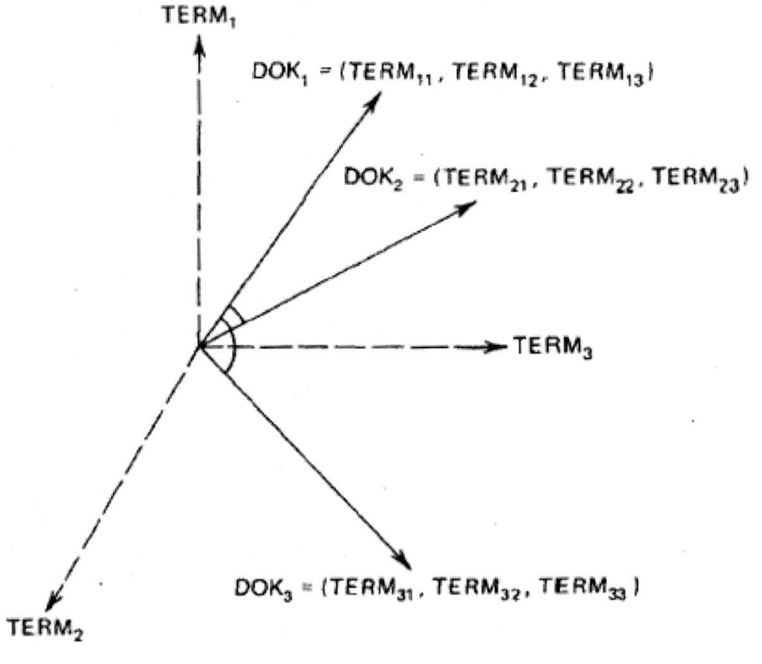

Abb. 5.1. Verktorraumpräsentation eines Dokumentraums (Salton u. McGill 1987, 129)

Der vieldimensionale Vektorraum wird durch die Terme aufgespannt, wobei jeder Term eine Dimension darstellt. Jedes Dokument wird repräsentiert durch einen Vektor, der alle enthaltenen Begriffe bzw. alle für die Indexierung verwendeten Deskriptoren enthält (s. Abb. 5.1). Durch die Berechnung des Kosinus des Winkels zwischen zwei Dokumenten bzw. zwischen einem Dokument und einer Suchanfrage lässt sich deren Ähnlichkeit berechnen. Je kleiner der Kosinus des Winkels, desto ähnlicher sind sich Anfrage und Dokument. So ist es möglich, eine nach dem Grad der Ähnlichkeit sortierte Trefferliste auszugeben. Dabei kann entweder ein Grenzwert festgelegt werden, der angibt, wie ähnlich sich die Dokumente mindestens sein sollen, oder aber es kann die Anzahl der Treffer, die vom System zurückgegeben werden soll, angegeben werden. Ein weiterer Vorteil ist, dass bei der Formulierung der Anfrage keine Eingabe von Operatoren erforderlich ist. Systeme, die das Vektorraummodell einsetzen, sind daher auch von Anfängern bedienbar.

Allerdings hat das Vektorraummodell auch einige Nachteile. So wird in diesem Modell angenommen, dass die eingegebenen Suchbegriffe völlig unabhängig voneinander sind (Chu 2003, 105). Es ist nicht möglich, Begriffe mit Operatoren zu verbinden, um beispielsweise Synonyme durch eine Oder-Verknüpfung zu erfassen. Um eine sinnvolle Anfrage zu stellen, sind relativ viele Suchbegriffe nötig (Chu 2003, 105). Während in Booleschen Systemen schon wenige mit AND verknüpfte Begriffe zu guten Ergebnissen führen können, scheitern Systeme, die das Vektorraummodell einsetzen, an solchen Anfragen. Noch gravierender stellt sich das Problem dar, wenn bestimmte Begriffe ausgeschlossen werden sollen. Im Booleschen Modell ist dafür der Operator AND NOT vorgesehen; im Vektorraummodell ist ein solcher Ausschluss von Suchbegriffen schlicht nicht möglich.

Für Suchmaschinen ist das Vektorraummodell insofern von Bedeutung, als dass es das Ranking nach der Relevanz der gefundenen Treffer eingeführt hat. Die grundlegende Annahme der Ähnlichkeit zwischen Dokument und Suchanfrage wird in Suchmaschinen übernommen, um dem Nutzer bei in der Regel enorm großen Treffermengen die besten Treffer auf den vorderen Rängen zu präsentieren. Auf Fragen des Ranking wird im nächsten Kapitel ausführlich eingegangen.

Als alleiniges Modell wird das Vektorraummodell in keiner Suchmaschine eingesetzt; teilweise bildet es allerdings eine Komponente eines umfangreicheren Systems (z.B. in Bharat u. Henzinger 2000). Alle bekannten Systeme verwenden bevorzugt Verfahren des *exact match* und setzen höchstens einfache linguistische Verfahren ein, um beispielsweise die Pluralformen der Suchbegriffe mit einzubeziehen (s. Kapitel 7.3).

5.4.3 Probabilistisches Modell

Das probabilistische Modell geht davon aus, dass aufgrund der Gegebenheiten der natürlichen Sprache nicht mit Sicherheit festgestellt werden kann, ob ein Dokument für eine Suchanfrage relevant ist oder nicht (Sparck Jones u. Willett 1997, 129). Vielmehr kann nur eine Wahrscheinlichkeit ermittelt werden, ob das Dokument für die Suchanfrage relevant ist. Im probabilistischen Modell wird die Relevanz auf der Grundlage der Ähnlichkeit zwischen der Anfrage und dem Dokument gesehen, wobei der Ähnlichkeitswert abhängig von der Häufigkeit der Suchbegriffe im Dokument ist. Je ähnlicher sich Anfrage und Dokument sind, desto höher ist die Wahrscheinlichkeit, dass das Dokument für die Suchanfrage relevant ist

Auch in diesem Modell wird eine gerankte Trefferliste ausgegeben, wobei ein Schwellenwert verwendet wird, der ausdrückt, wie hoch die Wahrscheinlichkeit der Relevanz mindestens sein muss, damit das Dokument in die Treffermenge mit aufgenommen wird. Die Dokumente werden absteigend nach ihrer angenommenen Relevanz gelistet.

Die Vorteile des Modells sind in seiner theoretischen Begründbarkeit auf zwei Ebenen zu sehen (Fuhr 2004, 211): Das Modell kann sowohl über die Retrievalmaße als auch entscheidungstheoretisch über die Kosten begründet werden.

Die theoretische Annahme, dass es eine gewisse Unsicherheit im Retrievalprozess gibt, die automatische Gewichtung, welche den Nutzer von der Gewichtung der Suchbegriffe entlastet, das Ranking sowie die natürlichsprachliche Eingabe der Suchanfrage ohne Operatoren werden als weitere Vorteile gesehen (Chu 2003, 107). Problematisch ist allerdings, dass in diesem Modell die Relevanz der Dokumente als voneinander unabhängig betrachtet wird. Im Rechercheprozess ist allerdings die neu erworbene Kenntnis bereits betrachteter Dokumente zu berücksichtigen: Ein Dokument ist für den Rechercheur nicht mehr relevant, wenn er bereits eines mit gleichem oder ähnlichem Inhalt gesehen hat.

In der Praxis hat sich das probabilistische Modell zumindest bislang nicht bewährt und es konnte keine Verbesserung der Retrievaleffektivität gegenüber anderen Modellen festgestellt werden (Chu 2003, 108). Die Anwendung erfolgt(e) nahezu ausschließlich in experimentellen Systemen. Auch wenn dieses Modell in der theoretischen Information-Retrieval-Diskussion von hoher Bedeutung ist, ist es im Anwendungskontext ohne Bedeutung und erscheint auch für den Anwendungskontext Suchmaschinen nicht sinnvoll. Eine Stärke könnte das Modell beim Relevance Feedback (Kap. 10.1) entfalten; allerdings dürften die dafür erforderlichen Dokumentbewertungen durch den Suchmaschinennutzer diesen bereits überfordern.

Tabelle 5.2. Eigenschaften der drei Information-Retrieval-Modelle (Chu 2003, 112)

	Boolesches Modell	Vektorraummodell	Probabilistisches Modell
Boolesche Verknüpfungen	Ja		
Gewichtung		Ja	Ja
Ranking		Ja	Ja
Kriterium der Übereinstimmung	Vorhandensein der Begriffe	Vektordistanz	Häufigkeit der Begriffe
Alleinstellungsmerkmal		Relevance Feedback	

Tabelle 5.2 zeigt zusammenfassend in der Übersicht, wie sich die drei besprochenen Information-Retrieval-Modelle voneinander unterscheiden und durch welche Eigenarten sie sich auszeichnen.

Die Analyse der populären Suchmaschinen auf der Basis von wissenschaftlichen Veröffentlichungen und patentierten Technologien (u.a. Brin u. Page 1998; Bharat u. Henzinger 2000) zeigt zwar, dass die Suchmaschinen durchaus Verfahren einsetzen, die Eigenarten verschiedener Information-Retrieval-Modelle kombinieren. Allerdings liegt der Schwerpunkt auf dem Exact Matching des Booleschen Modells, wobei dieses durch Verfahren des Relevance Ranking ergänzt bzw. verbessert wird.

In den folgenden Kapiteln werden die Verfahren des Relevance Ranking, die bei Suchmaschinen Einsatz finden, ausführlich vorgestellt. Im nächsten Kapitel werden hierfür zuerst die Grundlagen und allgemeinen Probleme des Ranking besprochen, bevor die einzelnen Rankingverfahren und -faktoren ausführlich diskutiert werden.

6 Ranking

Dass Rankingverfahren vor allem aufgrund der tendenziell großen Treffermengen und der Unfähigkeit der Nutzer, stark einschränkende Suchanfragen zu stellen, notwenig sind, ist schon in den vorangegangenen Kapiteln angesprochen worden. In diesem Kapitel soll nun ausführlich auf Fragen des Rankings eingegangen werden. Dabei soll zuerst noch einmal zusammenfassend der Sinn von Rankingverfahren dargestellt werden. Die Beurteilung dieser Verfahren wird in einigen Anmerkungen zur grundsätzlichen Problematik der Relevanzbewertung kritisch hinterfragt, um anschließend spezifische Probleme des Relevance Rankings in Suchmaschinen zu besprechen.

Rankingverfahren sollen erreichen, dass die Dokumente innerhalb einer Trefferliste so sortiert werden, dass die relevantesten Dokumente oben stehen, während weniger relevante Dokumente auf den unteren Listenplätzen erscheinen. Während der Nutzer bei unsortierten Trefferlisten gezwungen ist, alle Treffer zu sichten, da auch auf dem letzten Trefferplatz potentiell noch ein relevanter Treffer auftauchen kann, sinkt in einer gerankten Trefferliste mit jedem Platz die Wahrscheinlichkeit, einen relevanten Treffer zu finden. Schon hier zeigt sich allerdings das Problem der Relevanzbewertung, auf welches weiter unten noch ausführlich eingegangen werden wird: Hinsichtlich der formulierten Suchanfrage können alle Treffer als relevant betrachtet werden, die dieser entsprechen; bei einer Suchanfrage, welche aus zwei Begriffen besteht, wären so gesehen alle Dokumente relevant, die beide Begriffe enthalten. Allerdings würden Dokumente, die diese Begriffe beispielsweise nur jeweils einmal und weit entfernt voneinander enthalten, auf die unteren Listenplätze verwiesen. Sie wären hinsichtlich der formulierten Suchanfrage als relevant anzusehen, für den Nutzer dürften sie jedoch nicht hilfreich sein, um sein Informationsbedürfnis zu befriedigen. Gerade bei der einfachen Annahme der Suchmaschinen, dass jedes Dokument, welches die eingegebenen Suchbegriffe überhaupt enthält, relevant ist, kann auch davon gesprochen werden, dass das Ranking dazu dient, die *überhaupt relevanten* Dokumente auf die vorderen Plätze zu bringen.

In klassischen Online-Datenbanken sind Verfahren des Relevance Ranking aus zwei Gründen weniger bedeutend als in Endnutzer-Systemen wie Web-Suchmaschinen: Erstens sind die Nutzer dieser Systeme in der Regel mit den Möglichkeiten der Formulierung von Suchanfragen in dem jeweiligen System vertraut und können daher präzisere Anfragen stellen. Zweitens besteht in solchen Systemen die Möglichkeit der gezielten Quellenauswahl, welche der tatsächlichen Suchanfrage meist vorangestellt ist. Der erste Schritt besteht hier aus der Auswahl der geeigneten Datenbanken, erst dann wird die Anfrage formuliert und abgeschickt. Dieses Verfahren verringert potentiell die Treffermenge und bringt sie auf ein für den Nutzer überschaubares Maß.

Zwar haben große Online-Hosts wie Lexis-Nexis mit Freestyle und Dialog mit Target (vgl. Stock 1998) Ranking-Verfahren in ihre Systeme eingebaut, diese wurden jedoch von der jeweiligen Nutzerschaft nur schlecht angenommen. Die besondere Stärke von Rankingverfahren kommt gerade in Umgebungen zu tragen, in denen das System von ungeübten Nutzern verwendet wird und keine vorherige Quellenauswahl stattfindet.

Eine Übersicht der „klassischen" Ranking-Algorithmen bietet Harman (1992a). Im Folgenden interessieren aber eher die Grundannahmen der Ranking-Algorithmen als die mathematischen Formeln selbst. Wichtig sind vor allem die auf Web-Dokumente anwendbaren Ranking*faktoren*.

6.1 Rankingfaktoren

Im Rankingverfahren werden je nach System unterschiedliche Faktoren berücksichtigt. Allerdings sind es weniger die berücksichtigten Faktoren, die die großen Unterschiede zwischen unterschiedlichen Suchmaschinen ausmachen, sondern stärker deren unterschiedliche Gewichtung. So haben sich Standards bei den von den Suchmaschinen berücksichtigten Faktoren herausgebildet, während die Gewichtung der einzelnen Faktoren im Ranking von den Betreibern geheimgehalten wird.

Rankingfaktoren lassen sich prinzipiell in zwei Arten unterteilen: die anfrageabhängigen Faktoren (*query dependent factors*, auch *on-the-page criteria*) und die anfrageunabhängigen Faktoren (*query independent factors*, auch *off-the-page criteria*). Die anfrageabhängigen Faktoren orientieren sich an den im klassischen Information Retrieval verwendeten Kriterien wie etwa Worthäufigkeiten und Position der Suchbegriffe im Dokument. Anfrageunabhängige Faktoren versuchen, die Qualität bzw. Autorität eines Dokuments unabhängig von einer Suchanfrage zu bestimmen. Dies ist aufgrund der hohen Qualitätsunterschiede von Web-Informationen für Suchmaschinen dringend erforderlich; alle Suchmaschinen setzen eine Kombination beider genannter Verfahren ein. Würden sie nur anfrageabhängige Verfahren einsetzen, könnten sie nicht zwischen dem Original und einer Kopie bzw. Manipulation eines Dokuments unterscheiden (vgl. Brin u. Page 1998). Der alleinige Einsatz von anfrageunabhängigen Verfahren ist nicht möglich, da dies zur Ausgabe der immer gleichen Trefferliste unabhängig von der Suchanfrage führen würde.

Tabelle 6.1 zeigt eine Aufstellung anfrageabhängiger Rankingkriterien. Grundlegend wird angenommen, dass Dokumente, in denen die Suchbegriffe häufig vorkommen, für die Anfrage relevanter sind, als solche, in denen die Suchbegriffe nur selten vorkommen. Allerdings wird bei einer solchen Zählung nicht die Länge des jeweiligen Dokuments berücksichtigt, weshalb die dokumentspezifische Wortgewichtung angewendet wird. Hierbei wird die relative Häufigkeit des Vorkommens eines Begriffs innerhalb des Dokuments gemessen.

Tabelle 6.1. Anfrageabhängige Faktoren im Ranking

Kriterium	Erläuterung
Dokumentspezifische Wortgewichtung (WDF)	Relative Häufigkeit des Vorkommens eines Worts in einem Dokument.
Wortabstand	Bei Anfragen mit mehreren Suchbegriffen wird der Abstand der Suchbegriffe voneinander berücksichtigt.
Position der Suchbegriffe	An markanten Stellen des Dokuments vorkommende Suchbegriffe werden höher bewertet. Zum Beispiel Vorkommen im Titel, in den Überschriften, in der URL.
Reihenfolge der Suchbegriffe in der Anfrage	In der Anfrage zuerst stehende Begriffe werden als bedeutender angesehen.
Metatags	Vorkommen der Suchbegriffe in den Metatags
Stellung der Suchbegriffe innerhalb des Dokuments	Vorkommen der Suchbegriffe am Beginn des Dokuments wird höher gewertet als späteres Auftreten.
Betonung von Begriffen durch HTML-Elemente	Hervorgehobene Begriffe (fett, kursiv) werden höher bewertet.
Groß-/Kleinschreibung	Dokumente, in denen die Suchbegriffe in exakt der eingegebenen Form vorkommen, werden bevorzugt.
Inverse Dokumenthäufigkeit (IDF)	Relative Häufigkeit des Vorkommens eines Wortes in Dokumenten der gesamten Datenbank; seltene Begriffe werden bevorzugt.
Ankertext	Vorkommen der Suchbegriffe im Linktext eines Dokuments, welches auf das Zieldokument verweist.
Sprache	Dokumente, die in der Sprache des benutzen Länderinterfaces verfasst sind, werden höher bewertet.
Geo-Targeting	Seiten, die ihren „Standort" in der Nähe des Benutzers haben, werden bevorzugt.

Bei der Suche mit mehreren Begriffen wird auch der Abstand der Begriffe zueinander gewertet. Dokumente, in denen die Suchbegriffe nahe beieinander stehen, werden solchen Dokumenten vorgezogen, in denen die Suchbegriffe nur weit voneinander entfernt vorkommen.

Durch die Ausnutzung von Strukturinformationen, die in Web-Dokumenten gegeben sind (vgl. Kapitel 4), kann das Vorkommen von Suchbegriffen an exponierter Stelle innerhalb des Dokuments bevorzugt gewertet werden. Bevorzugt wird hier beispielsweise das Auftauchen der Suchbegriffe im Titel des Dokuments, in Überschriften oder der URL des Dokuments.

Auch die Reihenfolge der Suchbegriffe bei deren Eingabe kann eine Rolle spielen. So kann angenommen werden, dass vom Nutzer dem jeweils zuerst stehenden Suchbegriff eine höhere Bedeutung zugemessen wird als den darauf folgenden.

Auch das Vorkommen der Suchbegriffe innerhalb von Metatags kann bevorzugt gewertet werden; in der Praxis hat sich dies allerdings nicht bewährt. In den Metatags können Daten erfasst werden, die das Dokument beschreiben. Solche Metadaten sind generell als sinnvoll für die Beschreibung der Dokumente anzusehen, im Kontext der Web-Suche hat sich allerdings leider herausgestellt, dass diese Form der Inhaltserschließung sehr oft missbraucht wird, indem von den Autoren irreführende Metaangaben eingefügt wurden. Keine der wichtigen Suchmaschinen wertet daher noch Metaangaben aus.

Ein weiteres Rankingkriterium, das sich direkt auf den Inhalt des Dokuments bezieht, ist die Stellung der Suchbegriffe innerhalb des Fließtexts des Dokuments. Hier wird angenommen, dass Begriffe, die am Beginn des Dokuments stehen, wichtiger sind als solche, die erst in späteren Passagen auftauchen. Weiterhin werden oft Begriffe, die besonders hervorgehoben sind (etwa durch Fettdruck oder Kursivierung), höher bewertet als in Standardschrift vorkommende Begriffe. Dies gilt auch für Hervorhebungen durch einen größeren Schriftschnitt.

Manche Suchmaschinen unterscheiden zwischen Groß- und Kleinschreibung innerhalb der Suchanfragen. Dokumente, die die Suchbegriffe in exakt der eingegebenen Form enthalten, werden dann höher bewertet als abweichende Schreibweisen. Insbesondere bei der Suche nach Akronymen ist eine solche Unterscheidung sinnvoll. Akronyme sind oft synonym zu anderen Begriffen und unterscheiden sich von diesen nur durch ihre durchgehende Großschreibung.

Ein weiterer Rankingfaktor ist die inverse Dokumenthäufigkeit (IDF, *inverted document frequency*). Diese gibt die relative Häufigkeit des Vorkommens eines Worts in Dokumenten des gesamten Datenbestands an (Sparck Jones 1972). Je seltener ein Wort ist, desto höher ist seine IDF. Mittels der IDF können die Suchbegriffe bei Anfragen mit mehreren Suchbegriffen gewichtet werden bzw. Dokumente, die den selteneren der eingegebenen Suchbegriffe enthalten, bevorzugt werden.

Bei Web-Dokumenten kann relativ leicht auch auf Informationen zugegriffen werden, die außerhalb des untersuchten Dokuments stehen. Suchmaschinen werten auch die Texte der auf ein Dokument verweisenden Hyperlinks aus. Diese dienen nicht nur der Beschreibung des Dokuments mit Begriffen, die der Autor selbst nicht verwendet hat, sondern im Ranking werden Begriffe, die in solchen Linktexten vorkommen, auch höher bewertet.

Für den Nutzer von Bedeutung ist natürlich auch die Sprache, in der die Treffer-Dokumente verfasst sind. Einerseits besteht die Möglichkeit, aktiv die Sprache der Treffer einzuschränken, andererseits können Dokumente in der Sprache des Nutzers im Ranking bevorzugt werden. Die vom Nutzer bevorzugte Sprache kann dabei durch die IP-Adresse des Nutzers, durch dessen Spracheinstellungen im Browser oder durch gespeicherte Angaben, die der Nutzer in der Vergangenheit einmal gemacht hat, ermittelt werden.

Auch auf die Position des Nutzers bezieht sich ein Ranking mittels Geo-Targeting. Hierbei werden Dokumente, die aufgrund ihrer Geo-Informationen dem Nutzer „näher stehen" höher bewertet als weiter entfernte Dokumente. Die geographische Position des Nutzers kann dabei (grob) anhand der IP-Adresse oder genauer aufgrund bereits bekannter Daten des Nutzers, die dieser einmal angegeben hat, bestimmt werden. Geographische Informationen über Dokumente lassen sich durch die Extrahierung ortsbezogener Informationen (wie z.B. Postleitzahlen oder Telefonvorwahlnummern) aus den Dokumenten selbst ermitteln. Eine Ermittlung dieser Angaben aus der IP-Adresse des Servers, auf dem die Dokumente abgelegt sind, ist nicht sinnvoll, da Websites oft auf weit entfernten Servern gehostet werden und deshalb aus dem Standort des Servers kein zuverlässiger Rückschluss auf die geographische Zuordnung der Dokumente gezogen werden kann.

Für klassische Information-Retrieval-Systeme reichen die anfrageabhängigen Faktoren für ein Ranking in der Regel aus; eine Übersicht entsprechender Ranking-Algorithmen findet sich in Harman (1992a). Für die Bewertung von Web-Dokumenten sind jedoch als weitere Kriterien anfrageunabhängige Faktoren nötig; solche werden in Tabelle 6.2 aufgelistet.

Ein erstes Kriterium ist die Stellung des Dokuments innerhalb der Hierarchie einer Site. Jede Verzeichnisebene ist durch einen Schrägstrich (*slash*) in der URL getrennt, wodurch die jeweilige Ebene leicht zu ermitteln ist. Dokumente, die auf einer höheren Ebene liegen, können bevorzugt bewertet werden.

Tabelle 6.2. Anfrageunabhängige Faktoren im Ranking

Kriterium	Erläuterung
Verzeichnisebene	Je höher das Dokument innerhalb der Hierarchie seiner Website steht, desto höher wird es bewertet.
Anzahl eingehende Links	Je mehr Links auf das Dokument verweisen, als desto bedeutender wird es angesehen.
Linkpopularität	Wert für die Autorität / Qualität eines Dokuments wird aufgrund der Verlinkungsstruktur berechnet.
Klickhäufigkeit	Dokumente, die von vielen Benutzern angesehen werden, werden höher bewertet.
Aktualität	Aktuelle Dokumente werden höher bewertet als ältere.
Dokumentlänge	Dokumente ab und bis zu einer gewissen Länge (sinntragend) werden bevorzugt.
Dateiformat	Dokumente im Standardformat HTML werden höher bewertet als solche in anderen Formaten (PDF, Word, usw.)
Größe der Site	Dokumente von umfangreichen Web-Angeboten werden höher bewertet als solche von kleinen Sites.

Als für die Suchmaschinen besonders wichtiges Kriterium für die Bewertung von Dokumenten haben sich in den letzten Jahren Auswertungen der Linkstruktur gezeigt. Dabei kann einerseits schlicht die Zahl der auf ein Dokument verweisenden Links (eingehende Links) gezählt werden, wobei Dokumente, die viele Links auf sich vereinigen, höher bewertet werden als solche mit weniger Links. Andererseits wurden komplexe Verfahren entwickelt, die die Link*popularität* eines Dokuments messen. Diese werden in Kapitel 8 ausführlich vorgestellt. Eine weitere Möglichkeit, die Popularität von Dokumenten zu bestimmen, ist die Auswertung der Klickhäufigkeit. Diese kann entweder über eine Umleitung der Klicks aus den Trefferlisten über einen Zähler der Suchmaschine oder aber über vom Benutzer installierte Toolbars erfolgen.

Ein weiterer Rankingfaktor kann die Aktualität des Dokuments sein. So bewerten manche Suchmaschinen offensichtlich neuere Dokumente generell höher und bevorzugen diese gegenüber den über längere Zeit unveränderten Dokumenten (Lewandowski 2004b, 310).

Weitere Rankingfaktoren sind das Dateiformat, wobei hier gewöhnlich das Standardformat HTML gegenüber anderen Formaten bevorzugt wird, die Länge des Dokuments (lang genug, um aussagekräftig zu sein, aber nicht zu lang) und die

Größe der Site, innerhalb der das Dokument abgelegt ist. Hierbei wird angenommen, dass die Chance, dass ein auf einer umfangreichen Site abgelegtes Dokument relevant ist, höher ist als auf einer kleinen Site.

Alle genannten Faktoren beziehen sich ausschließlich auf ein statisches Ranking. Dies berücksichtigt allein Faktoren, die innerhalb des Dokuments bzw. des Dokumentenkorpus zu suchen sind. Im Gegensatz dazu steht ein personalisiertes Ranking, welches die Gewohnheiten eines einzelnen Nutzers oder einer Nutzergruppe für die Relevanzbewertung mit einbezieht (Lewandowski 2004c, 192f.).

Neben der Berücksichtigung unterschiedlicher Faktoren für das Ranking der Suchergebnisse ist deren Zusammenspiel von großer Bedeutung. Die Faktoren müssen austariert werden, um möglichst für alle Anfragen gute Ergebnisse zu erreichen.

6.2 Messbarkeit von Relevanz

Der Begriff der Relevanz wird als eines der grundlegenden Konzepte der Informationswissenschaft angesehen. Allerdings besteht bei weitem keine Einigkeit darüber, wie Relevanz zu definieren ist und wie sie sich definitiv messen lässt. Mizzaro (1997) gibt einen Überblick über die Diskussion des Relevanzbegriffs, wobei er etwa 160 Veröffentlichungen auswertet. Shamber (1994, 11) stellt eine Übersicht der in der Literatur angeführten Faktoren, die die Relevanzbewertung durch Juroren beeinflussen, auf. Diese enthält etwa 80 Faktoren.

Anhand dieser Zahlen wird das Ausmaß des Problems deutlich. Allgemein wird Relevanz jedoch als ein Zusammenspiel zwischen Faktoren aus zwei Gruppen angesehen (Mizzaro 1997, 811). Die erste Gruppe besteht aus folgenden drei Elementen:

- Dokument (*document*)
- Dokumentationseinheit / Repräsentant (*surrogate*)
- Information (*information*), wobei damit das gemeint ist, was beim Nutzer „ankommt“

Die zweite Gruppe besteht aus vier Elementen:

- Problem (*problem*): ein Problem, zu dessen Lösung Informationen benötigt werden
- Informationsbedürfnis (*information need*): die Repräsentation des Problems im Bewusstsein des Nutzers. Diese Repräsentation kann sich vom Problem unterscheiden, vor allem dann, wenn der Nutzer sein Informationsproblem nicht richtig oder nicht vollständig wahrnimmt.

- Anliegen (*request*): die Repräsentation des Informationsbedürfnisses in natürlicher Sprache.
- Suchanfrage (*query*): die Repräsentation des Informationsbedürfnisses in der Sprache des Information-Retrieval-Systems.

Eine ähnliche Aufstellung findet sich auch bei Lancaster u. Gale (2003, 2308).

Als Relevanz können nun alle Beziehungen von zwei Elementen aus den unterschiedlichen Gruppen angesehen werden (siehe Abbildung 6.1). Schon hier wird deutlich, dass auf unterschiedliche Arten von Relevanz gesprochen werden kann und auch wird. So macht es einen großen Unterschied aus, ob mit Relevanz das Matching von Dokument und Suchanfrage gemeint ist oder ob man Relevanz anhand der Übereinstimmung von Information und Informationsbedürfnis messen möchte.

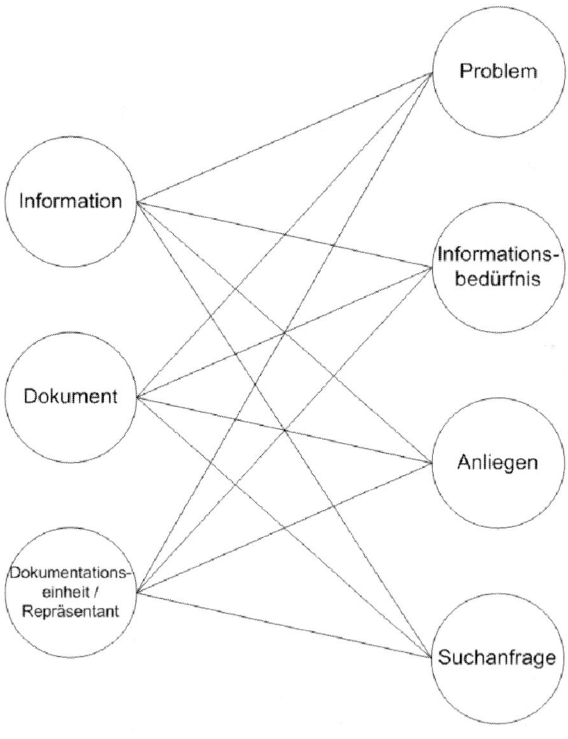

Abb. 6.1. Elemente der Relevanzbewertung (nach Mizzaro 1997, 812; vereinfacht)

Um dem Problem der subjektiven Komponente der Relevanz zu entgehen, wurde die Trennung des Begriffs der Relevanz von dem der Pertinenz vorgeschlagen, wobei Relevanz diejenigen Beziehungen beschreibt, die zwischen Anfrage und System objektiv messbar sind und Pertinenz sich allein auf die vom Nutzer empfundene Nützlichkeit bzw. Verwendbarkeit eines Ergebnisses bezieht (Lancaster u. Gale, 2311).

Das grundsätzliche Problem, welches sich bei der Bewertung der Relevanz bei Suchmaschinen-Ergebnissen ergibt, ist, dass zwar die Relevanz im Sinne des Abgleichs zwischen formulierter Suchanfrage und den ausgegebenen Ergebnissen gegeben sein mag. Im gleichen Fall dürfte jedoch oft die Pertinenz der Ergebnisse nicht gegeben sein, da der Nutzer nicht in der Lage war, sein Informationsbedürfnis in eine entsprechende Suchanfrage umzusetzen. Beispiele hierfür sind vor allem zu allgemein formulierte Suchanfragen, die nur aus wenigen oder gar nur aus einem Wort bestehen. Im Sinne der Relevanz können Suchmaschinen hier gute Ergebnisse liefern, die Pertinenzbewertung kann jedoch genau gegenteilig ausfallen.

Für die Bewertung von Suchmaschinen durch den Nutzer dürfte letztlich die Pertinenz von entscheidender Bedeutung sein. Eine objektive Relevanz können diese nicht messen bzw. beurteilen; Vertrauen in eine Suchmaschine bildet sich nur über die Erfahrung mit der Pertinenz der Ergebnisse. Dies ist vor allem auch dadurch bedingt, dass Nutzer nur wenig über die Funktionsweise von Suchmaschinen wissen (Machill et al. 2003, 188-195; Marable 2003) und Suchmaschinen weitgehend als „Black Box“ empfinden. Die Bedeutung der Vertrauensbildung in Informationssysteme beschreibt Kuhlen (1999).

6.3 Grundsätzliche Probleme des Relevance Ranking in Suchmaschinen

Abgesehen von den im letzten Abschnitt beschriebenen grundsätzlich mit dem Begriff der Relevanz verbundenen Problemen gibt es weitere Probleme des Relevance Ranking, die das Ranking speziell für Suchmaschinen schwierig gestalten.

Als erstes sind unklare Anfragen zu nennen. In Kapitel 2.6 wurde das divergierende Nutzerverhalten dargestellt, welches es verbietet, eine allgemeine Suchmaschine auf eine bestimmte Zielgruppe auszurichten. Vielmehr stehen Suchmaschinen zwischen den Polen der Profi-Nutzer und den völlig ungeschulten Anfängern. Da keine Unterscheidung des Schwierigkeitsgrads der erfassten Dokumente stattfindet, tauchen Dokumente unterschiedlicher Verständlichkeit in den Trefferlisten auf. Während die Suche nach einer Krankheit in einer medizinischen Fachdatenbank nur Fachartikel hervorbringt und in einer Magazin-Datenbank nur für Laien geschriebene Artikel, kann eine Internet-Recherche neben weiteren Formen beide genannten Arten von Artikeln hervorbringen. Zwar mögen alle diese Dokumente formal relevant sein, jedoch entstehen in solchen Fällen Pertinenzprobleme je nachdem, wer die Qualität der Treffer bewertet.

Speziell von unerfahrenen Nutzern werden unklare Anfragen gestellt. Bei der Mehrzahl der gestellten Suchanfragen dürfte es sich um solche unklaren Anfragen handeln, wenn man davon ausgeht, dass eine Anfrage mit einem oder zwei Wörtern nicht präzise ist.[9] Die Treffer solcher Anfragen werden in einer einzigen Menge gerankt, allerdings stehen damit thematisch nicht zusammengehörige Dokumente in ein und derselben Liste. Diese Problematik betrifft einerseits unklare Anfragen aufgrund nicht vorliegender bzw. unzureichender Einschränkungen, andererseits Anfragen mit Begriffen, die homonym zu anderen Begriffen verwendet werden.

Weiterhin findet beim Ranking der Suchergebnisse keine Unterscheidung nach der Art der Anfrage sowie der Art des Informationsbedürfnisses statt (siehe Kapitel 2.5). Die einzige bisher in einer Suchmaschine verwendete Trennung der Ergebnisliste nach dem Informationsbedürfnis ist die von Jon Kleinberg entwickelte Trennung in Hubs und Authorities (siehe Kapitel 8.3).

---

[9] Der kumulierte Anteil der Einwort- und Zweiwort-Anfragen liegt bei etwa 50 bis 60 Prozent (Spink u. Jansen 2004, 82f.).

7 Informationsstatistische und informationslinguistische Verfahren

In diesem Kapitel werden informationslinguistische und -statistische Verfahren beschrieben. Die statistischen Verfahren werden dabei in die Bereiche textstatistische Verfahren und nutzungsstatistische Verfahren unterteilt. Während textstatistische Verfahren dem klassischen Information Retrieval zuzuordnen sind (und Faktoren verwenden, wie sie im letzten Kapitel bereits beschrieben wurden), werden nutzungsstatistische Verfahren nur bei Suchmaschinen eingesetzt. Sie dienen der Ermittlung populärer Dokumente und schließen von dieser Popularität auf die Qualität der Dokumente.

Informationslinguistische Verfahren dienen einerseits dazu, das Dokument auf die Indexierung „vorzubereiten", indem enthaltene Wörter auf ihre Stammformen reduziert werden oder Phrasen erkannt und entsprechend markiert werden. Andererseits können linguistische Verfahren im Rechercheprozess eingesetzt werden. Hier bearbeiten sie analog die eingegebenen Suchanfragen, indem diese so umgearbeitet werden, dass sie mit den Dokumenten abgeglichen werden können.

Nach der Beschreibung der genannten Verfahren erfolgt eine Bewertung ihres praktischen Einsatzes und damit ihrer Tauglichkeit bzw. ihrer realistischen Möglichkeiten in Suchmaschinen.

7.1 Textstatistische Verfahren

Textstatistische Verfahren zählen Worthäufigkeiten, wobei spezielle Gewichtungsverfahren wie dokumentspezifische Worthäufigkeit und inverse Dokumenthäufigkeit eingesetzt werden (vgl. Tabelle 6.1 auf S. 91). Statistische Verfahren werden nach solchen unterschieden, die sich auf das einzelne Dokument beziehen, und solchen, die sich auf die gesamte Dokumentkollektion beziehen.

Bei der Verwendung von textstatistischen Verfahren ist zu entscheiden, ob jedes Wort eines Dokuments in die Statistik mit einfließen soll oder eine Auswahl getroffen werden soll. Um die Häufung von nicht bedeutungstragenden Begriffen zu vermeiden, arbeiten nahezu alle Systeme mit Stoppwortlisten. In diesen Listen sind Wörter, die nicht für die Suche geeignet sind, gespeichert; also alle besonders häufig in der zu verarbeitenden Sprache oder in der jeweiligen Dokumentenkollektion vorkommenden Wörter. Diese Wörter werden bei der Indexierung nicht berücksichtigt, werden allerdings für die Suche nach Phrasen benötigt. Dafür werden die Stoppwörter bei der Indexierung durch Platzhalter ersetzt (Chakrabarti 2003, 48). Das „klassische" Beispiel für eine Phrasensuche mit Stoppwörtern ist die

Suchanfrage „to be or not to be“, welche neben Operatoren auch die im Englischen typischen Stoppwörter *to* und *be* enthält. Stoppwortlisten müssen für jede Sprache gesondert erstellt werden.

Entscheidet man sich nun für eine Indexierung nicht aller Begriffe aus dem Volltext, sondern für eine Auswahl geeigneter Begriffe für die Indexierung, so stellt sich die Frage nach den dafür geeigneten Textwörtern. Als Basis dieser Auswahl dient die von Hans Peter Luhn formulierte Annahme, dass die Häufigkeit des Auftretens eines Worts ein Indikator für dessen Signifikanz innerhalb des Dokuments ist. Allerdings werden auch hier *zu* häufig vorkommende Wörter ausgeschlossen. Abbildung 7.1 zeigt eine typische Verteilung der Worthäufigkeiten innerhalb eines Dokuments bzw. innerhalb einer Dokumentkollektion. *f* gibt dabei die Häufigkeit des Auftretens eines einzelnen Worts an, *r* den Rangplatz dieses Worts nach der Häufigkeit seines Auftretens. Nach Luhn finden sich die Textwörter mit guter Signifikanz für die Indexierung in der Mitte der Verteilung. Damit sind einerseits zu häufige Wörter (Stoppwörter), andererseits zu seltene Begriffe ausgeschlossen.

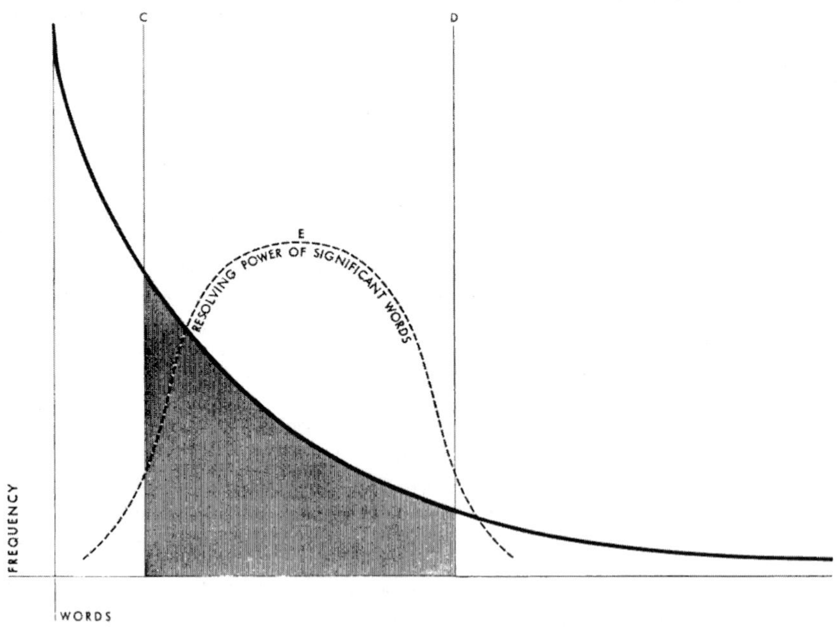

Abb. 7.1. Auftreten von signifikanten Textwörtern in Dokumenten (Luhn 1958, 161)

Bei Suchmaschinen findet in der Regel jedoch abgesehen von Stoppwörtern kein Ausschluss bestimmter Textwörter statt. Die Indexierung bezieht sich auf den Volltext, so dass alle enthaltenen Wörter erfasst werden. Erst durch ihre Gewichtung mittels dokumentinhärenter Faktoren (WDF) und Faktoren, die sich auf die Dokumentkollektion beziehen (IDF) wird die Häufigkeit bzw. Seltenheit einzelner Wörter berücksichtigt. Eine Beschreibung eines textstatistischen Rankingverfahrens in einer Suchmaschine findet sich beispielsweise in Burrows (2000).

Bei einer rein statistischen Feststellung von Worthäufigkeiten wird allerdings grundsätzlich jede Wortform als eigenes Wort gerechnet, was zu Verzerrungen führt. Hier sind linguistische Verfahren notwendig, wie sie in Abschnitt 7.3 beschrieben werden.

7.2 Nutzungsstatistische Verfahren

Die Auswertung des Nutzerverhaltens für das Ranking der Suchergebnisse wurde zuerst von der mittlerweile eingestellten Suchmaschine *Direct Hit* angewendet. Diese entstand zu einer Zeit, als linktopologische Verfahren noch nicht gängig waren und neben den klassischen Faktoren des Information Retrieval keine Verfahren eingesetzt wurden, um unabhängig vom Inhalt die Qualität einer Webseite zu bewerten.

Culliss (2000; 2003) beschreibt die Faktoren, die in seinem nutzungsstatistischen Verfahren ausgewertet werden. Dies sind das Anklicken bestimmter Treffer aus den Trefferlisten und die Verweildauer auf den gefundenen Seiten. Diese Faktoren werden zusätzlich zu den üblichen anfrageabhängigen Rankingfaktoren eingesetzt.

Das Anklicken eines Treffers aus einer Trefferliste ist für Culliss ein Indikator für die Brauchbarkeit des dahinterstehenden Dokuments. Nutzer sehen sich Trefferlisten an und wählen diejenigen Dokumente aufgrund der angezeigten Beschreibung aus, die sie als für ihre Suchanfrage relevant erachten. Da allerdings die Beschreibungen der Dokumente inadäquat oder sogar irreführend sein können, wird zusätzlich die Verweildauer der Nutzer bei den entsprechenden Dokumenten gemessen. Kehrt ein Nutzer schnell zur Trefferliste zurück, um weitere Dokumente auszuwählen oder seine Suchanfrage zu modifizieren, so deutet dies darauf hin, dass durch das Dokument sein Informationsbedürfnis nicht befriedigt wurde. Solche Dokumente werden deshalb in Zukunft nicht mehr bevorzugt gelistet oder sogar schlechter bewertet.

Umgekehrt verhält es sich, wenn ein Nutzer lange bei einem Dokument verweilt bzw. nach dem Verlassen der Trefferliste nicht mehr auf diese zurückkehrt. Hier wird angenommen, dass der Nutzer sein Informationsbedürfnis befriedigen konnte und nicht mehr weiter suchen muss. Bei zukünftigen Suchen werden Dokumente, die so in einem früheren Suchprozess als gut gewertet werden, bevorzugt gelistet. Eine Erweiterung des Verfahrens sieht die Unterteilung der Ergebnisse nach verschiedenen Nutzergruppen, die aufgrund personenbezogener Daten festgestellt wurden, vor. Diese Verfahren werden inzwischen als „personalisiertes Ranking" bezeichnet und erleben unter dieser Bezeichnung eine Art Comeback, vor allem durch neuere Suchmaschinen wie *Eurekster* und *A9.com*.

Culliss sieht in seinem Verfahren die Vorteile von klassischen algorithmischen Suchmaschinen (in seiner Terminologie *Author-Controlled Search Engines*) und Web-Verzeichnissen (*Editor-Controlled Directories*) vereint. Wie die algorithmischen Suchmaschinen bietet sein Verfahren die Möglichkeit, die Dokumente automatisch zu erfassen, was zu der Möglichkeit der Erschließung großer Datenbestände führt. Die Vorteile der höheren Relevanz der von Menschen ausgewählten Dokumente in den Verzeichnissen sieht er durch die demokratische „Abstimmung" der Nutzerschaft über die Qualität der Dokumente ebenso gegeben.

Als Nachteil des Systems ist neben der leichten Manipulierbarkeit durch Menschen sowie automatische Systeme die Unabhängigkeit der Qualitätsbewertung von der gestellten Suchanfrage zu sehen. So werden Dokumente als für jedes Thema gleichermaßen relevant angesehen und entsprechend bevorzugt gelistet.

Die nach dem Culliss-Verfahren arbeitende Suchmaschine *Direct Hit* musste, um die Nutzerdaten erheben zu können, noch eine „Umleitung" in die Trefferlisten einbauen. Wurde ein Treffer angeklickt, so wurde nicht direkt das Dokument selbst gezeigt, sondern die Information, dass dieser Treffer angeklickt wurde, wurde an die Suchmaschine gesendet und von dort wurde auf den eigentlichen Treffer weitergeleitet. Diese Art der Nutzerdatenerfassung wurde auch von einigen anderen Suchmaschinen temporär zur Ermittlung des Nutzerverhaltens für interne Zwecke eingesetzt (beobachtet zum Beispiel bei *AltaVista* und *All the Web*). Mittlerweile werten Suchmaschinen das Nutzerverhalten bevorzugt über vom Nutzer installierte Toolbars aus. Diese bieten den Vorteil, dass das Nutzerverhalten sehr zuverlässig protokolliert werden kann, auch wenn der Nutzer die Seiten der Suchmaschine längst verlassen hat.[10] Solche Toolbars werden mittlerweile von fast alle Suchmaschinen angeboten. Während mit dem Ausscheiden von *Direct Hit* aus dem Suchmaschinen-Markt die Auswertung des Nutzerverhaltens eine Zeit lang als überholt galt, wird sie mittlerweile wieder in großen Suchmaschinen eingesetzt.

---

[10] Alle Navigationsentscheidungen des Nutzers werden hierbei automatisch an die Suchmaschine übermittelt, unabhängig davon, ob sich der Nutzer noch auf den Seiten der Suchmaschine befindet oder nicht. So kann das gesamte Navigationsverhalten der Nutzer protokolliert werden, ohne dass es von diesen bemerkt oder als störend empfunden würde.

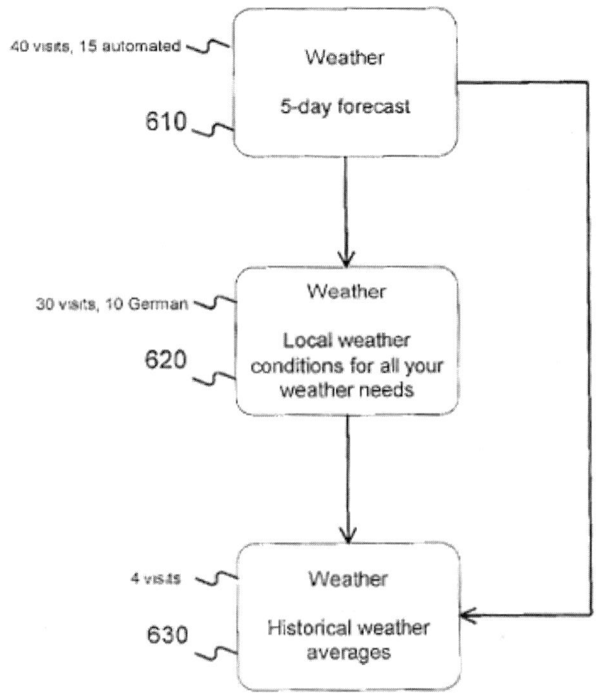

Abb. 7.2. Auswertung des Klickverhaltens nach Ländern (Dean et al. 2002, fig. 6)

Eine neuere Methode des nutzungsstatistischen Rankings ist das von Dean et al. (2002). Sie stellen ein Verfahren vor, in dem Nutzungsdaten einzelner Webseiten oder aber kompletter Websites entweder als alleiniger oder aber als ergänzender Rankingfaktor verwendet werden. Als Beispiele zu erhebender Nutzungsdaten werden die absolute Anzahl der Besuche auf einer Seite, die absolute Nutzungszahl in einem bestimmten Zeitraum (beispielsweise in der letzten Woche) und die Veränderung der Nutzungszahlen in einem bestimmten Zeitraum angegeben.

Dem Problem der leichten Manipulierbarkeit solcher Verfahren kommen Dean et al. entgegen, indem die Möglichkeit gegeben wird, gewisse Abrufe einer Seite nicht mit in die Statistik einfließen zu lassen. Denkbar wären hier etwa Aufrufe der Seite durch automatische Agenten oder durch Nutzer, die mit der fraglichen Seite in irgendeiner Verbindung stehen. Hier ist etwa an Filtermethoden, wie sie im „Hilltop"-Algorithmus beschrieben werden, zu denken (vgl. Kapitel 8.4).

Eine weitere Möglichkeit in der Nutzung der Statistikdaten ergibt sich durch die unterschiedliche Bewertung einer einzelnen Nutzung nach weiteren Faktoren. So wird in der Patentanmeldung von Dean et al. beschrieben, dass beispielsweise eine Nutzung von einem deutschen Rechner aus höher bewertet werden kann als eine solche von einem Rechner der Antarktis aus (Dean et al. 2002, 3). Denkbar ist hier an eine unterschiedliche Anwendung auf das Ranking auf verschiedenen länderspezifischen Suchseiten. Ein entsprechendes Beispiel zeigt Abbildung 7.2: Hier werden drei Seiten aufgeführt, die jeweils Wetterinformation beinhalten, eine davon bekommt ein Viertel ihrer Zugriffe von Deutschland aus, die anderen erhalten keine Zugriffe aus Deutschland. Hier lässt sich ableiten, dass die Seite mit den deutschen Zugriffen für einen deutschen Nutzer relevanter ist als die anderen, ansonsten vergleichbaren Seiten. Zwar kann auch hier nicht mit Sicherheit behauptet werden, ob und wie dieses Verfahren in die Suchmaschine *Google* (in deren Namen das Patent angemeldet wurde) implementiert ist, allerdings können die im Ranking auf unterschiedlichen Länderseiten von *Google* festgestellten Unterschiede, vor allem die Bevorzugung von Dokumenten in der jeweiligen Landessprache, plausibel auf den Einsatz dieses Verfahrens zurückgeführt werden.

7.3 Informationslinguistische Verfahren

Prinzipiell lassen sich zwei Wege einschlagen, wenn die Vergleichbarkeit von Inhalten durch Repräsentationen verbessert werden soll. Diese sind nach Ferber (2003, 40)

- Versuche, die natürliche Sprache so zu repräsentieren und zu verarbeiten, dass inhaltliche Ähnlichkeiten erkennbar werden.
- Versuche, die zulässigen Mittel zur inhaltlichen Beschreibung so einzuschränken, dass sie Ähnlichkeiten abbilden.

Bei der Suche in Information-Retrieval-Systemen, die keine informationslinguistischen Verfahren anwenden, entstehen zahlreiche Probleme. So muss das Vokabular, welches der Autor bzw. in Referenzdatenbanken der Indexierer verwendet hat, nicht mit dem des Rechercheurs übereinstimmen. Die Lösung für dieses Problem kann einerseits die Anwendung eines kontrollierten Vokabulars sein. Hier würden die zulässigen Mittel der inhaltlichen Beschreibung entsprechend beschränkt werden. Dieser Ansatz wurde jedoch bereits in einem vorangegangenen Kapitel (5.2) für die Erschließung von Dokumenten durch Suchmaschinen verworfen.

Das zentrale Anliegen linguistischer Verfahren im Information Retrieval „is the translation of potentially ambiguous natural language queries and documents into unambiguous internal representations on which matching and retrieval can take place“ (Liddy 1998, 15). Liddy sieht als ein ideales IR-System ein solches an, das Anfragen so entgegennehmen kann, wie dies ein Auskunftsbibliothekar tun würde. Es würde die Anfrage in ihrer Komplexität verstehen. Hinzuzufügen ist allerdings, dass die Orientierung am Bibliothekar (bzw. dem, so Kuhlen (1999) „personalen Informationsassistenten“) die Dialogfähigkeit des Systems voraussetzt. Hier klingt schon an, dass es notwendig werden wird, sich von der Gewohnheit der - mehr oder minder guten - Beantwortung der Suchanfrage in einem Schritt zu verabschieden.

Die linguistischen Probleme, welche im Information Retrieval auftreten, entstehen nach Liddy (1998, 14f.) auf folgenden Ebenen: Worterkennung, Morphologie, Lexikon, Syntax, Semantik, Diskursanalyse und Pragmatik.

Diese Ebenen werden im Folgenden kurz erläutert. Dabei werden die grundsätzlichen Anwendungsmöglichkeiten erwähnt, wobei die für die gegenwärtige Suchmaschinen-Entwicklung als besonders bedeutend anzusehenden Anwendungen herausgegriffen und in den folgenden Abschnitten ausführlicher diskutiert werden.

Worterkennung. Fragen der Worterkennung ergeben sich bei Information-Retrieval-Systemen auf der Ebene der gesprochenen Sprache, der geschriebenen Sprache sowie auf der Ebene der bereits digital vorliegenden Dokumente. Die beiden ersten Fälle sind im Kontext dieses Buchs zu vernachlässigen, im dritten Fall handelt es sich um die Wortidentifikation innerhalb von Texten. Dabei werden Wörter durch Trennzeichen wie Leerstellen und Satzzeichen erkennbar.

Alternativ zur Worterkennung können auf kleinerer Ebene auch Zeichenketten erfasst werden. Dabei werden Texte in sog. N-Gramme, zum Beispiel in alle Elemente des Texts zu jeweils fünf Zeichen, zerlegt. Der Text wird so in Bestandteile zerlegt, die zwar teilweise unsinnig sind -andererseits bilden viele der gefundenen Teilwörter aber sinnvolle weitere Sucheinstiege.

Morphologie. Auf der Wortebene werden unterschiedliche Flexionsformen zusammengefasst sowie Prä- und Suffixe entfernt. Die Wörter werden so für das Ranking aufbereitet, unterschiedliche Retrievalergebnisse für den gleichen Suchbegriff beispielsweise in seiner Singular- und seiner Pluralform werden vermieden. Die im Information Retrieval bedeutendste morphologische Anwendung, das Stemming, wird im folgenden Kapitel ausführlich behandelt.

Lexikon. Auf der Ebene des Lexikons werden Begriffe durch Lemmatisierung auf ihre lexikalische Grundform zurückgeführt. Allerdings wird die Lemmatisierung im Information Retrieval meist mit dem Stemming zusammengefasst, wobei unter diesen Begriff alle Reduzierungen von Wörtern auf eine Grund- oder Stammform fallen. Eine weitere wichtige Anwendung auf lexikalischer Ebene ist das Finden von Synonymen sowie Ober- und Unterbegriffen, um diese eventuell in die Suchanfrage mit einzubinden (s. Abschnitt 7.3.3).

Syntax. Hierbei handelt es sich um die Analyse der grammatischen Struktur eines Satzes. Für den Kontext des Information Retrieval ist die Phrasenerkennung innerhalb von Sätzen von besonderer Bedeutung (Liddy 1998, 16). Auch diese wird in einem eigenen Abschnitt (7.3.2) behandelt.

Semantik. Auf der Satzebene wird die Bedeutung des Satzes geklärt. Dabei sollen mögliche Mehrdeutigkeiten erkannt werden.

Diskursanalyse. Hier soll die Struktur und Bedeutung über Satzgrenzen hinweg erkannt werden, so dass erkannt werden kann, um was für eine Art von Aussage es sich bei einem Textteil handelt, also zum Beispiel um eine Schlussfolgerung, eine Meinung, eine Vermutung oder ein Faktum (Liddy 1998,16). Außerdem fällt unter die Diskursanalyse die Erkennung von Anaphern, also beispielsweise die Verwendung von Pronomen, die sich auf einen bereits verwendeten Begriff beziehen. Solche Anaphern könnten ebenso wie die Begriffe selbst, auf die sie sich beziehen, als Vorkommen des entsprechenden Begriffs gezählt werden und entsprechend in das Ranking eingehen.

Pragmatik. Hier soll der Zweck des Texts erkannt werden und der Text so entsprechend in einen Kontext eingeordnet werden. Denkbar ist etwa die Zuteilung eines Themenbereichs zu einem Text oder die automatische Einordnung in ein Klassifikationssystem. Ein Beispiel für eine Anwendung ist die Suchmaschine *Seekport*, welche versucht, jedes Dokument einem von acht vorgegebenen Themenbereichen zuzuordnen.

Betrachtet man die bisherigen Anwendungen linguistischer Verfahren im Information Retrieval, so fällt auf, dass die Verfahren auf niedrigerer Ebene (Wortebene, Lexikon) eher Anwendung finden als auf höheren Ebenen (Liddy 1998, 16). Im Bereich der Suchmaschinen ist oft nicht ersichtlich, ob bzw. welche Verfahren Anwendung finden. Auch hier halten sich die Suchmaschinen-Betreiber bedeckt, um der Manipulation ihrer Ergebnisse und dem Interesse der Konkurrenz entgegenzuwirken.

7.3.1 Stemming

Unter Stemming versteht man die Reduzierung von Wörtern auf ihre Grund- bzw. Stammform. In linguistischer Sicht ist weiter je nach eingesetzter Methode zwischen Stemming und Lemmatisierung zu unterscheiden; im informationswissenschaftlichen Kontext können beide Arten der Wortformveränderung unter Stemming zusammengefasst werden. Stemming ist die im informationswissenschaftlichen Kontext bedeutendste Anwendung auf morphologischer Ebene.

Wenn ein Wort in einem Dokument in unterschiedlichen Formen vorkommt, so würde ohne Stemming jede Form einzeln gezählt und in das Ranking eingehen; durch die Reduzierung auf eine Grundform werden alle Formen eines Wort gemeinsam gewertet. Außerdem sollen bei einem entsprechenden Abgleich mit den ebenfalls auf die Grundform reduzierten Suchbegriffen mehr Dokumente gefunden werden.

In der Regel besteht bei der Suche im Web allerdings nicht das Problem, dass zu wenige Dokumente gefunden werden; eher ist das Gegenteil der Fall. Allerdings können bei einer fehlenden Grundformreduktion eigentlich relevante Dokumente nicht gefunden werden, wenn sie den Suchbegriff in einer anderen Flexionsform enthalten.

Das Stemming kann nach verschiedenen Ansätzen erfolgen (vgl. Frakes 1992); von Bedeutung sind insbesondere *affix removal* (Entfernung von Prä- und Suffixen), *table lookup* (wörterbuchbasierter Ansatz) und die N-Gram-Methode.

Verfahren, die Suffixe entfernen, wurden vor allem für die englische Sprache entwickelt (zu nennen ist hier vor allem Porter 1980, aber auch Kuhlen 1977). Ihre Aufgabe ist es, Pluralformen auf die jeweilige Grundform des Worts zu reduzieren. Dies geschieht mittels Regeln, die die regelmäßige Pluralbildung erkennen und die Wörter entsprechend bearbeiten. Alle Varianten des Worts gelten dann als ein Begriff und gehen entsprechend in das Ranking ein.

Für die deutsche Sprache eignen sich solche regelbasierten Verfahren aufgrund der komplexeren Wortbildungen allerdings nicht. Hier sind allein wörterbuchbasierte Verfahren erfolgreich, da sie die zahlreichen Ausnahmen berücksichtigen können. Solche Verfahren speichern eine Liste aller Terme mit dem jeweils zugehörigen Stem. Sie arbeiten zuverlässig, problematisch ist allerdings die Pflege des Wörterbuchs. Neu auftretende Wörter müssen mit ihren jeweiligen Wortformen eingepflegt werden, was in der Regel nur manuell geleistet werden kann.

Die bereits erwähnte N-Gram-Methode bietet den Vorteil, dass die Wörter automatisch in kleinere Bestandteile zerlegt werden und auch Komposita in ihre Bestandteile zerlegt werden können. Allerdings werden bei dieser automatischen Methode auch N-Gramme ermittelt, die auf einen Begriff verweisen, der im Ausgangswort nur durch seine Buchstabenfolge, nicht jedoch vom Sinn her enthalten ist. Stock (2000b, 150f.) gibt als Beispiel die Zerlegung des Begriffs „Widerspruchsfreiheitsbeweis“ in Pentagramme. Während der Begriff durchaus korrekt zerlegt wird, entsteht allerdings auch das Pentagram „Reihe“, welches mit dem Inhalt des Ursprungsbegriffs semantisch nichts zu tun hat.

In der Regel werden in Information-Retrieval-Systemen regelbasierte oder wörterbuchbasierte Verfahren eingesetzt. Die unterschiedliche Anwendbarkeit dieser Verfahren für unterschiedliche Sprachen verdeutlicht das Problem, welches sich für die Betreiber internationaler Suchmaschinen ergibt. Für jede Sprache muss ein eigenes Verfahren angewendet werden, was den Entwicklungsaufwand und die -kosten entsprechend erhöht. Es ist davon auszugehen - und wird durch die bestehenden Anwendungen bestätigt -, dass Stemming-Verfahren nur für einige populäre Sprachen angewendet werden. An erster Stelle ist hier das Englische zu nennen; nicht nur, weil die meisten Suchmaschinen im englischen Sprachraum entwickelt werden, sondern auch, weil sich für diese Sprache Stemming-Algorithmen relativ leicht implementieren lassen.

Unabhängig von der gewählten Methode des Stemmings stellt sich die Frage nach der Anwendbarkeit bzw. dem Nutzen. Hinsichtlich der Frage, ob sich durch den Einsatz von Stemming-Verfahren tatsächlich die Anzahl der gefundenen Dokumente erhöht, gibt es unterschiedliche Ansichten. Ferber (2003, 41) sieht die Ergebnisse der vorliegenden Studien als uneinheitlich an; eine klare Aussage scheint ihm nicht möglich. Wie bereits erwähnt, erscheint dieser Punkt jedoch in Bezug auf Suchmaschinen auch nur eine sekundäre Bedeutung zu haben. Es ist zu fragen, ob bei der Recherche in Suchmaschinen (zumindest im Kontext der Bedürfnisse eines Laiennutzers) überhaupt noch die im klassischen Information Retrieval angestrebte Vollständigkeit als Ziel angesehen werden sollte. Es erscheint einleuchtend, dass für die meisten Themen eine solch große Dokumentenmenge vorhanden ist, dass für alle Wortformen eine befriedigend hohe Anzahl an relevanten Dokumenten gefunden wird, auch wenn dies unter Umständen nicht dieselben Dokumente sind. Ein empirischer Beleg für diese These steht allerdings bislang noch aus.

Braschler und Ripplinger (2004) untersuchen unterschiedliche Verfahren des Stemmings und der Zerlegung von Mehrwortbegriffen auf ihre Tauglichkeit für deutschsprachige Wörter. Sie kommen zu dem Schluss, dass die Zerlegung von Mehrwortbegriffen zur Steigerung der Precision offensichtlich wichtiger ist als das Stemming. Allerdings schneiden unterschiedliche Verfahren der Zerlegung von Mehrwortbegriffen ähnlich gut ab, so dass die Autoren keine Empfehlung für die Benutzung eines speziellen Verfahrens geben können. Insgesamt am schlechtesten schneidet in der Untersuchung das N-Gram-Verfahren ab, welches als sprachunabhängiges Verfahren mit aufgenommen wurde. Als Ergebnis ist also festzuhalten, dass - wie hier am Beispiel des Deutschen gezeigt - Stemming-Verfahren und Verfahren der Zerlegung von Mehrwortbegriffen für jede Sprache einzeln entwickelt werden müssen. Bei der grundsätzlich internationalen Orientierung der meisten Suchmaschinen bedeutet dies einen hohen Aufwand, der nur für die „populärsten" Sprachen zu leisten ist. Informationslinguistische Verfahren auf morphologischer Ebene werden von den großen Suchmaschinen eingesetzt, über die genauen Verfahren liegen jedoch keine Veröffentlichungen vor. Dies geht so weit, dass zwar bekannt ist, dass die Firma Google für diesen Zweck Software der Firma Canoo nutzt, wie und in welchem Maß dies geschieht, ist jedoch selbst dem Canoo-Geschäftsführer unbekannt: „Wie Google unsere Software genau einsetzt, wissen wir nicht. [...] Sehr wahrscheinlich nutzt Google unsere Software schon während des Indexierungsprozesses, vielleicht auch während der Abfrage durch den Nutzer. Wir wissen es nicht" (Schmid 2003). Dieses Zitat soll verdeutlichen, wie problematisch die Untersuchung des Einsatzes (nicht nur) der linguistischen Verfahren in kommerziellen Suchmaschinen ist. Oft kann eben nur festgestellt werden, *dass* bestimmte Verfahren eingesetzt werden, jedoch nicht, *wie* dies geschieht.

Gänzlich gegen Stemming-Verfahren im Web-Kontext wendet sich Chakrabarti (2003, 49). Er sieht das Problem insbesondere in der hohen Anzahl von Abkürzungen und Parallelbezeichnungen, wobei hier auch Akronyme mit einbezogen werden, die natürlich nicht gestemmt werden dürfen. Bei der Anwendung von Stemming-Verfahren im Web dürfte daher die Fehlerquote erheblich höher liegen als bei der Anwendung auf einen traditionellen Korpus. Soll Stemming angewendet werden, so sollte dem Nutzer auf jeden Fall die Möglichkeit gegeben werden, diese Funktion selbst an- bzw. abzuschalten.

7.3.2 Phrasenerkennung

Die (automatische) Phrasenerkennung wird im klassischen Information Retrieval dazu verwendet, potentielle Deskriptoren, welche aus mehreren Wörtern bestehen, zu gewinnen. Da Web-Suchmaschinen sich bei der Erschließung auf die Volltexte beschränken und die Gewinnung gesonderter Deskriptoren außer acht lassen, stellt sich die Frage nach dem Sinn der Phrasenerkennung durch Web-IR-Systeme. Als weiteres Argument gegen die Phrasenerkennung kann angeführt werden, dass alle Suchmaschinen im Ranking Dokumente bevorzugen, in denen die eingegebenen Suchbegriffe möglichst nahe beieinander stehen, so dass Übereinstimmungen von Phrasen in Anfrage und Dokument bevorzugt werden. Allerdings gehen verschiedene Suchmaschinen unterschiedlich mit der Nähe der Suchbegriffe zueinander um; dazu kommt, dass der Abstand nur ein Kriterium unter vielen bei der Bewertung innerhalb des Rankingvorgangs ist. Wird eine größere Anzahl von Suchbegriffen eingegeben, ist es sinnvoll, automatisch zu ermitteln, welcher Teil der Anfrage eine Phrase darstellt, um so die Suchanfrage automatisch zu verbessern, ohne dem Nutzer Kenntnisse in der Suchsyntax der Suchmaschine abzuverlangen. Die Suchmaschine *All the Web* bot bis zu ihrer Umstellung auf den Yahoo-Index eine solche Funktion an.

Im Folgenden soll beispielhaft eine bei Lexis-Nexis eingesetzte Methode zur Phrasenerkennung beschrieben werden, die prototypisch für solche Verfahren angesehen werden kann. Diese ist weitgehend sprachunabhängig und wird im Patent von Lu et al. beschrieben. Einsatz findet dieses Verfahren zur Deskriptorengewinnung. Ziel ist die Identifizierung u.a. von Personen-, Firmen- und Produktnamen.

Das Verfahren identifiziert die Phrasen in vier Schritten (Lu et al., 4):

1. Satzzeichen im Text werden durch Trennzeichen ersetzt.
2. Die Wörter im Text werden mit Stoppwortlisten abgeglichen. Stoppwörter werden durch Trennzeichen ersetzt.
3. Übrig bleiben nun sog. Textklumpen (*chunks*). Diese können aus einem Wort oder aus mehreren Wörtern bestehen. Interessant sind hier aber nur die Mehrwortausdrücke, die stets Konzepte ausdrücken. Lu et al. können so aus einem vorliegenden Beispieltext u.a. die Ausdrücke „United States“ und „Irish Republican Army“ herausfiltern, welche bei der konventionellen Volltextinvertierung in einzelne Wörter zerlegt worden wären.

4. Im letzten Schritt wird die Häufigkeit des Auftretens der Phrasen gezählt. Die Häufigkeit wird einerseits für die Indexierung verwendet (bspw. Indexierung erst bei mehrmaligem Vorkommen im Text; Lu et al. 1998, 11), kann natürlich aber auch als Gewichtungsfaktor verwendet werden.

Das Verfahren identifiziert sechs Arten von Textklumpen:

1. Einzelwörter in Kleinschreibung (*lower case single-words*)
2. Mit einem Großbuchstaben beginnende Einzelwörter
3. Namen (*proper names*)
4. Phrasen in Kleinschreibung (*lower case phrases*): mehr als ein Wort, Vorkommen im Text häufiger als einmal
5. Phrasen in Kleinschreibung (*lower case phrases*): mehr als ein Wort, Vorkommen im Text exakt einmal
6. Akronyme

Der fünfte Fall wird für die Auswertung nicht weiter herangezogen. Der Grund dürfte sein, dass hier die Fehlerwahrscheinlichkeit relativ hoch liegt. Allerdings wird in diesem Fall untersucht, ob der entsprechende Textklumpen Teil eines anderen, umfangreicheren Textklumpens ist (*subphrase*). Ist dies der Fall, so wird er diesem zugerechnet (Lu et al. 1998, 9). Liegt kein entsprechend umfangreicherer Textklumpen vor, so wird der einmalig vorkommende Textklumpen in Einzelwörter zerlegt und diese werden der Einzelwort-Liste zugefügt.

Lu et al. schlagen auch die Verwendung eines Synonym-Thesaurus vor, mit dem die Textklumpen abgeglichen werden. Allerdings weisen sie selbst auf die hohe Fehleranfälligkeit solcher Zuordnungen hin (Lu et al. 1998, 11). Für Suchmaschinen eignet sich die Thesaurus-Methode auf keinen Fall, da die Dokumentenkollektion zu heterogen ist und die Konzepte dadurch erst recht nicht zuverlässig zugeordnet werden können.

Das Verfahren besticht durch Einfachheit. Problematisch erscheint allein die Erstellung zuverlässiger Stoppwortlisten. Diese müssen relativ umfangreich sein, um nur tatsächlich bedeutungstragende Textklumpen zu identifizieren, dürfen jedoch auch nicht zu umfangreich sein, da sonst zu wenige Textklumpen gebildet werden würden und damit bedeutungstragende Elemente verloren gehen würden.

Um nun für jeden Textklumpen festzustellen, welcher Art von Konzept er zugehörig ist, werden unterschiedliche Verfahren eingesetzt. Die Phrasen werden im Patent unterteilt in Firmennamen, geographische Namen, Namen von Organisationen und Produktbezeichnungen (Lu et al. 1998, 11). Zur Erschließung werden im Fall der Firmennamen Indikator-Ausdrücke verwendet. Endet der Textklumpen beispielsweise mit „Ltd.“, so deutet dies auf ein Unternehmen hin. Ähnliches gilt für Organisationen: hier dient das erste oder letzte Wort des Textklumpens als Indikator. Lexis-Nexis verfügt über umfangreiche Listen mit solchen Indikator-Ausdrücken (Beispiele im Patent: Lu et al. 1998, 15-30).

Bei geographischen Ausdrücken und Produktnamen gibt es allerdings keine Indikator-Begriffe; hier muss vollständig auf Wortlisten zurückgegriffen werden. Dies macht die Anwendung auf den gesamten Web-Korpus ausgesprochen schwierig. Praktikabel scheint der Listenabgleich eher bei den Personennamen: hier wird eine Liste mit Vornamen hinterlegt. Das Vorkommen eines Vornamens gilt als Indikator einer Namensangabe, der Rest des Textklumpens gilt als Nachname.

Zwar können Phrasen potentiell in allen Sprachen erkannt werden, allerdings geschieht die Bildung von Mehrwortausdrücken in Sprachen wie dem Englischen durch die Bildung von Phrasen („operating system"), während in anderen Sprachen wie etwa dem Deutschen zusammengesetzte Begriffe gebildet werden („Betriebssystem"). Hier würde sich also zusätzlich das bereits angesprochene Problem der Zerlegung dieser Komposita ergeben. Jeder Phrasenerkennung vorangestellt werden muss auf jeden Fall die Erkennung der Sprache des Dokuments, um auf die entsprechenden Stoppwortlisten und die Listen der Indikatorbegriffe zurückgreifen zu können.

Ein Verfahren zur Ermittlung von Phrasen findet auch in der Newssuche von Google[11] Anwendung. Wie bei den kommerziellen Suchmaschinen üblich, ist die Funktion nicht dokumentiert, weshalb keine Aussagen über das verwendete Verfahren möglich sind. Allerdings kann das Verfahren nicht nur aus Vor- und Nachnamen bestehende Namen erkennen, sondern auch Phrasen wie „Borussia Dortmund" oder „Sierra Nevada". Diese Funktion deutet bereits auf eine weitere sinnvolle Anwendungsmöglichkeit hin, nämlich dem Nutzer Suchanfragen vorzuschlagen. Dies kann ein allgemeiner Vorschlag (wie im Falle der News) sein, von noch größerer Bedeutung ist dieses Verfahren allerdings bei den Vorschlägen zur Verbesserung der Suchanfrage anzusehen (siehe Kap. 10.2).

7.3.3 Synonyme, Homonyme, Akronyme

Bei der Recherche ergeben sich Probleme durch Suchbegriffe, zu denen Synonyme vorhanden sind, durch Homonyme bzw. Polyseme und durch die Verwendung von Akronymen. Weiterhin sind sich viele Nutzer bei der Wahl ihrer Suchbegriffe nicht sicher, so dass eine Einschränkung bzw. Erweiterung der Suchanfrage durch Unter- bzw. Oberbegriffe sinnvoll wäre.

Werden Suchbegriffe verwendet, zu denen es Synonyme gibt, werden potentiell nicht alle relevanten Dokumente gefunden. Zwar ist es möglich, dass in den Dokumenten mehrere Synonyme verwendet werden und so das entsprechende Dokument für Anfragen nach allen Synonymen des Begriffs gefunden wird. Allerdings ist dies nicht grundsätzlich anzunehmen, und andererseits entsteht hier wieder das Problem der Wortzählung, welche für das Ranking benötigt wird. Keine

---

[11] http://news.google.de [10.1.2005]

der heute eingesetzten Suchmaschinen arbeitet mit hinterlegten Synonymwörterbüchern. Dokumente, die für einen Begriff unterschiedliche Synonyme verwenden (beispielsweise aus sprachlichen Gründen), werden so zwar bei Suchanfragen zu den entsprechenden Synonymen gefunden, werden im Ranking jedoch benachteiligt. Wünschenswert wäre hier der Abgleich mit Synonymwörterbüchern; allerdings müssten diese wiederum für jede unterstützte Sprache separat implementiert werden, was zu einem hohen Aufwand führen würde. Bei den potentiell großen Treffermengen der Suchmaschinen und der Unmöglichkeit für den Nutzer, alle Treffer zu sichten, stellt sich auch die Frage, ob es überhaupt notwendig ist, die Synonyme zu berücksichtigen oder ob nicht die Anfrage nach jeweils einer Form in den meisten Fällen schon genügend befriedigende Ergebnisse liefert.

Im Umfeld der Suchmaschinen erscheint der Umgang mit Homonymen[12] als wesentlich problematischer. Unter Homonymen werden gleichlautende Wörter verstanden, die unterschiedliche Begriffe bezeichnen. Zum Beispiel bezeichnet das Wort *Bank* sowohl ein Kreditinstitut als auch ein Sitzmöbel, das Wort *Flügel* sowohl einen Körperteil eines Vogels als auch ein Musikinstrument.

Suchanfragen, die Wörter mit homonymen Bedeutungen enthalten, erhöhen die Anzahl der gefundenen Treffer und blähen die Treffermenge durch Ballast auf. Heute eingesetzte Suchmaschinen können keine Homonyme erkennen; allerdings bestünde einerseits die Möglichkeit, die Suchanfrage auf Homonyme zu prüfen und dem Nutzer entsprechende Einschränkungsmöglichkeiten durch weitere Begriffe anzubieten, andererseits bestünde die Möglichkeit, eine Erkennung innerhalb der Dokumente durchzuführen. Letzteres wird von manchen Suchmaschinen versucht; eine Hilfe bei der Trennung von Dokumenten mit Homonymen bietet auch die Clusteranalyse (vgl. Kap. 10.4).

Werden in einem Dokument oder in einer Suchanfrage Akronyme verwendet, so beeinflusst auch dies in der Regel die Bewertung der Dokumente aufgrund der Worthäufigkeiten. So werden Akronym und ausgeschriebene Form als verschiedene Begriffe gezählt und nicht zu einem Begriff zusammengefasst. Weiterhin problematisch ist, dass Akronyme oft so gewählt werden, dass sie wiederum ein gebräuchliches Wort ergeben, welches einfacher zu merken ist. Suchmaschinen unterscheiden dann nicht zwischen Akronym und dem durch die gleiche Buchstabenfolge gekennzeichneten Wort. Das Problem kann durch die Unterscheidung zwischen Groß- und Kleinschreibung in Dokumenten und Anfragen gemildert werden. Akronyme werden in den meisten Fällen in Großbuchstaben geschrieben; allerdings unterscheidet keine der gebräuchlichen Suchmaschinen mehr nach Groß- und Kleinschreibung, so dass diese Lösung zumindest derzeit nicht verfügbar ist. Da jedoch eine „echte" Akronymunterscheidung inklusive Auflösung des jeweiligen Akronyms in die ausgeschriebene Form aufgrund der großen Zahl der im Web

---

[12] „Homonym" wird hier sowohl für Polyseme als auch für echte Homonyme gebraucht. Die sprachwissenschaftliche Unterscheidung spielt für diese Arbeit keine Rolle.

vorhandenen (und teils gleichlautenden) Akronyme nur sehr schwer möglich sein dürfte, ist wenigstens diese „Behelfslösung“ anzustreben.

7.3.4 Rechtschreibkontrolle

Bei Nutzung von Information-Retrieval-Systemen kommt es - wie bei allen anderen Systemen, in denen Begriffe durch den Nutzer eingegeben werden - zu Schreibfehlern. Im klassischen Information Retrieval werden solche Fehler oft dadurch erkannt, dass keine Treffer gefunden werden. Bei der Arbeit mit Suchmaschinen verschärft sich das Problem der Rechtschreibfehler allerdings. Hier ist auch bei den indexierten Dokumenten anzunehmen, dass sie eine hohe Anzahl von Schreibfehlern enthalten, da keine redaktionelle Kontrolle gesichert ist. Es kann davon ausgegangen werden, dass der Nutzer auch in Fällen falscher Eingaben eine gewisse Anzahl von Treffern bekommt, so dass Schreibfehler nicht so stark auffallen wie in klassischen Information-Retrieval-Systemen. Bei den in der Laboruntersuchung von Machill et al. (2003, 287) untersuchten Anfragen lag der Anteil der fehlerhaften Anfragen bei 9,2 Prozent, wobei die Web-„Experten“ erstaunlicherweise deutlich mehr fehlerhafte Anfragen abschickten als die Novizen (10,9 Prozent vs. 7,2 Prozent). Die Autoren führen dies auf Flüchtigkeitsfehler zurück.

Die Fehlerquote der Suchmaschinennutzer liegt damit etwa gleich hoch wie die der Laiennutzer anderer Information-Retrieval-Systeme. Die Auswertung von Suchanfragen eines elektronischen Bibliothekskatalogs ergab, dass dort zwischen acht und zwölf Prozent aller Suchanfragen Tippfehler enthalten (Walker u. Jones 1987, zit. nach Stock 2000b, 157). Klar wird daraus, dass eine Notwendigkeit zur fehlertoleranten Behandlung von Suchanfragen besteht.

Nach Nohr (2003, 50) lassen sich 80 Prozent aller Schreibfehler auf die Klassen Auslassung, Einfügung, Substitution und Vertauschung zurückführen (Nohr 2003, 50). Beispiele für diese Fehlerklassen zeigt Tabelle 7.1.

Tabelle 7.1. Beispiele für Tippfehler nach Fehlerklassen (Nohr 2003, 50)

Auslassung	Chmical
Einfügung	Chemeical
Substitution	Chemecal
Vertauschung	Chmeical

Bei der automatischen Ermittlung von Korrekturvorschlägen ist zwischen wörterbuchbasierten und statistischen Ansätzen zu unterscheiden, bei den statistischen wiederum zwischen den auf einzelnen Wörtern basierenden und denen, die Phrasen als Grundlage nehmen.

Wörterbuchbasierte Verfahren vergleichen den eingegebenen Suchbegriff mit einem Wörterbuch und suchen, falls der Suchbegriff nicht im Wörterbuch eingetragen ist, nach ähnlichen Begriffen. Der Nachteil dieser Verfahren ist, dass Wörterbücher für unterschiedliche Sprachen verwendet werden müssen und vor allem, dass auf Begriffe, die nicht im Wörterbuch vorhanden sind, auch nicht verwiesen werden kann. Das Vokabular des Wörterbuchs hinkt also dem tatsächlich im Web verwendeten Vokabular hinterher und muss entsprechend gepflegt werden.

Statistische Verfahren verweisen bei Fehlschreibweisen, die zu keinen oder nur wenigen Treffern führen, auf die in der Datenbank am häufigsten vorkommende ähnliche Schreibweise. Um die Ähnlichkeit zu bestimmen, werden Wörter auf einen Code reduziert, der bei ähnlichen Wörtern gleich lautet. Das wohl bekannteste Beispiel eines solchen Verfahrens ist der Soundex-Algorithmus (Jacobs 1982). Ähnliche Wörter werden mit diesem Algorithmus auf den gleichen Code reduziert; Tabelle 7.2 zeigt als Beispiel die Reduzierung des Worts *economics*. Würde ein Nutzer versehentlich *econmic* eingeben, würde der Algorithmus dies zum gleichen Code reduzieren und einen entsprechenden Korrekturvorschlag ausgeben. Es kann durchaus der Fall sein, dass sich mehrere Korrekturvorschläge aus einer Eingabe ergeben. Daher ist es stets notwendig, den Nutzer mit einzubeziehen und nicht automatisch zu korrigieren.

Tabelle 7.2. Soundex-Algorithmus am Beispiel von „economics“ (Walker u. Jones 1987, 151, Übersetzung nach Stock 2000b, 158)

Schritt	Vorgehen	Ergebnis
(1)	Der erste Buchstabe des Wortes bleibt erhalten	E
(2)	Falls der zweite Buchstabe identisch mit dem ersten ist, übergehe ihn	
(3)	Falls zwei aufeinanderfolgende Buchstaben im Ausgangswort identisch sind, übergehe den jeweils zweiten	
(4)	Falls zwei aufeinanderfolgende Buchstaben im entstehenden Codewort identisch sind, notiere beide	
(5)	Übergehe die Buchstaben AEIOUYWH	Ecnmcs
(6)	Falls ein Buchstabe CGJKQSXZ ist, notiere C	ECnmC
(7)	Falls ein Buchstabe BFPV ist, notiere B	
(8)	Falls ein Buchstabe DT ist, notiere D	
(9)	Falls ein Buchstabe MN ist, notiere M	ECMMC
(10)	Die Buchstaben L und R bleiben erhalten	
(11)	Falls der letzte Buchstabe AIOUY, notiere Y	

Eine Erweiterung dieser Art von Korrekturverfahren wird bei der Suchmaschine Google angewendet. Die Annahme ist hier, dass durch die alleinige Analyse eines Wortes nicht zwingend ein Schreibfehler ermittelt und ein entsprechender Korrekturvorschlag unterbreitet werden kann. Als Beispiel wird von Google eine Anfrage nach der Sängerin Britney Spears angegeben.[13]

Der Auszug aus dem *query log* zeigt über 500 verschiedene Schreibweisen, die tatsächlich von Nutzern eingegeben wurden. Da es sich um einen Eigennamen handelt, könnten verschiedene Schreibweisen durchaus korrekt sein; wenn allerdings „die" Britney Spears gemeint ist, gibt es nur eine gültige Schreibweise, auf die verwiesen werden soll. Dies kann nur geschehen, wenn vorher der Vor- und Nachname als eine Phrase identifiziert wird und der Abgleich mit ähnlichen Schreibweisen auf dieser Basis erfolgt. Welcher Algorithmus bei Google eingesetzt wird, ist nicht dokumentiert, allerdings dürfte es sich um den Soundex-Algorithmus handeln, der mit einem statistischen Abgleich der Häufigkeiten unterschiedlicher Schreibweisen kombiniert wird.

Mittlerweile bieten alle größeren Suchmaschinen Korrekturvorschläge an. Die dahinter stehenden Verfahren sind relativ leicht zu implementieren und der Nutzen ist als hoch anzusehen. Davon können auch einige Beispiele fehlerhafter Korrekturvorschläge nicht ablenken.

Bei allen informationslinguistischen Anwendungen wurde deutlich, dass diese auf eine einzelne Sprache bezogen sind und die Anpassung an andere Sprachen selten ohne Probleme erfolgen kann. Fraglich ist deshalb, ob sich linguistische Ansätze in großem Maße für den Einsatz bei den international ausgerichteten Universalsuchmaschinen eignen. Auf der anderen Seite bestünde gerade hier für national orientierte Suchmaschinen ein Ansatzpunkt, Dienste aufzubauen, die sie von den großen Konkurrenten abheben. Bisher jedenfalls werden informationslinguistische Verfahren bei Suchmaschinen nur in geringem Umfang eingesetzt. Allerdings ist deren Nützlichkeit auf der theoretischen Ebene bisher auch nicht eindeutig belegt. Folgt man etwa der Zusammenfassung der Anwendungen linguistischer Verfahren und ihrer Nützlichkeit bei Ruge u. Goeser (1998), so zeigt sich, dass die dort dargestellten Untersuchungen nicht belegen können, dass linguistische Verfahren das Retrieval grundsätzlich verbessern, auch wenn dies von Ruge u. Goesner zumindest zum Teil auf die Bedingungen der jeweiligen Evaluierung zurückgeführt wird.

[13] http://www.google.com/jobs/britney.html [10.1.2005]

8 Linktopologische Rankingverfahren

Klassische Verfahren des Information Retrieval und des Rankings bewerten die indexierten Dokumente nicht nach ihrer Qualität. Eine solche Qualitätsbewertung jedes einzelnen Dokuments war auch nicht nötig, da schon in der Konzeption der Datenbank bzw. des zu erfassenden Bestands festgelegt war, welche Dokumente überhaupt erfasst werden sollten. Damit war auch ein Urteil über die Qualität gefällt: sollten nur Dokumente aus Wirtschaftszeitungen erfasst werden, war die Qualität der Dokumente schon durch deren vorherige Auswahl durch die Redaktionen der einzelnen Zeitungen bestimmt und musste nicht vom Information-Retrieval-System ermittelt werden. Erst durch die anzunehmende Unzuverlässigkeit von Web-Dokumenten mussten Maße für die automatische Ermittlung der Qualität von Dokumenten gefunden werden. Diese werden von den Suchmaschinen als anfrageunabhängige Rankingkriterien eingesetzt (s. Kap. 6.1).

Die Qualität von Dokumenten kann - je nach dem zugrunde liegenden Qualitätsbegriff - auf unterschiedliche Weise gemessen werden. Die Bewertung der Dokumente hängt letztlich stark vom Benutzerbedürfnis ab. Mandl (2003, [4]) sieht die entscheidende Frage darin, welche Eigenschaften ermittelt werden, die die Qualität der Dokumente bestimmen sollen. Die im momentanen Einsatz wichtigsten Verfahren bewerten die Qualität bzw. Autorität von Dokumenten aufgrund ihrer Verlinkung durch andere Dokumente. Die wichtigsten dieser linktopologischen Verfahren sollen in diesem Kapitel vorgestellt und bewertet werden. Weitergehende Übersichten linktopologischer Algorithmen finden sich unter anderem in Narsingh u. Gupta (2001) und Borodin et al. (2004).

Ausgangspunkt aller dieser Verfahren ist die Linkstruktur des Web und die Annahme, dass sich aus dieser Annahmen für die Bewertung von Dokumenten ableiten lassen. Links werden keineswegs zufällig gesetzt, sondern können als Stimme für das Dokument, auf welches verwiesen wird, gewertet werden. Die bei diesem Ansatz auftauchenden Probleme werden im nächsten Abschnitt diskutiert.

Die grundlegenden Begriffe im Zusammenhang mit den linktopologischen Verfahren sind *In-Links* und *Out-Links*. Ein Dokument kann durch beide Linkformen mit weiteren Dokumenten verbunden sein. Mit *In-Links* werden alle Links bezeichnet, die auf ein bestimmtes Dokument d verweisen, während die *Out-Links* alle Links sind, die von demselben Dokument d aus auf andere Dokumente verweisen (Abb. 8.1).

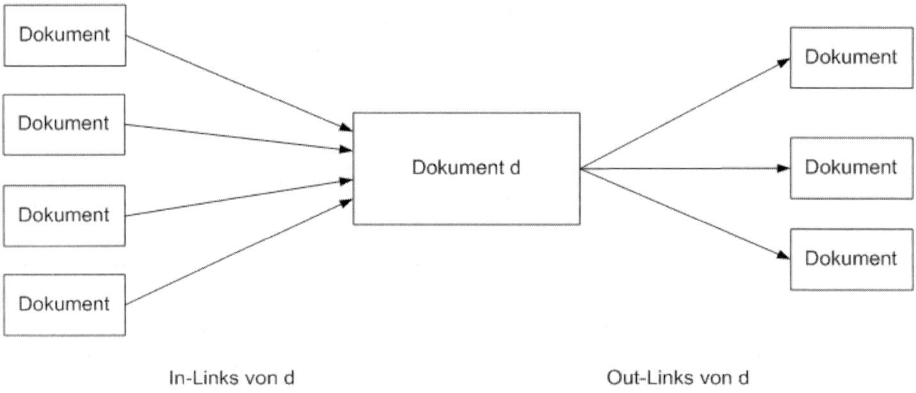

Abb. 8.1. Darstellung eines Dokuments mit seinen *In-Links* und *Out-Links*

8.1 Grundlagen: Science Citation Indexing

Die grundlegenden Ideen der linktopologischen Verfahren gehen zurück auf die Arbeit an wissenschaftlichen Zitationsindexen. Hier ist vor allem der Name Eugene Garfield zu nennen. Seine Grundannahme lautet, dass das Zitieren einer Quelle ein Ausdruck der Wertschätzung dieser Quelle ist. Durch die Häufigkeit der Zitierungen lässt sich der Wert der zitierten Quelle bestimmen. Im Rahmen der *Science Citation Indexes* wird jede Zitation gleich bewertet. Dies ist in gewisser Weise durch die vorgelagerte Auswahl der in den Index eingehenden Zeitschriften gerechtfertigt[14]; allerdings wird die - wie später gezeigt werden wird - außerordentlich wichtige Frage der Gewichtung zumindest theoretisch in den Schriften Garfields behandelt (Garfield 1979, 247f.).

Mit Hilfe der Zitationsanalyse können bedeutende Dokumente gefunden werden, also nach diesem Ansatz diejenigen Dokumente, die häufig zitiert werden. Jede Referenz auf einen Artikel wird als Stimme für diesen gewertet, dabei findet keine Unterscheidung nach der Quelle, aus der die Zitation stammt, statt. Für die Auswertung werden die Zitationen zusammengezählt; die Artikel, die am häufigsten zitiert werden, gelten als die bedeutendsten.

Sollen „Hitlisten" von Autoren oder Institutionen erstellt werden, so wird die Zahl der Zitationen durch die Anzahl der berücksichtigten, zitierten Artikel geteilt, um zu verhindern, dass Autoren, die bereits viele Aufsätze veröffentlicht haben bzw. Institutionen mit vielen Mitarbeitern, in der Wertung bevorzugt werden.

---

[14] Zu berücksichtigen ist selbstverständlich auch der Stand der (Computer-)Technik zum Zeitpunkt der Konzeption des Science Citation Index.

Nach Mandl (2003a, [7]) wird die Zitationsanalyse und mit ihr die Betrachtung von Qualität als Autorität vor allem aus drei Gründen als Basis der Qualitätsbewertung in Suchmaschinen verwendet:

- „Die Verbindungen einer Seite lassen sich technisch relativ einfach extrahieren und analysieren.
- Ein Link kann vereinfacht wie ein Zitat behandelt werden und somit kann die Untersuchung der Autorität im Internet mit der Bibliometrie auf eine etablierte Wissenschaft und ihre Methoden zugreifen.
- Die Grundidee besitzt eine hohe Plausibilität und erzeugt durch ihre Einfachheit den Anschein hoher Transparenz.“ (Mandl 2003a, [7])

Die beiden grundlegenden Arbeiten zu linktopologischen Rankingverfahren (Page et al. 1998; Kleinberg 1999) beziehen sich explizit auf die Zitationsanalyse nach Garfield.

Natürlich ist die Form der Bedeutungsmessung, wie sie in Zitationsindexen verwendet wird, nicht unumstritten. Stock (2001) führt unter anderem die folgenden Faktoren an, die die Zahl der Zitationen beeinflussen:

- Reviewartikel werden häufiger zitiert als Originalarbeiten; die Autoren von Reviewartikeln werden deshalb in der Wertung bevorzugt.
- Gewisse Dokumenttypen wie beispielsweise Leserbriefe werden als Artikel ausgeschlossen, werden aber trotzdem zitiert. Damit gehen die auf sie entfallenden Zitate mit in die Wertung ein.

Dazu kommt, dass sich das Zitierverhalten innerhalb der unterschiedlichen Wissenschaftsdisziplinen deutlich voneinander unterscheidet.

Von Bedeutung für die vorliegende Untersuchung sind solche Unterschiede im Zitierverhalten deshalb, weil sie die Frage aufwerfen, inwieweit ähnliche Unterschiede auch beim Setzen von Links im WWW vorhanden sind. Linktopologische Verfahren werten nicht jeden Link als gleichwertig, sondern unterscheiden die Links nach ihrer Qualität wiederum aufgrund der Verlinkungsstruktur.

Im Zitierverhalten dürfte es eine Gemeinsamkeit zwischen Wissenschaft und Web-Autoren geben: Arbeiten bzw. Seiten, die bereits häufig zitiert wurden, werden aufgrund der erlangten Popularität weiterhin häufig zitiert. Bei den Suchmaschinen dürfte dies insbesondere zutreffen, weil Dokumente, die bereits eine hohe Anzahl von Links auf sich gezogen haben, in den Trefferlisten bevorzugt angezeigt werden. Auf die Frage der Bevorzugung von bereits populären Dokumenten, dem sog. *preferential attachment*, wird in Abschnitt 8.6 näher eingegangen.

Als für den Suchmaschinen-Bereich besonders bedeutend angesehen werden muss ein Problem, das auch bereits in der Diskussion um die Zuverlässigkeit der Zitationsindexen auftaucht, und zwar das der Selbst- und Gefälligkeitszitationen. Selbstzitation bedeutet, dass ein Autor seine eigenen Artikel in weiteren Veröffentlichungen zitiert; teils nur, um ihre Bedeutung (ihren *impact*) zu erhöhen. Gleiches lässt sich auch durch Zitierungen innerhalb einer Gruppe von Wissenschaftlern erreichen, die sich gegenseitig zitiert (sog. Zitierkartelle).

Während akademische Aufsätze dem Peer-Review-Verfahren unterliegen, bevor sie in Zeitschriften veröffentlicht werden, findet bei Webseiten keinerlei Qualitätskontrolle statt. Page et al. (1998, 1) betonen, dass es mit Hilfe entsprechender Software leicht möglich ist, eine große Anzahl von Webseiten zu generieren und mit diesen auch einfache Zitationsanalysen manipulieren zu können. Die Zitationen können also selbst erstellt werden, es ist keine weitere Partei notwendig, die das eigene Werk zitiert.

In Suchmaschinen wird massiv versucht, auf diese Weise Einfluss auf das Ranking zu nehmen. Da die textbasierten Methoden der Manipulation durch das Aufkommen der linktopologischen Verfahren nur noch eine eingeschränkte Wirkung erzielten, wurden bald auch Verlinkungsstrukturen künstlich erzeugt, um die Suchmaschinen von der „Bedeutung" einer Seite zu überzeugen. Unter dem Stichwort „Search Engine Optimization" (SEO) hat sich mittlerweile eine eigene Branche herausgebildet, die von der Manipulation der Suchmaschinenergebnisse lebt.

8.2 PageRank

Das PageRank-Verfahren (Page et al. 1998) ist nach seinem Erfinder Lawrence Page benannt und bildet eine wesentliche Grundlage der Suchmaschine Google (Brin u. Page 1998). PageRank ordnet jedem indexierten Dokument einen statischen PageRank-Wert zu, der also unabhängig von einer gestellten Suchanfrage besteht.

PageRank basiert auf dem Modell eines *random surfer*, also eines angenommenen Web-Nutzers, der das Web abwandert, indem er auf jeder gefundenen Seite wahllos einen Link verfolgt, um zur nächsten Seite zu kommen. Hier folgt er wieder einem Link, usw. Eine Ausnahme bildet die Möglichkeit, dass der Nutzer „sich langweilt", die Seite verlässt und an einer neuen, zufällig gewählten Stelle des Netzes wieder einsteigt.

Der PageRank-Wert einer Seite soll die Wahrscheinlichkeit angeben, mit der dieser Nutzer auf diese Seite stößt.

8.2.1 Der klassische PageRank-Algorithmus

PageRank zählt die Anzahl der eingehenden Links auf eine Seite (die „backlinks"). Die Grundannahme lautet, dass stark verlinkte Seiten „wichtiger" sind als Seiten, auf die nur wenige Links verweisen (Page et al. 1998, 3). Allerdings können Seiten auch wichtig sein, wenn zwar nur wenige Links auf diese verweisen, diese Links aber von selbst besonders bedeutenden Seiten kommen. Es ist intuitiv verständlich, dass ein Link von der Homepage von Yahoo bedeutender ist als zehn Links von privaten Homepages. Deshalb geht das PageRank-Verfahren davon aus, dass eine Seite hoch bewertet werden soll, wenn die Summe der Wertigkeit der auf sie zeigenden Links hoch ist. (Page et al. 1998, 3)

$$PR(A) = (1-d) + d\,(PR(T1)/C(T1) + \ldots + PR(Tn)/C(Tn)) \qquad (8.1)$$

Der PageRank einer Seite PR(A) wird aus den PageRank-Werten der auf diese Seite verweisenden Dokumente berechnet, wobei jede Seite nicht ihren eigenen PageRank-Wert weitergibt, sondern diesen auf die durch sie verlinkten Seiten verteilt. C gibt die Anzahl der ausgehenden Links auf einer Seite an. Eine Seite „vererbt" also ihren eigenen PageRank geteilt durch die Anzahl ihrer ausgehenden Links. Dadurch erfolgt ein Ausgleich zwischen Seiten, die viele ausgehende Links haben und solchen mit wenigen.

Für die Berechnung des PageRank einer Seite werden die PageRanks der verweisenden Seiten zusätzlich jeweils mit einem Dämpfungsfaktor reduziert, der zwischen 0 und 1 liegen kann.[15] Die so gewonnenen PageRanks der auf eine Seite verweisenden Seiten werden addiert, dazugezählt wird noch die Subtraktion von Eins und dem Dämpfungsfaktor. So wird für jedes Dokument ein PageRank-Wert ermittelt, der später im Ranking der Dokumente angewendet wird.

Abbildung 8.2 zeigt eine einfache Berechnung der PageRank-Werte für ein Netz aus vier Webseiten, wobei in dieser vereinfachten Darstellung der Dämpfungsfaktor nicht berücksichtigt ist. Für jedes Dokument ist sein PageRank-Wert innerhalb des Kastens angegeben; der Wert, der auf ein verlinktes Dokument vererbt wird, ist an der jeweiligen Pfeilspitze angegeben.

Das erste Dokument (links oben in der Abbildung) hat selbst einen PageRank-Wert von 100 und zwei Links, die auf weitere Dokumente verweisen. Jedes dieser Dokumente erhält einen PageRank von 50 vererbt, also den halben Wert des Ursprungsdokuments. Das zweite Dokumente (rechts oben in der Abbildung) erhält so einerseits einen Wert von 50 vom ersten Dokument, andererseits weitere drei Punkte vom dritten Dokument (links unten). Dieses hat selbst einen PageRank-Wert von neun, den es allerdings auf drei ausgehende Links verteilt, also jedem den Wert drei vererbt.

---

[15] In Brin u. Page (1998) ist als regulärer Dämpfungsfaktor 0,85 angegeben.

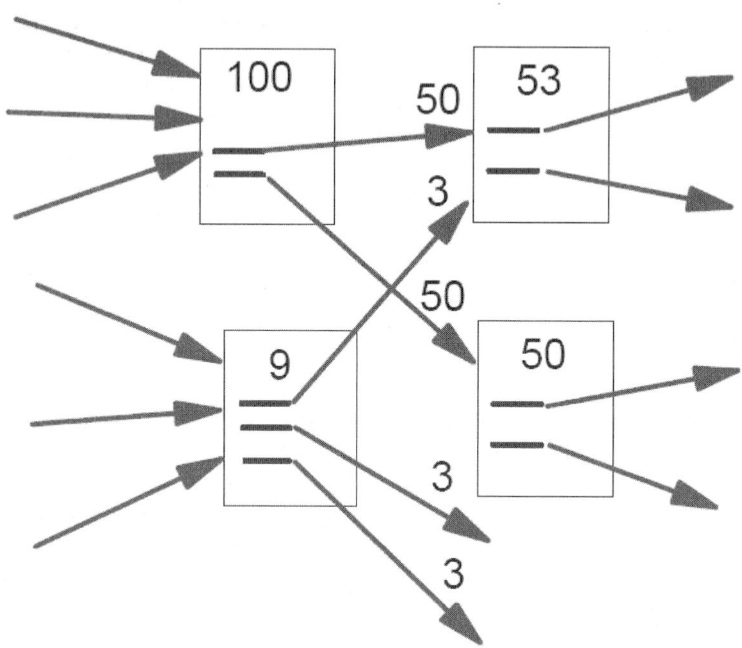

Abb. 8.2. Einfache PageRank-Berechnung (Page et al. 1998, 4)

Deutlich wird in diesem Beispiel also, dass die Wertigkeit von Links sehr unterschiedlich sein kann. Im Beispiel ist ein Link vom ersten Dokument offensichtlich wesentlich mehr wert als einer vom dritten Dokument. Diese unterschiedliche Bewertung der Links ist die große Stärke des PageRank-Verfahrens.

Die Schwierigkeit in der Berechnung der PageRank-Werte liegt in der großen Menge der zu berücksichtigenden Verweise; in die Berechnung müssen schließlich alle Verweise aus allen erfassten Dokumenten eingehen. Zu Beginn der Berechnung wird jedem Dokument der gleiche Ausgangswert zugeteilt, wobei dieser keinen Einfluss auf die späteren Endwerte hat, die Wahl des Ausgangswerts aber die Performance verbessern kann (Page et al. 1998, 7). Basierend auf den Ausgangswerten werden für jedes Dokument nun in einem iterativen Prozess die PageRank-Werte immer weiter angenähert, wobei sich die Werte von Durchgang zu Durchgang immer weniger verändern, so dass ein Cut-off-Wert festgelegt werden kann, nach dem die Berechnung abbricht.

Als Ergebnis ist jedem Dokument ein statischer Wert zugeteilt, der in das Ranking als „Qualitätsindikator" mit eingehen kann. Dieser Wert ist also unabhängig von einer gestellten Suchanfrage und bleibt dem Dokument fest zugeordnet. Ein großer Vorteil dieses statischen PageRank-Werts liegt darin, dass dieser in dem Moment, in dem eine Suchanfrage gestellt wird, bereits festliegt und deshalb keine Rechenzeit notwendig wird. Anfragebezogene linktopologische Algorithmen sind aufgrund der komplexen Berechnungen nur eingeschränkt im Echtbetrieb einsetzbar.

Allerdings stellt der statische PageRank-Wert auch den Hauptkritikpunkt an dem Verfahren dar (vgl. u.a. Haveliwala 2002): Der statische Wert bevorzugt im Ranking Dokumente, die allgemein populär sind, egal ob sie für die Suchanfrage relevant sind oder nicht. Nur die ergänzenden textstatistischen Verfahren bestimmen das ob der Relevanz, PageRank ergänzt das Ranking um den Faktor der allgemeinen Bedeutung einer Seite. Ob die als allgemein am bedeutendsten angesehene Seite aber auch die für die Suchanfrage relevanteste Seite ist, bleibt dahingestellt. Chakrabarti (2003, 212) spricht in diesem Zusammenhang von einer künstlichen Entkoppelung von Relevanz und Qualität bei PageRank.

Ein weiterer Kritikpunkt ist der Bezug des Wertes auf einzelne Seiten anstatt auf ganze Sites. Mandl (2003a, [8]) gibt folgendes Beispiel:

„So kann es passieren, dass eine qualitativ sehr gute Site insgesamt hohe Werte erreicht, dass allerdings auf die darin enthaltene Linksammlung wenig verwiesen wird und sie dadurch keine hohe Autorität zugewiesen bekommt."

Zu ähnlichen Problemen kann es bei neuen Dokumenten kommen, wenn diesen noch kein PageRank-Wert zugeordnet wurde. Sie erhalten zwar theoretisch durch die Verlinkung innerhalb ihrer eigenen Site sofort bei Auffinden durch die Suchmaschine einen Wert von der verlinkenden Seite vererbt. De facto ist dies aber nicht der Fall, weil die aufwendige Neuberechnung aller PageRank-Werte nur in größeren Intervallen durchgeführt werden kann. Neuere Seiten werden so im Ranking potenziell benachteiligt; im Anwendungsfall (in der Suchmaschine Google) scheinen aber Ausgleichsfaktoren berücksichtigt zu werden, die neue Dokumente bevorzugen (vgl. Lewandowski 2004b, 310).

8.2.2 Weiterentwicklungen: Reranking

Wie gezeigt wurde, bevorzugt eine statische Qualitätsbewertung von Dokumenten, wie sie im PageRank-Verfahren eingesetzt wird, generell stark verlinkte Dokumente, wobei das Qualitätsurteil unabhängig von der tatsächlichen Suchanfrage ist. Um diesen Nachteil auszugleichen, können Verfahren des Reranking eingesetzt werden. Diese berechnen aufgrund der Linkstruktur einer bereits durch andere Verfahren (z.B. textstatistische Verfahren oder Verfahren, die eine statische Qualitätsbewertung mit einbeziehen) ermittelten Treffermenge die Qualität der gefundenen Dokumente hinsichtlich der Suchanfrage und sortieren die bereits vorhandene Trefferliste auf dieser Basis neu. Solche Verfahren sind vor allem als sinnvolle Ergänzung zu PageRank zu sehen.

Im Patent von Bharat (2004) wird ein Reranking-Verfahren beschrieben. Zu Beginn wird ein regulärer Rankingalgorithmus eingesetzt. Aus der gewonnenen Ergebnismenge wird ein Ausschnitt gebildet; im Patent werden als Beispiel die Top 1000 Dokumente genannt. Für jedes dieser Dokumente werden alle Dokumente innerhalb der Trefferliste ermittelt, die auf dieses verweisen. Mit Hilfe der ermittelten Hyperlinkstruktur innerhalb der Treffermenge wird mit dem üblichen Verfahren der Linktopologie ein sog. *local score* ermittelt. Dieser Wert wird am Ende wieder mit dem ursprünglichen Rankingwert (*old score*) verbunden, so dass ein neues Ranking entsteht. Der Ablauf der Ermittlung der neuen Rankingwerte der Dokumente ist schematisch in Abbildung 8.3 dargestellt. Zu beachten ist, dass das Reranking nach diesem Verfahren für jedes einzelne Dokument berechnet werden muss.

Der Vorteil dieses Rankingverfahrens ist, dass bei der Ermittlung des Local Score nur diejenigen Seiten berücksichtigt werden, die tatsächlich auch das Thema der Suchanfrage behandelt. Denn die Treffermenge wurde ja bereits durch den Term-Document-Abgleich ermittelt. Im Gegensatz zu Verfahren wie PageRank, die jeden Hyperlink werten, egal ob er von einer thematisch verwandten Seite kommt oder nicht, ergeben sich Qualitätsvorteile. Interessant ist weiterhin, dass im Patent auch die Möglichkeit beschrieben wird, mit der Zielseite verwandte Seiten, die einen Hyperlink auf diese enthalten, bei der Bewertung auszuschließen. Das beschriebene Verfahren hierfür ist das, welches im „Hilltop"-Algorithmus beschrieben wird (vgl.Kapitel 8.4).

Problematisch an diesem Verfahren erscheint die benötigte Zeit, um die Local Scores zu errechnen. Diese Berechnung muss ja für jede Suchanfrage „on the fly" geschehen und kann nicht wie bei statischen Verfahren wie PageRank vorher geleistet werden.

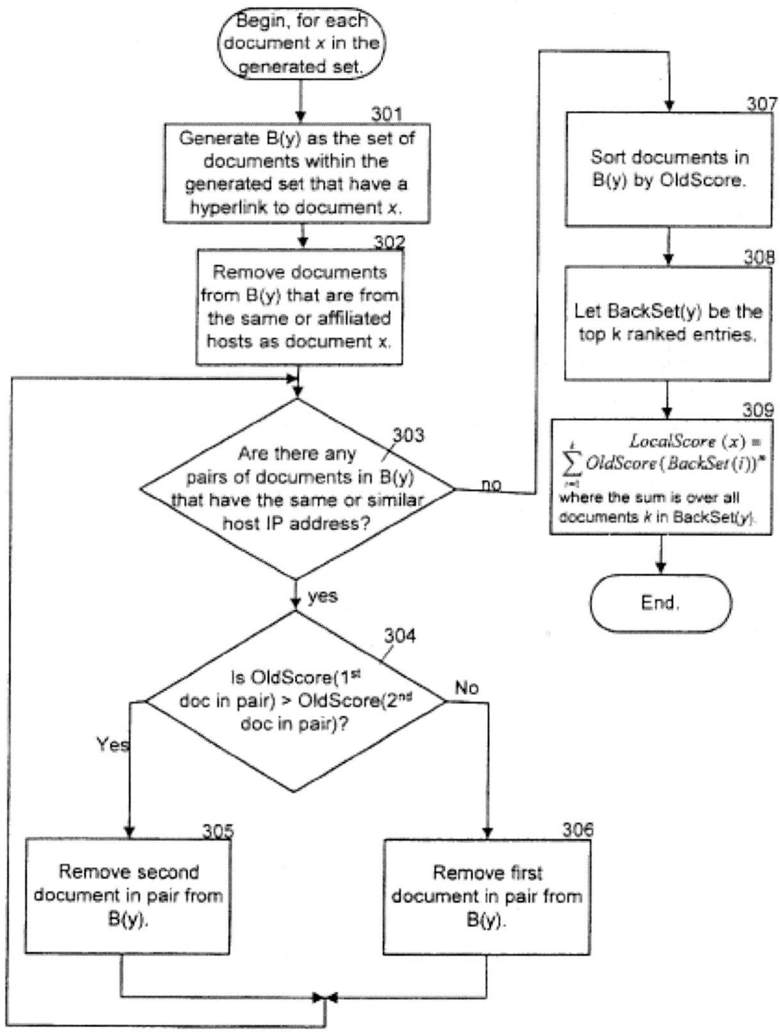

Abb. 8.3. Reranking nach Bharat (2004)

8.3 HITS

Das HITS-Verfahren („Hyperlink induced topic search"; auch „Kleinberg-Algorithmus") versucht, die Einschränkungen einfacher Linkzählungen bzw. die themenunabhängige Bewertungen von Webseiten zu überwinden. Es sollen die wichtigsten Seiten (sog. *Autoritäten*) passend zum Thema der jeweiligen Suchanfrage ermittelt werden, zusätzlich werden Seiten ermittelt, die auf viele Autoritäten verweisen (die sog. *Hubs*, also „Mittelpunkte").

Das Verfahren wird in Kleinberg (1999) beschrieben. Ausgangspunkt für die Berechnung der wichtigsten Seiten zu einem Thema soll eine Ausgangsmenge S_ sein, die die folgenden drei Bedingungen erfüllen soll (Kleinberg 1999, 608):

1. S_σ soll relativ klein sein. Dies ist notwendig, um auf diese Menge komplexe Algorithmen in vertretbarer Rechenzeit anwenden zu können.
2. S_σ soll viele relevante Seiten enthalten. Dies macht es leichter, die gesuchten Autoritäten zu finden. Es wird angenommen, dass die besten Autoritäten innerhalb der Menge S_σ stark referenziert werden.
3. S_σ soll die meisten (oder zumindest viele) der stärksten Autoritäten enthalten.

In einem ersten Schritt werden relevante Seiten durch ein textbasiertes Verfahren identifiziert. Kleinberg verwendet hierfür Ergebnisse der Suchmaschine AltaVista, die zum Zeitpunkt seiner Untersuchungen Verfahren des klassischen Information Retrieval wie in Kap. 5.4 beschrieben einsetzte. Mit dieser Methode wird ein *Root Set* R_σ ermittelt, welches aus etwa 200 Dokumenten besteht. Kleinberg zeigt, dass im Root Set die Dokumente untereinander oft nur schwach verlinkt sind (Kleinberg 1999, 608). Er geht davon aus, dass im Root Set zwar nicht alle guten Autoritäten enthalten sind, auf diese jedoch ziemlich wahrscheinlich von Dokumenten des Root Sets aus verwiesen wird.

Um sicherzustellen, dass die Autoritäten in der tatsächlichen Treffermenge überhaupt enthalten sind, wird das Root Set zum Base Set S_σ erweitert. Dieses enthält neben den Dokumenten des Root Set auch alle Seiten, die auf eine Seite im Root Set verweisen sowie alle Seiten, auf die von einem Dokument des Root Set aus verwiesen wird. Die Erweiterung des Root Set zum Base Set ist in Abbildung 8.4 dargestellt.

Das Base Set erfüllt laut Kleinberg alle drei oben angeführten Bedingungen für die Ausgangsmenge. Seine Größe liegt in etwa zwischen 1.000 und 5.000 Dokumenten.

In einem Zwischenschritt werden nun noch einige Links für die weitere Berechnung ausgeschlossen. Kleinberg unterscheidet hier zwischen externen Links (*transverse links*), welche auf ein Dokument einer anderen Domain verweisen und internen Links (*intrinsic links*), die auf ein Dokument der gleichen Domain verweisen

(Kleinberg 1999, 610).[16] Alle internen Links werden ausgeschlossen, da sie oft nur Navigationszwecken dienen und nicht der gewünschten Referenz auf eine Autorität. Das Ergebnis ist ein neuer Graph G_σ, der sowohl viele relevante Seiten als auch starke Autoritäten enthält. Die Autoritäten werden im Weiteren aus der Linkstruktur von G_σ berechnet.

Kleinberg verwirft die reine Zählung von In-Links, da bei diesem Verfahren auch Dokumente zu Autoritäten gemacht werden würden, die themenunabhängig populär sind. Der Sinn des Verfahrens liegt allerdings gerade darin, die in Bezug auf die eingegebene Suchanfrage wichtigsten Seiten zu finden.

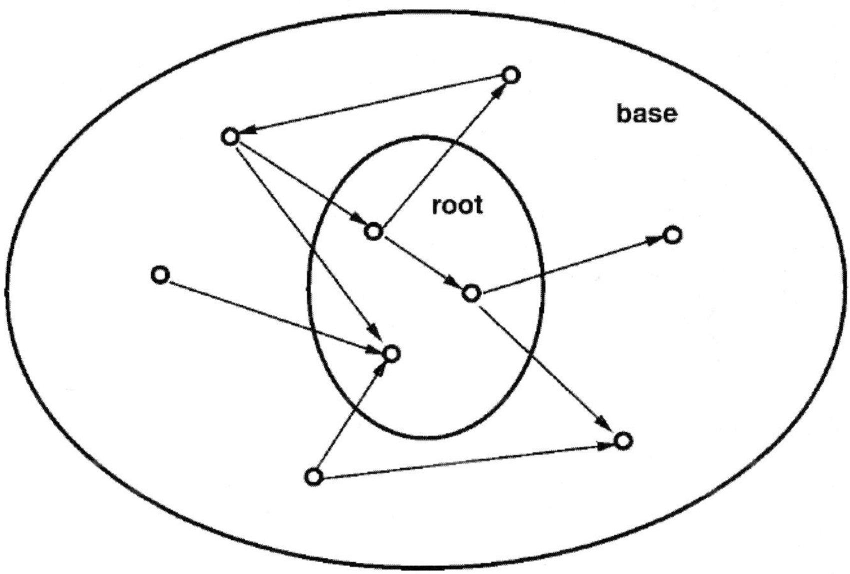

Abb. 8.4. Erweiterung des root set zum base set (Kleinberg 1999, 609)

---

[16] Eine erweiterte Version eines solchen Ausschlussverfahrens findet sich im Hilltop-Algorithmus (Kap. 8.4).

Trotzdem ist es möglich, ohne die Analyse des Inhalts der Dokumente allein auf Basis der Linkstruktur die gesuchten Autoritäten zu finden. Charakteristisch für die Autoritäten ist, dass sie viele In-Links auf sich ziehen und außerdem eine deutliche Überschneidung zwischen den Seiten, die auf die Autoritäten verweisen, besteht. Abbildung 8.5 zeigt den Gegensatz von echten Authorities zu Seiten, die sich nur durch viele In-Links auszeichnen. Die echten Authorities werden daran erkannt, dass besondere Seiten existieren, die auf verschiedene Authorities verweisen. Zwischen den von diesen Seiten gesetzten Links müssen Überschneidungen bestehen, um Authorities klar identifizieren zu können.

Für die verweisenden Seiten führt Kleinberg das Konzept der *Hubs* ein. Dies sind Seiten, die auf mehrere relevante Autoritäten verweisen. Hubs und Authorities bedingen sich gegenseitig: „A good hub is a page that points to many good authorities; a good authority is a page that is pointed to by many good hubs" (Kleinberg 1999, 611). Die Berechnung von Hubs und Authorities muss also in einem rekursiven Verfahren erfolgen, um die bestehende Zirkularität aufzulösen.

Der beschriebene Algorithmus berechnet für jede Seite sowohl deren Hub-Gewicht $y^{<p>}$ als auch deren Authority-Gewicht $x^{<p>}$. Beide Gewichte verstärken sich dabei gegenseitig: Eine Seite erhält ein hohes Hub-Gewicht, wenn Sie auf viele Seiten mit hohem Authority-Gewicht verweist. Umgekehrt erhält eine Seite ein hohes Authority-Gewicht, wenn sie viele In-Links mit hohem Hub-Gewicht auf sich zieht (Kleinberg 1999, 611).

Das Authority-Gewicht einer Seite ist damit die Summe der Hub-Gewichte der Seiten, die auf sie verweisen. Das Hub-Gewicht einer Seite ist dagegen die Summe der Authority-Gewichte der Seiten, auf welche diese verweist.

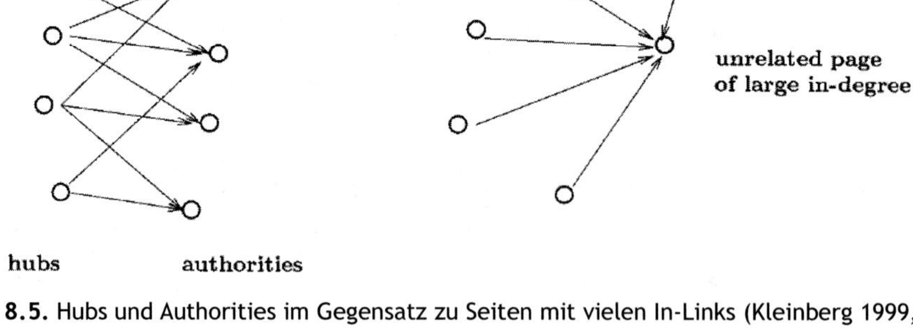

Abb. 8.5. Hubs und Authorities im Gegensatz zu Seiten mit vielen In-Links (Kleinberg 1999, 611)

Um nun die Hub- und Authority-Gewichte zu berechnen, müssen zuerst Ausgangswerte festgelegt werden, auf deren Basis dann in einem iterativen Verfahren die Werte in jedem Schritt weiter angenähert werden. In jedem Schritt werden die vorläufigen Hub- und Authority-Gewichte weiter angenähert. Wie bei solchen Verfahren üblich, ändern sich die Werte nach einer gewissen Anzahl von Durchläufen nur noch geringfügig; im beschriebenen Verfahren sollen 20 Durchläufe ausreichen (Kleinberg 1999, 614).

Das Ergebnis sind für jede Seite ein Hub- und ein Authority-Gewicht. Seiten mit starken Authority-Gewichten sind in der Regel nur schwache Hubs, während starke Hub in der Regel nur ein geringes Authority-Gewicht auf sich ziehen können. Kleinbergs Verfahren ist deshalb nicht nur für die Feststellung der „wichtigsten" Seiten zu einer Suchanfrage von Bedeutung, sondern - vor allem auf lange Frist gesehen - auch für die Unterteilung von Web-Dokumenten in zwei Klassen. Keines der herkömmlichen Verfahren ist in der Lage, die Dokumente prinzipiell nach ihrer Funktion zu unterscheiden. Die Methode von Kleinberg liefert dem Nutzer zwei Zugänge zu den im Web vorhandenen Informationen: Einerseits kann er in einem Schritt die automatisch ermittelten wichtigen Seiten angezeigt bekommen, andererseits kann er über die Auswahl der Hubs Übersichtsseiten zum Thema finden, die einen Sucheinstieg zu den bedeutenden Quellen bieten.

Problematisch bei der Ermittlung von Hubs und Authorities sind sog. *mixed hubs*, also Linkseiten, die mehrere Themen behandeln. Chakrabarti (2003, 223) zeigt als Beispiel eine Linksammlung, die sich mit britischen und irischen Schriftstellern beschäftigt, wobei dem Werk Shakespeares ein eigener Bereich innerhalb der Liste gewidmet ist. Eine solche Seite könnte von Kleinbergs Algorithmus als ein Hub zum Thema Shakespeare angesehen werden und die durch diese Seite verlinkten Dokumente irrtümlich mit in das Base Set aufgenommen werden. Dadurch würden Seiten, die andere britische Schriftsteller behandeln als dem Thema Shakespeare zugehörig angesehen werden.

Es bleibt festzuhalten, dass in der bisherigen Forschung die Unterteilung von Webseiten nach ihrer Art noch nicht ausreichend berücksichtigt wurde. Ähnlich der von Kleinberg getroffenen Unterscheidung könnten weitere Unterteilungen getroffen werden, die beispielsweise die Relevanz von Dokumenten für Suchanfragen gemäß ihres Anfragetyps nach der Unterscheidung von Broder (2002; vgl. Kap. 2.5) treffen könnten.

Die Ideen Kleinbergs sind in der Suchmaschine Teoma[17] umgesetzt. Inwieweit das Ranking in dieser Suchmaschine exakt nach dem Kleinberg-Algorithmus abläuft, kann rekursiv nicht überprüft werden; klar ist jedoch, dass sich Teoma die Unterscheidung von Hubs und Authorities zu eigen gemacht hat. Eine frühe Veröffentlichung über diese Suchmaschine (damals noch unter dem Namen „DiscoWeb")

[17] http://www.teoma.com

bezieht sich explizit auf Kleinbergs Text (Davison et al. 1999). Den Entwicklern dieser Suchmaschine ist es gelungen, die relativ komplizierte (also zeitaufwendige) Berechnung der Hubs und Authorities „on the fly“ in einer vertretbaren Zeit möglich zu machen. Die Trefferlisten bei Teoma werden unterteilt in *results*, *resources* und Vorschläge zur Verbesserung der Suchanfrage.[18] Unter *results* werden die u.a. nach ihrer Autorität sortierten Suchergebnisse angezeigt, die *resources* entsprechen den Kleinbergschen *hubs*. Abbildung 8.6 zeigt ein Beispiel einer Trefferliste von Teoma für die Suchanfrage „information science“.

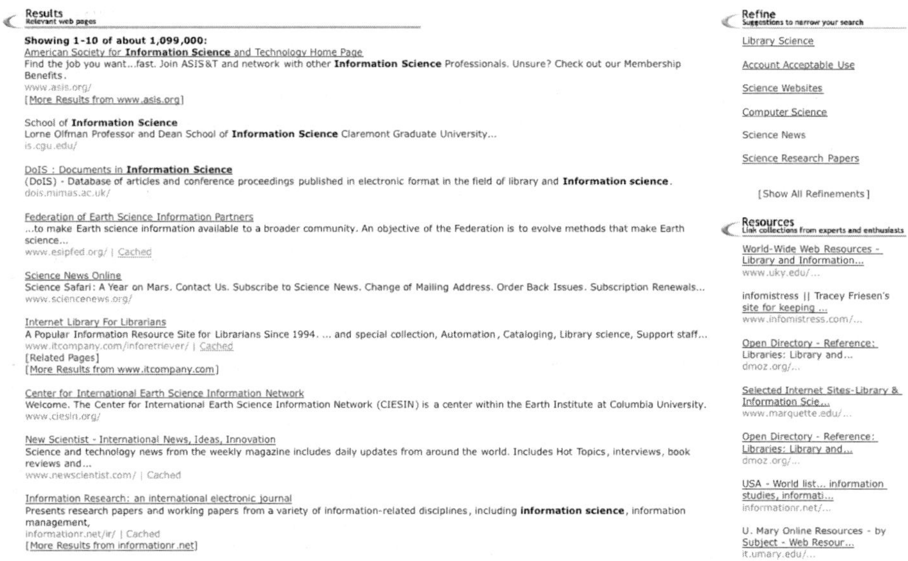

Abb. 8.6. Darstellung der Ergebnisse bei Teoma

8.4 Hilltop

Bharat und Mihaila (2001) stellen mit ihrem „Hilltop“-Algorithmus ein Verfahren vor, das die besten Seiten zu populären Themen finden soll. Dabei gehen sie davon aus, dass Suchmaschinen zu populären Suchanfragen potenziell zu viele Ergebnisse zurückgeben, während doch aus dem Nutzerverhalten bekannt sei, dass die Nutzer nur die ersten zehn bis höchstens zwanzig Treffer sichten. Das Verfahren ist also darauf angelegt, eine hohe Precision zu erreichen und dabei auf einen hohen Recall zu verzichten. Dazu sollen nur solche Dokumente zurückgegeben werden, die von

[18] Auf den letzten Punkt wird in Kapitel 10.2 ausführlich eingegangen.

„unabhängigen Experten“ für gut befunden wurden. Das Verfahren soll Seiten finden, deren Ziel es ist, auf relevante Dokumente zu einem Thema hinzuweisen. Konzeptionell ist dies den Kleinbergschen *Hubs* vergleichbar, handelt es sich doch um Seiten, die als wichtigstes Element Links auf *Autoritäten* enthalten. Im Hilltop-Algorithmus werden alle Verweise, die von den „expert pages“ ausgehen, gezählt. Je mehr Links von Experten eine Seite auf sich ziehen kann, desto höher steht sie schließlich im Ranking. Bei diesem Verfahren besteht allerdings die Gefahr, dass zu einer Anfrage keine Dokumente gefunden werden, weil schlicht nicht genügend Experten-Seiten zur Verfügung stehen, um ein sinnvolles Ranking zu ermöglichen.

Die Autoren sprechen das Problem der Manipulation der Trefferlisten der Suchmaschinen an, machen aber klar, dass eine hohe Anzahl von Treffern oft auch dann vorliegt, wenn keine Manipulationen stattgefunden haben. Ein reines Keyword-Matching kommt deshalb nicht in Frage - eine Erkenntnis, die allen hier besprochenen linktopologischen Algorithmen zugrunde liegt.

Als eine Lösung, die Treffermengen zu verringern und gleichzeitig die Qualität der Treffer zu erhöhen, werden oft Web-Verzeichnisse betrachtet. Bharat u. Mihaila (2001, 597) wenden dagegen allerdings ein, dass in diesen Verzeichnissen die von den Bearbeitern vergebenen Klassen und die eventuell hinzugefügten Schlagwörter oft unpassend oder unvollständig wären.[19] Deshalb kämen zur Qualitätssteigerung nur linktopologische Verfahren in Frage; diese würden allerdings hauptsächlich bei populären Themen funktionieren bzw. erst zum tragen kommen, da für deren Anwendung erst einmal genug vernetzte Seiten vorhanden sein müssten. Dies gilt natürlich auch für den vorgestellten „Hilltop“-Algorithmus.

Da es nun das Ziel des Algorithmus ist, qualitativ hochwertige Seiten zu finden, die von „Experten“ empfohlen werden, muss zuerst einmal definiert werden, was ein Experte in diesem Sinn ist. Als „Expertenquellen“ (*expert sources*) sehen Bharat u. Mihaila (2001, 598) “a page that is about a certain topic and has links to many non-affiliate pages on that topic”. Von besonderer Bedeutung ist hier, dass die verweisende Seite und die Seite, auf die verwiesen wird, nicht einander angegliedert (*affiliated*) sein dürfen. Dies meint, dass die Betreiber beider Seiten in keiner Beziehung zueinander stehen sollen. So sollen beispielsweise Links, die von der einen Ländersite einer Firma auf eine andere Ländersite derselben Firma verweisen, nicht als Expertenseiten gewertet werden. Zwei Seiten gelten dann als nicht angegliedert („non-affiliated“), wenn sie von Autoren von nicht miteinander verbundenen Organisationen verfasst wurden.

Zwei Seiten gehören dann zu miteinander verbundenen Organisationen, wenn entweder die ersten drei Bereiche ihrer IP-Adressen gleich lauten oder aber das am weitesten rechts stehenden, nicht-generische Element des Hostnamens gleich lautet. Im letztgenannten Fall werden also Elemente wie die Länderkennung oder

[19] Eine Diskussion der Qualität von Web-Verzeichnissen findet sich in Kap. 12.6.

Top-Level-Domains wie „.com“ abgeschnitten, so dass beispielsweise erkannt werden kann, dass www.ibm.com und ibm.co.mx miteinander verbunden sind (Bharat u. Mihaila, 599). Die Beziehung der angegliederten Seiten untereinander ist transitiv, das heißt, wenn sowohl Seite A und Seite B angegliedert sind, als auch Seite A und Seite C angegliedert sind, so sind auch Seite B und Seite C angegliedert und werden dementsprechend nicht gewertet.

Zur Auswahl der Expertenseiten werden im ersten Schritt aus dem Bestand einer Suchmaschinen-Datenbank alle Seiten ausgewählt, die eine Mindestzahl an ausgehenden Links vorweisen können (zum Beispiel fünf). Für jede dieser Seiten wird überprüft, ob sie auch ebenso viele Links auf nicht-angegliederte Seiten enthalten. Ist dies der Fall, so wird die Seite als Expertenseite zugelassen. Seiten, die im Verdacht stehen, auf angegliederte Seiten zu verweisen, werden nicht als Expertenseiten zugelassen.

Falls eine grobe Klassifikation aller vorhandenen Seiten vorliegt, kann auch noch unterschieden werden, ob die Links dem gewünschten Thema zugehörig sind. So können eher zufällige Linkzusammenstellungen von thematischen Quellenverzeichnissen unterschieden werden und entsprechend nur die Verweise gezählt werden, die auf Dokumente der gleichen Klasse zeigen.

Durch die Auswertung und Zusammenstellung der ausgehenden Links der gefundenen Seiten lassen sich diejenigen Seiten finden, die innerhalb der „Community“ zum Thema das höchste Ansehen genießen. Es werden nur Seiten gewertet, auf die von mindestens zwei Experten verwiesen wird. Das Ranking der Treffermenge erfolgt nun aufgrund der gezählten Experten-Links: Je mehr Experten auf ein Dokument verweisen, desto wichtiger ist es für das entsprechende Thema.

Spricht man nach Kleinberg von Autoritäten, so bewertet Hilltop nur diejenigen Seiten als Autoritäten, auf die von mehreren Expertenseiten aus verlinkt wird. Da alle Dokumente, die von den Experten nicht oder nicht im gewünschten Maße verlinkt werden, entfallen, werden die Trefferlisten deutlich beschränkt. Damit wendet sich Hilltop gegen eine der zentralen Annahmen des Information Retrieval, nämlich die, dass die zurückgegebenen Trefferlisten möglichst vollständig sein sollen. Gerade dies wird von Hilltop nicht geleistet. Es sollen nur die wichtigsten Seiten angezeigt werden, da angenommen ist, dass der Nutzer sowieso nicht willens oder in der Lage ist, die gesamte Treffermenge durchzusehen.

8.5 Evaluierung der linktopologischen Verfahren

Bei der Evaluierung von linktopologischen Verfahren stellen sich zwei Fragen: Einerseits soll die Nützlichkeit der Verfahren gegenüber anderen Rankingmethoden geprüft werden, andererseits sollen die unterschiedlichen linktopologischen Verfahren untereinander verglichen werden. Da linktopologische Verfahren nicht isoliert vorkommen, gestalten sich diese Vergleiche schwierig. Verfahren wie PageRank bilden nur einen Faktor, der in ein umfassenderes Rankingverfahren eingebunden wird; Verfahren wie HITS und Hilltop benötigen für die Ermittlung der Ausgangsmenge bereits ein anderes Rankingverfahren. Die Qualität des Ranking hängt also auch immer von der Qualität der Ausgangsmenge bzw. der weiteren eingesetzten Faktoren ab. Ein Vergleich der bei unterschiedlichen Suchmaschinen eingesetzten linktopologischen Verfahren kann also auch niemals isoliert betrachtet werden; vielmehr können nur die Gesamtsysteme – in der Regel durch Precision-Tests – verglichen werden (s. Kap. 9).

Amento et al. (2000) untersuchen verschiedene linktopologische Algorithmen hinsichtlich ihrer Fähigkeit, aus einem Pool relevanter Sites die qualitativ hochwertigen zu identifizieren. Dafür wählen sie fünf breit angelegte Suchanfragen aus den Bereichen Fernsehen und Popmusik. Die Vorgabe der qualitativ hochwertigen Sites zu den einzelnen Themen basiert auf einer Auswahl durch Nutzer und einer daran angeschlossenen Bewertung durch „Experten“ (in diesem Fall: Menschen, die sich aufgrund ihrer Interessen selbst als solche sehen). Amento et al. prüfen nun, ob die Expertenurteile, die sie auf einer Skala von eins bis sieben gemessen haben, mit den Ergebnissen der linktopologischen Algorithmen übereinstimmen. Außerdem werden ein einfacher keyword-Vergleich sowie inhaltsbezogene Werte mit in der Auswertung berücksichtigt. Dabei zeigt sich, dass die linktopologischen Algorithmen zwar dem einfachen keyword-Vergleich überlegen sind, nicht jedoch einfachen inhaltsbezogenen Werten wie der Größe einer Website gemessen in der Anzahl der Seiten. Zumindest für solch allgemeine Themen wie die für diese Untersuchung verwendeten scheint die Größe einer Site etwas über den Umfang (und damit wohl über die Mühe, die sich der Site-Betreiber mit dem Thema gegeben hat) des behandelten Themas auszusagen.

Zwischen den verschiedenen linktopologischen Ansätzen (PageRank, Hubs & Authorities) besteht nach der Untersuchung von Amento et al. kein signifikanter Unterschied. Die Wertung der Sites aufgrund der Anzahl der eingehenden Links führt zu besseren Ergebnissen als die linktopologischen Algorithmen.

Eine Kritik des Versuchs von Amento et al. findet sich in Mandl (2003, 9-11). Er führt das gute Abschneiden der Anzahl der eingehenden Links auf die kleine Testkollektion zurück und betont, dass Algorithmen wie PageRank und HITS gerade für große Kollektionen wie eben den Datenbestand einer Universalsuchmaschine entwickelt wurden. Weiterhin ist anzumerken, dass in der Untersuchung von Amento et al. die gegebene Relevanz der einzelnen Sites zum Ausgangspunkt genommen wurde; gerade in der Identifizierung dieser und der Aussonderung nicht-relevanter Dokumente liegt aber die Stärke der linktopologischen Algorithmen. Als letztes sei noch auf das Problem Site vs. Seite (bzw. einzelnes Dokument) hingewiesen. Die linktopologischen Algorithmen bewerten die *Authority* von Seiten, während sich die Untersuchung auf Sites beschränkt.

Eine weitere Evaluierung linktopologischer Rankingverfahren wird in der Untersuchung von Singhal u. Kaszkiel (2001) vorgenommen. Hier werden Gesamtsysteme verglichen, so dass die Unterschiede zwischen den Systemen auch auf andere Faktoren zurückzuführen sein können. Allerdings kann klar gezeigt werden, dass die von den Systemen, welche linktopologische Verfahren einsetzen, ausgegebenen Trefferlisten denen der „Standard-Systeme“ überlegen sind.

8.6 Problembereiche linktopologischer Rankingverfahren

Während sich die Untersuchung linktopologischer Verfahren meist auf einen Vergleich mit anderen Verfahren oder aber dem Vergleich der Systeme untereinander konzentrieren, sollen in diesem Abschnitt einige Problembereiche linktopologischer Verfahren dargestellt werden, die als Grundprobleme dieser Verfahren anzusehen sind. Die Darstellung richtet sich im Wesentlichen auf Probleme, die sich aufgrund der *Grundannahmen* dieser Verfahren ergeben.

Qualitätsmodelle. Die bekannten linktopologischen Verfahren wie PageRank und HITS definieren die Qualität von Dokumenten als deren Autorität bzw. abgestufte Popularität. Dieser Qualitätsbegriff lässt alle weiteren Faktoren außer Acht und beschränkt sich auf die Maßstäbe, die bereits im klassischen Citation Indexing verwendet wurden. Wie oben bereits näher ausgeführt, liegen die Gründe für die Popularität dieser Bewertung in der relativ leicht möglichen Extraktion der Linkstruktur, dem Rückgriff auf etablierte bibliometrische Verfahren und der hohe Plausibilität der Grundidee.

Motivationen für das Setzen von Links. Linktopologische Verfahren sehen jeden Link als eine „Empfehlung“ für das Dokument an, auf welches verwiesen wird. Allerdings gibt es durchaus auch andere Gründe, auf eine Seite zu verlinken. Die Gleichsetzung der Motivation für das Setzen von Links mit der klassischen Motivation beim Zitieren von Literatur ist nicht haltbar (Smith 2004). An erster Stelle ist die Navigation zu nennen. Links werden gesetzt, um eine Website zu erschließen und übersichtlich zu gestalten und damit dem Nutzer die Möglichkeit zu geben, sich in diesem Informationsraum zu bewegen.

Weiter ins Gewicht fallen bei der Bewertung von Links diejenigen, die zwar inhaltlich vergeben werden, jedoch keine originäre Empfehlung darstellen. Links werden beispielsweise als abschreckendes Beispiel gesetzt, um besonders schlechte Dokumente hervorzuheben oder vor diesen zu warnen. Linktopologische Rankingverfahren können nicht zwischen Empfehlungen und solchen Warnungen unterscheiden.

Weiterhin werden Links aus Gefälligkeit oder aus Gründen der Werbung gesetzt. Dabei ist nur schwer zu entscheiden, wo die Manipulation der Suchmaschinen beginnt und wo es noch in Ordnung ist, der Popularität der eigenen Seite ein wenig nachzuhelfen. Jede Bitte um einen Link könnte in diesem Sinne als eine Manipulation betrachtet werden, umgekehrt wäre es aber auch möglich, den Linkaustausch liberal zu sehen und hier keine oder nur eine sehr weite Grenze zu setzen.

Wertigkeit einzelner Links. In linktopologischen Verfahren werden alle Links als gleichwertig angesehen. Dies bedeutet einerseits, dass etwa die Position eines Links innerhalb eines Dokuments keine Rolle spielt, obwohl die Position für den Nutzer durchaus von Bedeutung ist und seine Aufmerksamkeit lenkt (Chakrabarti 2003, 219). Links, die an exponierter Stelle eines Dokuments stehen, werden mit einer höheren Wahrscheinlichkeit geklickt als solche, die eher versteckt platziert sind. Dies wird von den linktopologischen Verfahren nicht berücksichtigt.

Verzerrungen bei der Linkzählung. Tabelle 8.1 zeigt die bei Linkzählungen üblicherweise vorkommenden Anomalien. Links innerhalb einer Website (*site selflinks*) sind bei der Qualitätsbewertung anders anzusehen als externe Links. Die gängigen linktopologischen Verfahren gehen nicht davon aus, dass ein externer Link eine „gewichtigere Stimme" für ein Dokument ist als ein interner Link.

Links, die automatisch reproduziert werden (beispielsweise wenn auf jeder Seite, die mit einer bestimmten Software erstellt wurde, automatisch ein Link auf die Website des Herstellers generiert wird), verzerren die Linkzählung. Auch diese sollten niedriger gewertet werden als unabhängige, von Menschen gesetzte Links. Einen ähnlichen Fall stellen untereinander verlinkte Datenbanken dar; die von ihnen gesetzten Links verstärken sich gegenseitig.

Letztlich sind noch die Spiegel-Sites (*mirror sites*) zu nennen. Diese reproduzieren sowohl die Inhalte als auch die Verlinkung bereits bestehender Sites. Die von diesen ausgehenden Links werden von den Suchmaschinen oft mehrfach gezählt.

Tabelle 8.1. Übliche Anomalien bei der Zählung von Links (Thelwall 2004, 26)

Source of anomaly	Reason for anomaly
Site selflinks	Target page quality judgements are different from those for intersite links
Replicated links	Computer-created and/or not created individually and independently
Interlinked databases	Computer-created and/or not created individually and independently
Mirror sites	Authors are not associated with the host site

Bevorzugen bestimmter Seiten beim Setzen von Links. Beim Setzen von Links werden diejenigen Seiten bevorzugt, die bereits gut durch Suchmaschinen gefunden werden bzw. die eine hohe Wahrscheinlichkeit haben, überhaupt von einem Nutzer angesehen zu werden. Hier ist an das oben angesprochene Random-Surfer-Modell zu denken. Neue Links werden also nicht gleichmäßig auf alle Seiten verteilt, sondern es liegt ein *preferential attachment* (bevorzugte Anfügung) vor.

In der Untersuchung von Pennock et al. (2002) wird allerdings festgestellt, dass zwar tatsächlich *preferential attachment* vorliegt, allerdings wird dies relativiert, wenn statt des gesamten Web-Graphen nur Teilgraphen, die ein bestimmtes Thema abbilden, betrachtet werden. So wurde bei der Untersuchung von Universitäts- und Unternehmens-Homepages herausgefunden, dass sich dort nicht wie bei vorliegendem *preferential attachment* die meisten Links auf nur wenige Seiten verteilen, sondern eine hohe Anzahl von Seiten existiert, die eine mittlere Anzahl von Links auf sich ziehen kann.

Bearbeitung unterschiedlicher Anfragetypen. Die Anfragen an Suchmaschinen lassen sich auf verschiedene Weise unterteilen. Broder (2002) schlägt ein einfaches Modell vor, indem er Suchanfragen in navigationsorientierte, informationsorientierte und transaktionsorientierte Anfragen einteilt (vgl. Kap. 2.5). In zwei Untersuchungen (Nutzerbefragung und Logfile-Analyse) werden die gestellten Anfragen jeweils einer der Klassen zugeordnet. Die Auswertung ergibt, dass auf jede Klasse ein nennenswerter Anteil von Suchanfragen entfällt. Die Ergebnisse werden durch die Logfile-Analysen von Spink u. Jansen bestätigt, die eine zunehmende Anzahl von navigationsorientierten Anfragen verzeichnen (Spink u. Jansen 2004, 77).

Navigationsorientierte Anfragen fragen nach einer bestimmten Webseite, die aufgespürt werden soll, beispielsweise nach der Homepage des einer Institution oder Person. Informationsorientierte Anfragen fragen nach einer Menge von Dokumenten, die zu einem Thema Auskunft gibt. Transaktionsorientierte Anfragen schließlich zielen beispielsweise auf einen Buchungs-, Bestell- oder Downloadvorgang, also auf eine Transaktion im weiteren Sinne, ab.

Ein Ranking mittels linktopologischer Verfahren entfaltet seine Stärken bei den navigationsorientierten Anfragen. In einer Untersuchung wurde gezeigt, dass ein linktopologisches Verfahren nur bei der Suche nach Homepages Vorteile gegenüber anderen Verfahren bringt (Savoy u. Rasolofo 2000).

Integration neuer Dokumente in den Index. Während klassische Rankingverfahren neue wie auch alte Dokumente gleich behandeln, ergibt sich bei linktopologischen Verfahren das Problem, dass neue Dokumente oft nur einen Link (nämlich von der eigenen Website) haben. Diese werden dann aufgrund der fehlenden In-Links niedriger gewichtet als bereits durch eine umfangreiche Verlinkung „etablierte" Dokumente.

Zwar werden von den Suchmaschinen hier Ausgleichsfaktoren angewendet (vgl. Lewandowski 2004b), tendenziell sind jedoch ältere Dokumente trotzdem im Vorteil. Dazu kommt, dass bereits stark verlinkte Dokumente eher gefunden werden und damit die Wahrscheinlichkeit steigt, dass Links auf sie gesetzt werden.

8.7 Fazit linktopologische Verfahren

In den vorangegangenen Abschnitten wurden linktopologische Verfahren dargestellt und deren Grundannahmen bei der Qualitätsbewertung von Dokumenten behandelt. Es konnte gezeigt werden, dass diese Verfahren für Web-Suchmaschinen von besonderer Bedeutung sind, da die potentielle Unzuverlässigkeit aller Web-Dokumente eine Qualitätsbewertung unbedingt notwendig macht. Allerdings ist zu fragen, ob sich solche Qualitätsurteile hinlänglich aus der Linkstruktur ableiten lassen.

Zur Verbesserung der bis dahin bestehenden Rankingverfahren haben die linktopologischen Verfahren auf jeden Fall beigetragen; heute kommt keine Suchmaschine mehr ohne sie aus. Durch die Zunahme von Manipulationen auch dieser Verfahren reichen sie heutzutage allerdings auch nicht mehr zur Relevanzsteigerung der Ergebnisse aus. Gerade bei Anfragen, die ein kommerzielles Interesse verraten *können*, werden von den Suchmaschinen oft auf den ersten Ergebnisseiten nur kommerzielle Ergebnisse gezeigt. Dies ist auf die Manipulationen durch Search Engine Optimizers zurückzuführen. Für die Zukunft sollte von Suchmaschinen erwartet werden, dass sie es dem Nutzer ermöglichen, ohne für ihn komplizierte Eingaben wie den Ausschluss von Begriffen, die auf kommerzielle Seiten hinweisen (shop, kaufen, etc.) leicht auch an nicht-kommerzielle Ergebnisse zu kommen. Dazu müssen sie allerdings in der Lage sein, den Nutzer zu führen anstatt ihn mit einer unüberschaubaren Treffermenge alleine zu lassen.

Für die Betreiber von Suchmaschinen bieten die linktopologischen Verfahren den großen Vorteil, dass sie sprachunabhängig sind. Statt einer Verbesserung des Ranking durch Analysen auf sprachlicher Ebene, die für jede Sprache einzeln angepasst werden müssen, bieten sich linktoplogische Verfahren an, da sie sofort für den gesamten Dokumentenbestand einsetzbar sind. Natürlich spielen hier auch die Kosten eine Rolle.

Die von den Suchmaschinen eingesetzten Rankingverfahren haben insgesamt nicht nur hinsichtlich der technischen Verbesserung ihrer Manipulationsresistenz eine Entwicklung durchlaufen, sondern haben sich auch in ihrer Orientierung verändert. Während der alleinige Einsatz von textstatistischen Verfahren stark am Autor des Dokuments orientiert war, der durch seine Wortwahl und die Gestaltung des Dokuments direkten Einfluss auf die Auffindbarkeit und das Ranking seines Dokuments hatte, verschob sich die Einflussnahme mit dem breiten Einsatz linktopologischer Verfahren zunehmend hin zum Website-Betreiber bzw. Webmaster. Durch das Setzen von Links wurde entschieden, welche Seiten im Ranking bevorzugt werden.

Mit den heute zunehmend aufkommenden „personalisierten“ Rankingverfahren (die genauso genommen nichts weiter sind als auf eine bestimmte Nutzergruppe angewendete nutzungsstatistische Verfahren) geht der Einfluss auf das Ranking auf „peers“ des jeweiligen Nutzers, als eine Gruppe der ihm „Gleichgesinnten“, über. Das, was die Mitglieder dieser Gruppe gut finden, wird dem Nutzer bevorzugt angezeigt. Eine echte Orientierung am Nutzer selbst findet jedoch auch hier nicht statt, deshalb wird im Folgenden auch in diesem Zusammenhang nicht mehr von einem personalisierten Ranking gesprochen werden. Vielmehr soll das Ranking als nur unterstützendes Verfahren angesehen werden, das dem Nutzer dabei hilft, zu den für ihn passenden Dokumenten zu finden, diesen Weg aber nicht *bestimmt*.

9 Retrievaltests

Retrievaltests messen die *Effektivität* des Retrievals in Information-Retrieval-Systemen. Solche Tests werden bereits seit dem Aufkommen entsprechender Systeme durchgeführt und stellen das wichtigste Instrument zur Messung ihrer Qualität dar.

In diesem Kapitel soll gezeigt werden, was mit Retrievaltests gemessen werden kann und wo ihre Grenzen liegen. Dabei werden sowohl allgemeine Feststellungen über Retrievaltests getroffen als auch spezielle Problematiken im Zusammenhang mit dem Web Information Retrieval herausgearbeitet. Einige wichtige Retrievaltests von Suchmaschinen sollen vorgestellt werden, um die grundsätzliche Problematik der Anwendung solcher Tests auf Suchmaschinen zu verdeutlichen. Dennoch sollen aus diesen Tests einige Aussagen über die Retrievaleffektivität von Suchmaschinen herausgezogen werden, die als Grundlage für den weiteren Verlauf der vorliegenden Untersuchung dienen sollen.

9.1 Aufbau und Nutzen von Retrievaltests

In Retrievaltests werden Anfragen an Suchsysteme geschickt und die zurückgegebenen Treffer nach ihrer Relevanz bewertet. Wie in Kapitel 6.2 gezeigt wurde, sind jedoch mit dem Begriff der Relevanz größere Probleme verbunden. Hier liegt das Kernproblem der Retrievaltests: wann ist ein Treffer relevant und durch wen wird die Relevanz bewertet?

Für die Evaluierung von Retrievalsystemen haben sich gewisse Standards herausgebildet (vgl. Tague-Sutcliffe 1992), die für die Evaluierung von Suchmaschinen in der Regel weitgehend übernommen und wo nötig ergänzt werden.

Die Bewertung des Retrieval-Ergebnisses erfolgt in den meisten Tests durch die Maße Precision und Recall.

Recall misst den Anteil der gefundenen relevanten Dokumente im Verhältnis zur Zahl der insgesamt im Datenbestand vorhandenen relevanten Dokumente. Insbesondere bei größeren Datenbeständen ergibt sich allerdings das Problem, dass die Zahl der insgesamt vorhandenen relevanten Dokumente nicht exakt ermittelt werden kann und daher geschätzt werden muss. Durch die enormen Datenbestände der Suchmaschinen ist hier die auch nur annähernde Ermittlung des Recalls nicht möglich. In den typischen Untersuchungen wird daher entweder auf dieses Maß verzichtet und es werden allein die Precision-Werte ermittelt oder es wird die Pooling-Methode angewendet. Beim Pooling wird eine Suchaufgabe von verschiedenen Nutzern (mit unterschiedlich formulierten Anfragen) an das gleiche System oder an verschiedene zu untersuchende Systeme gestellt. Dabei wird angenommen, dass bei einer solchen Methode jedes relevante Dokument zumindest einmal gefunden wird und so in die Menge der relevanten Dokumente eingehen kann. Ein solches Verfahren wird beispielsweise bei TREC angewendet. Weiterhin kann der relative Recall gemessen werden: Hier wird die Schätzung der im System vorhandenen relevanten Dokumente bzw. die Angabe der Zahl der Dokumente, die der Nutzer gerne eingesehen hätte, diesem überlassen. Die Problematik wird dabei allerdings nicht gelöst, sondern nur über einen Umweg verschoben (Chu 2003, 193).

Die Precision misst den Anteil der gefundenen relevanten Dokumente im Verhältnis zu den insgesamt ausgegebenen Dokumenten. Abgesehen von der grundsätzlichen Problematik der Relevanzbewertung lässt sich dieser Wert anhand der Überprüfung der Dokumente exakt bestimmen. Oft wird nicht jedes ausgegebene Dokument bewertet, sondern nach einer gewissen Anzahl von Dokumenten abgebrochen (*Cut-off-Wert*). Die Messung der Precision kann als Durchschnittswert aller berücksichtigten Rankplätze oder für jeden Rangplatz einzeln berechnet werden. Im letztgenannten Fall kann gut gezeigt werden, wie sich die Precision-Werte innerhalb der Trefferliste verteilen.

Weitere Messwerte, die jedoch seltener in Retrievaltest angewendet werden, sind Fallout und Generality.

Fallout ist der Anteil der ausgegebenen nicht-relevanten Dokumente im Verhältnis zur Gesamtmenge der nicht-relevanten Dokumente im System und misst damit die Unfähigkeit des untersuchten Systems, nicht-relevante Dokumente auszuschließen. Ebenso wie beim Recall besteht das Problem der Nicht-Messbarkeit der Gesamtzahl der nicht-relevanten Dokumente.

Generality bezeichnet den Anteil der Dokumente im Datenbestand, die für ein bestimmtes Thema relevant sind. Je höher der Generality-Werte eines Datenbestands für ein bestimmtes Thema ist, desto „einfacher" ist es für das System, relevante Dokumente zurückzugeben (Lancaster u. Warner 1993, 169f.). Allerdings besteht auch hier das Problem der Bestimmung der Gesamtzahl der für das jeweilige Thema relevanten Dokumente. Für die Evaluierung von Suchmaschinen sollte der Generality-Wert jedoch wenigstens als Anhaltspunkt genutzt werden, da gerade in diesem Bereich die Anzahl der Anfragen (insbesondere bei allgemein gehaltenen Themen), welche zu sehr großen Treffermengen führen, besonders groß ist.

Neben den beschriebenen existieren noch weitere Messwerte, die an dieser Stelle nicht diskutiert werden sollen. Eine Übersicht bietet Korhage (1997, 195ff.).

Neben den Messwerten ist der grundlegenden Methodik eine besondere Bedeutung beizumessen. Tague-Sutcliffe (1992) bietet eine Zusammenstellung der methodischen Entscheidungen, die bei der Konzeption eines Retrievaltests getroffen werden müssen:

1. Testen oder nicht testen? Ein Test sollte nur durchgeführt werden, wenn von ihm neue Erkenntnisse zu erwarten sind.

2. Welche Art von Test? Hier wird die Testmethode festgelegt.
3. Wie sollen die Variablen operationalisiert werden?
4. Welche Datenbank soll genutzt werden? Hier erfolgt die Auswahl der zu untersuchenden Informationssysteme, im Kontext dieses Buchs der zu untersuchenden Suchmaschinen.
5. Finden der Suchanfragen. Die Auswahl der Suchanfragen entscheidet darüber, ob in dem Test tatsächliche Informationsbedürfnisse abgebildet werden oder das Ergebnis künstlich verzerrt wird.
6. Durchführung der Suchanfragen.
7. Wie erfolgt die Testanordnung?
8. Wie werden die Daten erhoben?
9. Wie werden die Daten ausgewertet?
10. Wie werden die Ergebnisse präsentiert?

Diese Aufstellung macht deutlich, dass bei der Konzeption eines Retrievaltests verschiedene Entscheidungen zu treffen sind, die die Ergebnisse und die Vergleichbarkeit des Tests mit anderen Untersuchungen beeinflussen können. Jeder der Punkte sollte gut durchdacht werden, um die für den Untersuchungszweck optimale Testdurchführung zu gewährleisten.

Neben diesen für alle Retrievaltests grundsätzlichen Fragen sollten auch die Eigenarten von Web-Suchmaschinen im Gegensatz zu anderen Information-Retrieval-Systemen beachtet werden. Gordon u. Pathak (1999) nennen sieben solcher Evaluierungskriterien, die von Hawking et al. (2001) auf fünf reduziert werden (Übersetzung nach Griesbaum et al. 2002, 204):

1. Reale Informationsbedürfnisse von Nutzern sollen abgebildet werden.
2. Bei der Einbindung von Informationsvermittlern soll das originäre Informationsbedürfnis sorgfältig mitgeteilt werden.
3. Es soll eine große Anzahl von Suchmaschinen genutzt werden.
4. Die wichtigsten Suchmaschinen sollen involviert sein.
5. Die Untersuchung soll gut und sorgfältig aufgebaut und durchgeführt werden.

Mit den von Tague-Sutcliffe formulierten Leitfragen und den Spezifika für die Durchführung von Suchmaschinen-Tests von Gordon u. Pathak in der Form von Hawking et al. steht nun ein Instrumentarium zur Verfügung, um die Güte ausgewählter Retrievaltests zu beurteilen. Allerdings soll bereits an dieser Stelle vorangeschickt werden, dass hiermit die Tests nur immanent, d.h. in der gewählten Methodik, verglichen werden können. Auf die grundlegende Problematik der alleinigen Bewertung von Suchmaschinen mittels Retrievaltests wird weiter unten noch ausführlich eingegangen werden.

9.2 Aufbau und Ergebnisse ausgewählter Retrievaltests

Die Anzahl der Suchmaschinen-Tests sowohl wissenschaftlicher als auch populärer Natur ist in den letzten Jahren ins Unermessliche gewachsen (u.a. Singhal u. Kaszkiel 2001, Wolff 2000; Ford, Miller, Moss 2002; Leighton u. Srivastava 1999, Veritest 2000, Veritest 2003; Bager 2004). Daher kann hier kein umfassender Überblick gegeben werden. Stattdessen sollen einige Tests, die erstens methodisch besprechungswürdig sind, sich zweitens auf den deutschsprachigen Raum beziehen und drittens eine gewisse Popularität erlangt haben, dargestellt werden.

Griesbaum et al. (2002) führen einen Retrievaltest an „deutschen" Suchmaschinen durch. Dabei werden diejenigen Suchmaschinen, die im deutschen Sprachraum am weitesten verbreitet sind, mit deutschsprachigen Suchanfragen getestet.

Die ausgewählten Suchmaschinen sind AltaVista.de, Fireball.de, Google.de und Lycos.de. Auffällig hierbei ist, dass einzig Fireball.de eine explizit deutsche Suchmaschine ist (die sich weitgehend auf die Indexierung deutschsprachiger Inhalte beschränkt), während die anderen untersuchten Suchmaschinen international orientiert sind und schlicht eine deutsche Benutzeroberfläche anbieten.

Die gestellten Suchanfragen „sind thematisch eher dem (sozial)wissenschaftlichen, politischen Umfeld zuzuordnen." (Griesbaum et al., 219) Anfragen nach Produkten, freizeit- und erotik-orientierte Anfragen sind explizit ausgenommen. Damit ergibt sich die Einschränkung, dass der Test wohl nicht das tatsächliche Nutzerverhalten abbildet.

Die gefundenen Treffer werden von Juroren ohne Kenntnis ihrer Herkunft nach Relevanz bewertet. Dabei werden auch Treffer als relevant bewertet, die selbst nicht als relevant eingestuft werden, jedoch auf ein relevantes Dokument verweisen.

Das Ergebnis des Tests fällt klar zu Gunsten von Google aus. Google ist die einzige Suchmaschine, die im Vergleich zu den anderen signifikant besser abschneidet. Gemessen wird sowohl die Anzahl der relevanten Treffer in Relation zur Gesamt-Trefferzahl, die Precision auf den ersten zwanzig Trefferplätzen (jeweils kumuliert), die Top20 Mean Average Precision und die Anzahl der insgesamt mit mindestens einem relevanten Treffer beantworteten Suchanfragen. Einzig in dieser letzten Kategorie schneidet AltaVista ein wenig besser ab als Google.

Bei den Ergebnissen der Precision fällt auf, dass selbst der Testsieger Google nur eine Mean Average Precision von 0,551 erreicht - dies bedeutet schlicht, dass etwa 45 Prozent der in den Top 20 ausgegebenen Treffer nicht relevant sind und auch auf kein relevantes Dokument verweisen. Betrachtet man diese Werte nicht in Relation zu den anderen, schlechter abschneidenden Suchmaschinen (Lycos: 0,488, Fireball: 0,391, AltaVista 0,396), sondern nur in Hinblick auf den Anteil der relevanten Treffer, so ist das Ergebnis insgesamt als schlecht zu bezeichnen. Auch wenn man die Auswertung auf die ersten drei ausgegebenen Treffer einschränkt, so ergibt sich keine Mean Average Precision, die über 0.6 liegt.

Die Ergebnisse von Griesbaum et al. (2002) deuten aufgrund der nicht signifikanten Unterschiede zwischen den drei Suchmaschinen AltaVista.de, Fireball.de und Lycos.de sowie dem relativ geringen Abstand zwischen Google und den drei anderen genannten auf ein generelles Problem des Relevance Rankings bei Suchmaschinen hin.

In einer Weiterführung des Tests mit einer ähnlichen Methodik (Griesbaum 2004) erreicht wiederum Google das beste Ergebnis, wobei der Abstand zwischen den getesteten Suchmaschinen geringer ausfällt als in der ersten Untersuchung. Die Mean Average Precision liegt beim Testsieger Google bei 0,65 (Lycos: 0,60; AltaVista: 0,56). Diese Werte liegen zwar über denen der Untersuchung aus dem Jahr 2002, bestätigen jedoch insgesamt den Befund der generellen Problematik beim Relevance Ranking.

Problematisch an den Untersuchungen ist die Zählung der indirekt relevanten Treffer. Zwar werden diese gesondert ausgewiesen, gehen aber in die Berechnung der Mean Average Precision mit ein. Dies bedeutet, dass die sowieso schon schlechten Werte bei einem Ausschluss der indirekten Treffer noch darunter liegen würden. Dies bestätigt wiederum die These, dass der Test in erster Linie eine allgemein schwache Performance der Suchmaschinen ergibt.

Der Retrievaltest von Machill, Neuberger, Schweiger und Wirth (2003) vergleicht die zehn in Deutschland meistgenutzten Suchmaschinen anhand von Anfragen aus zwei Themenfeldern. Dies sind „Rückenschmerzen" und „Arbeitslosigkeit". Zu jedem Themenfeld werden 13 Suchanfragen generiert, die nach drei Kompetenzniveaus in Anfragen von Anfängern, Fortgeschrittenen und Experten unterschieden werden.

Problematisch ist, dass mit insgesamt nur 26 Suchanfragen die beispielsweise in TREC definierte und weitgehend akzeptiere Anforderung an die Menge der in Retrievaltests zu verwendenden Suchanfragen (nämlich mindestens 50) nicht erfüllt wird.

Die Anfänger-Anfragen bestehen hauptsächlich aus Ein-Wort-Anfragen, grundsätzlich handelt es sich um Anfragen ohne Operatoren. Die Fortgeschrittenen stellen mit einer Ausnahme durchgehend Zwei-Wort-Anfragen, die Begriffe sind durch den Operator UND verknüpft. Die Experten schließlich verwenden mit einer Ausnahme jeweils drei Begriffe, diese sind entweder mit Operatoren verknüpft oder es wird die Phrasensuche verwendet.

Beim Kompetenzniveau der Experten fällt zuerst eine fehlerhaft gestellte Suchanfrage auf (für die Suche nach dem lateinischen Begriff für „Hexenschuss" und dessen Definition wird das Suchargument „Hexenschuss ODER Definition ODER lat." gewählt). Bei einer weiteren Anfrage hätten zumindest Phrasensuche und

Operator verknüpft werden sollen, anstatt die Begriffe *Hexenschuss*, *erste* und *Hilfe* schlicht mit UND zu verbinden. Die Unterscheidung zwischen Anfängern und Experten durch die Verwendung des UND-Operators muss als sinnlos beurteilt werden, weil die untersuchten Suchmaschinen die UND-Verknüpfung als Standardeinstellung verwenden. In zwei Fällen kam es dadurch zu einer schlichten Doppelung der Anfrage, weil diese einmal (von den Anfängern) ohne und einmal (von den Fortgeschrittenen) mit UND-Verknüpfung gestellt wurde.

Festzuhalten ist also, dass die Unterscheidung der Suchanfragen nach Kompetenzniveaus in dieser Form nicht sinnvoll ist und die nach den Kompetenzniveaus unterteilten Ergebnisse nicht als gültig zu betrachten sind. Für das Gesamtergebnis ist die oben genannte Einschränkung in Bezug auf die Zahl der Suchergebnisse zu berücksichtigen.

Ausgewertet wurden die ersten 20 Treffer; auch Dokumente, die einen Link von der gefundenen Seite entfernt waren, konnten unter der Bedingung, dass der Linktext das gewünschte Stichwort oder ein Synonym davon enthielt, als relevant gewertet werden.

Die ermittelte Top-20-Precision lag je nach Suchmaschine zwischen 24 und 42 Prozent. Auch hier fallen die ausgesprochen niedrigen Werte auf.

Stock und Stock (2000a) führen einen Known-Item-Retrievaltest durch. Zwanzig Webseiten werden anhand von Suchbegriffen, die auf den jeweiligen Seiten an prominenter Stelle stehen, untersucht. Gemessen wird das Vorkommen der entsprechenden Dokumente innerhalb der Top 20 der Trefferlisten.

Methodisch problematisch ist hier der Cut-Off-Wert von 20; auch wenn das Dokument im Datenbestand einer Suchmaschine vorhanden ist, muss es nicht notwendigerweise auch für die gewählte Anfrage unter den ersten Treffern auftauchen. Dies zeigt sich insbesondere bei Anfragen, die besonders viele Treffer generieren; dies wird auch von den Autoren erkannt (Stock u. Stock 2000a, 28). Im Test erreicht Google mit 65 Prozent die größte Availability, gefolgt von AltaVista (60 Prozent) und Northern Light (55 Prozent). Alle weiteren untersuchten Suchmaschinen erreichen nur eine Availability von maximal 50 Prozent, die meisten liegen weit darunter.

Die ersten beiden besprochenen Tests konzentrieren sich auf die Precision als zentralen Maßstab der Qualität der untersuchten Suchmaschinen, während der Test von Stock u. Stock das Maß der Availability verwendet. Die weiteren, oben besprochenen Messwerte für die Performance von Information-Retrieval-Systemen bleiben außen vor. Auffällig ist die nur geringfügige Anpassung der Testmethodik an die Gegebenheiten des Web bzw. die besondere Problematik der Suchmaschinen im Gegensatz zu klassischen Information-Retrieval-Systemen.

Leider liegen keine neueren wissenschaftlichen Retrievaltests vor, die der mittlerweile veränderten Suchmaschinen-Landschaft (vgl. Kap. 2.1) Rechnung tragen. So kann nur auf Tests in populären Magazinen (Bager 2004) und eigene Beobachtungen zurückgegriffen werden. Danach ist davon auszugehen, dass sich die Precision der Top-20-Ergebnisse der mittlerweile bedeutendsten Suchmaschinen Google, MSN und Yahoo insbesondere bei populären Suchanfragen stark angeglichen hat.

9.3 Kritik

Neben der bereits formulierten Kritik an einzelnen Tests (die sich anhand weiterer Beispiele noch fortsetzen ließe) wurde bereits erwähnt, dass sich die Tests damit nur in ihrer Methodik kritisieren lassen, jedoch noch eine umfassendere Frage zu stellen ist, nämlich die nach der Sinnhaftigkeit von Retrievaltests für eine umfassende Bewertung von Retrievalsystemen, speziell Suchmaschinen.

Die zwei wichtigsten Kritikpunkte an Retrievaltests sind, dass sie erstens den Nutzerbedürfnissen und dem Nutzerverhalten nicht gerecht werden und zweitens nicht alle für die Suchmaschinen qualitätsbestimmenden Faktoren messen.

Spink (2002) beschreibt einen über die klassischen Retrievaltests hinausgehenden Bewertungsansatz, der sich stark auf die Beurteilung der Nutzer hinsichtlich ihrer eigenen Fortschritte bei der Lösung ihrer Informationsbedürfnisse konzentriert. Belegt wird die Bedeutung dieses Bewertungsansatzes anhand einer Untersuchung der Metasuchmaschine Inquirus. 22 Nutzer werden in einer umfassenden quantitativen und qualitativen Untersuchung befragt und müssen in einer Laborsituation Suchen durchführen. Ein besonderes Augenmerk wird auf die Befragung der Nutzer vor und nach der Laboruntersuchung gelegt. Dabei zeigt sich, dass die Relevanzbewertung der Dokumente durch die Nutzer und die daraus berechneten Precision-Werte nicht mit der von den Nutzern empfundenen Nützlichkeit des Suchwerkzeugs korrelieren. Mit anderen Worten: Für die Nutzer sind Precisionwerte unbedeutend, ihr Informationsbedürfnis kann auch durch das Retrieval nur eines oder weniger Dokumente befriedigt werden. Auch zurückgegebene irrelevante Dokumente spielen nur eine untergeordnete Rolle.

Ein aus der Untersuchung abgeleiteter Schluss ist, dass mit den traditionell verwendeten Maßen die Leistung von Information-Retrieval-Systemen nur eingeschränkt beurteilt werden kann. Untersuchungen sollten zusätzlich die Interaktionen der Nutzer mit dem System berücksichtigen, um die Nützlichkeit des Systems *für die Nutzer* ermitteln zu können. Traditionelle Bewertungsmaße seien zu sehr auf diejenigen ausgerichtet, die Information-Retrieval-Systeme erstellen bzw. betrieben. Die Effektivität dieser Systeme ließe sich am besten durch die (von diesen selbst bewerteten) Fortschritte der Nutzer bei der Lösung ihres Informationsproblems beurteilen (Spink 2002, 419).

Bei der Bewertung der Systeme spielt neben der Effektivität auch die Usability eine wichtige Rolle. Diese wird in Retrievaltests allerdings nicht gemessen. Weiterhin kann die Interaktion zwischen Nutzer und System nicht berücksichtigt werden; prinzipiell werden Systeme bevorzugt, die in *einem* Schritt brauchbare Ergebnisse liefern. Die vielleicht in diesem Schritt gegebenen Hinweise auf Möglichkeiten zur Verfeinerung der Recherche oder die direkte Hinleitung zu einer Verbesserung des Ergebnisses werden nicht honoriert. Dass solche Ansätze aber durchaus sinnvoll sind - wenn nicht gar dringend benötigt werden - wird im nächsten Kapitel gezeigt.

Neben der Precisionanalyse werden von unterschiedlicher Seite weitere Faktoren genannt, um die Qualität von Suchmaschinen zu messen.

Vaughan (2004) schlägt drei die klassischen Maße Recall und Precision ergänzenden Maße vor. Dies sind:

- Qualität des Rankings (quality of result ranking): Hierbei wird die Qualität des von der Suchmaschine durchgeführten Rankings dem Ranking durch menschliche Gutachter gegenübergestellt und die Übereinstimmung zwischen den beiden gemessen.
- Fähigkeit, die wichtigsten Dokumente auszugeben (ability to retrieve top ranked pages): Hierbei werden von unterschiedlichen Suchmaschinen jeweils die top gerankten Dokumente bis zu einem bestimmten Cut-off-Wert (z.B. zehn) zusammengeführt und menschlichen Gutachtern zur Bewertung vorgelegt. Dann werden die von den Menschen am besten bewerteten Dokumente ausgefiltert, wobei wieder ein Cut-Off festgelegt wird (bspw. 75 Prozent der Dokumente sollen in die Wertung eingehen). Letztlich wird für jede Suchmaschine berechnet, wie hoch der Anteil dieser Dokumente im Ergebnis ist. Es handelt sich also um eine Art von modifiziertem Recall.
- Stabilität der Resultate (stability measurements): Hier werden drei Maße verwendet. Erstens wird die Stabilität der Anzahl der gefundenen Dokumente gemessen, zweitens die Anzahl der Dokumente innerhalb der Top 20, die im Verlauf einer relativ kurzen Zeitspanne (z.B. innerhalb einer Woche) gleich bleiben, und drittens die Anzahl der Dokumente innerhalb der Top 20, die innerhalb einer relativ kurzen Zeitspanne (wiederum z.B. eine Woche) in der gleichen Reihenfolge in der Trefferliste auftauchen.

Während die ersten beiden vorgeschlagenen Maße noch als ergänzende Retrievalmaße bezeichnet werden können, die die bestehende Qualitätsbestimmung durch die Precision ergänzen bzw. die Unmöglichkeit der Bestimmung des Recalls ausgleichen, geht das dritte vorgeschlagene Qualitätsmaß einen Schritt weiter. Die Stabilität des Ranking spielt in anderen Information-Retrieval-Systemen keine Rolle, da sie dort als generell gegeben angesehen werden kann.

Allerdings können auch diese weiteren Faktoren die Qualität von Suchmaschinen nicht vollständig messen. Zwar kann auch im Rahmen dieser Ausarbeitung kein neues Qualitätsmodell für Suchmaschinen entwickelt werden, allerdings soll hier vor allem auf zwei wichtige Punkte hingewiesen werden, die in ein solches Qualitätsmodell einließen müssten:

- Index-Qualität: Hier wird nicht die Retrieval-Performance selbst gemessen, sondern ihre Grundlage in Form des zugrunde liegenden Datenbestands. Faktoren sind die Größe des Datenbestands, die Indexierungstiefe (werden auch Dokumente, die auf einer tieferen Hierarchieebene liegen, indexiert?), die gleichmäßige Indexierung von Dokumenten aller Sprachen, die Aktualität des Datenbestands (können aktuelle Dokumente überhaupt gefunden werden oder sind diese im Datenbestand schlicht noch nicht vorhanden?) und das Vorhandensein unterschiedlicher Datenbestände (lassen sich neben den klassischen Web-Dokumenten auch Newsgroup-Postings, Videodateien usw. finden?).

- Abfragemöglichkeiten: Vielfach lassen sich Dokumente leicht finden, wenn entsprechende Abfragemöglichkeiten vorhanden sind, um die Suche gezielt einzuschränken. Einerseits ist also das Vorhandensein entsprechender Suchfunktionen ein Qualitätsmerkmal von Suchmaschinen, andererseits muss deren Funktionstüchtigkeit überprüft werden. Zu den Abfragemöglichkeiten sind auch Verfahren der Benutzerunterstützung, wie sie im nächsten Kapitel behandelt werden, zu rechnen. Auch diese bestimmen mit über die Qualität der Suchmaschinen. Wie in Kapitel 2.6 dargestellt wurde, sind viele Nutzer nicht in der Lage, ihr Informationsbedürfnis adäquat in eine Suchanfrage umzusetzen. Gerade sie benötigen Hilfen, die es ihnen ermöglichen, ihre ursprüngliche Suchanfrage in weiteren Schritten zu modifizieren.

In der Regel beschränkt sich die Prüfung, ob eine Suchmaschine in der Lage ist, relevante Dokumente auszugeben, allerdings auf einen einzigen Recherchеschritt. Eine Ausnahme bildet die oben beschriebene Bewertung von Dokumenten, die zwar selbst nicht als relevant eingestuft werden, jedoch auf ein relevantes Dokument verweisen.

Diese grundsätzliche Beschränkung schließt die von einigen Suchmaschinen angebotenen Möglichkeiten, die oft unklar formulierten Suchanfragen zu präzisieren, aus der Bewertung aus. Bislang liegen keine Untersuchungen vor, welche Suchmaschine die beste Performance liefert, wenn nicht nur ein einziger Schritt, sondern zwei oder mehr in die Auswertung einbezogen werden.

Es konnte gezeigt werden, dass neben der durch die Retrievaltests gelieferten Precision weitere Faktoren die Qualität von Suchmaschinen bestimmen. Diese sind bisher in keinem Modell umfassend ermittelt worden; in diesem Rahmen hier sollen speziell die stärker auf den Nutzer fokussierten Ansätze herausgegriffen werden.

Daher werden im folgenden Kapitel zunächst nutzerunterstützende Verfahren dargestellt, bevor in den weiteren Kapiteln weitere Ansätze ausgearbeitet werden, wie den Nutzern noch besser bei der Fokussierung ihrer Recherche geholfen werden kann.

10 Verfahren der intuitiven Benutzerführung

Die Bedeutung der in diesem Kapitel vorgestellten Verfahren leitet sich einerseits aus dem Nutzerverhalten, welches bisher beschrieben wurde und die Basis der weiterführenden Überlegungen bildet, sowie aus den großen Dokumentenmengen, die WWW-Recherchen in der Regel mit sich bringen, her. Dabei wird die These vertreten, dass auch die besten Rankingverfahren in ihrer Wirkung beschränkt sind, solange die Nutzer Anfragen eingeben, die auch von fortgeschrittenen Verfahren nicht oder nur schwer verwertbar sind. Zu denken ist hier vor allem an Anfragen, die nur aus einem Wort oder nur wenigen Wörtern bestehen. Zwar konnte in den vorangegangenen Kapiteln gezeigt werden, dass verbesserte Rankingverfahren sich bemühen, auch solchen Anfragen gerecht zu werden, indem sie beispielsweise auf der Annahme basieren, dass Nutzer allgemein populäre Dokumente bevorzugen. Allerdings lenken hier die Rankingverfahren stark auf bestimmte Dokumente; der Nutzer bekommt weiterhin eine vollständige Trefferliste angezeigt. Die in diesem Kapitel nun zu behandelnden Verfahren gehen davon aus, dass der Nutzer nach der Anzeige der Trefferliste zu seiner ursprünglichen Anfrage noch Bedarf an einer Verfeinerung bzw. Veränderung dieser Suchanfrage hat. Zwar ist es in allen Systemen möglich, die Anfrage nachträglich von Hand zu verändern, den Nutzern fehlen aber meist die Kenntnisse für solche Veränderungen. Verfahren der intuitiven Benutzerführung lenken den Nutzer durch das Anbieten von auf seine Suchanfrage zugeschnittenen Einschränkungsmöglichkeiten. Dabei wird die ursprünglich abgeschickte Suche durch Elemente des Browsings ergänzt. Ein Suchprozess besteht damit also aus zwei Schritten: (Einfache) Formulierung der Suchanfrage sowie deren Reformulierung durch Anklicken von Einschränkungsmöglichkeiten, die vom System aufgrund der Suchanfrage und ihrer Treffer vorgegeben werden.

Systeme, die allein oder in erster Linie das Browsen unterstützen (wie z.B. Web-Verzeichnisse), sollen in unserem Kontext nicht zu den Systemen der intuitiven Benutzerführung gerechnet werden. Das Browsing unterstützende Systeme wie Klassifikationen und Thesauri sollen in diesem Kapitel entsprechend im Kontext ihres Einsatzes *nach* dem Abschicken der Suchanfrage behandelt werden. Die im alleinigen Einsatz dieser Systeme liegenden Eigenschaften werden nicht behandelt.

Abbildung 10.1 zeigt schematisch den Ablauf einer interaktiven Informationssuche im klassischen Information Retrieval. Nach dem Einloggen ins System wird eine Suchanfrage formuliert und abgeschickt. Im folgenden Schritt wird nicht notwendigerweise schon ein Ergebnis in Form einer Trefferliste ausgegeben, sondern es ist auch möglich, dass nur die Anzahl der gefundenen Treffer angegeben wird, auf deren Basis der Nutzer entscheiden kann, ob er die Suchanfrage modifizieren möchte, um zu mehr oder zu weniger Dokumenten zu gelangen. Das dargestellte Modell geht davon aus, dass die Suchanfrage solange reformuliert wird, bis die gewünschte Anzahl von Dokumenten und die gewünschte Spezifität erreicht wird. Die Reformulierung erfolgt entweder bereits nach der Ausgabe der Dokumentenzahl bzw. der Durchsicht der Trefferliste oder aber nach der Ausgabe der Dokumente und deren Ansicht.

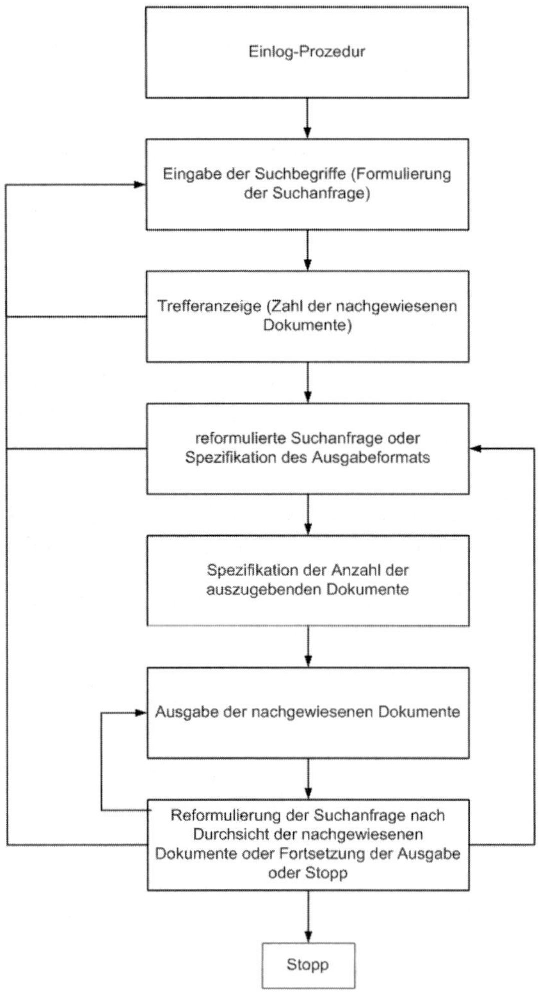

Abb. 10.1. Interaktive Informationssuche in einer klassischen Information-Retrieval-Umgebung (Salton u. McGill 1987, 253)

Wendet man das beschriebene Modell unter Berücksichtigung des Nutzerverhaltens auf Web-Suchmaschinen an, so zeigt sich eine deutliche Verkürzung der Informationssuche. Zwar sind die Suchmaschinen prinzipiell darauf angelegt, eine interaktive Recherche mit beliebig vielen Schleifen zu unterstützen, ihre Nutzung erfolgt jedoch in der Regel ohne Modifikationen der Suchanfrage. Insofern besteht der Prozess nur noch aus den Schritten „Einloggen" (in diesem Fall das Ansteuern der Website der Suchmaschine), der Eingabe der Suchbegriffe und der Trefferanzeige. Zuletzt erfolgt eine Weiterleitung zu den ausgewählten Dokumenten (entsprechend der Ausgabe der nachgewiesenen Dokumente im Schaubild).

Die im Folgenden beschriebenen Verfahren verlängern den Prozess der Informationssuche, indem sie sich wieder stärker an dem Interaktionsmodell orientieren. Die nach dem Abschicken der Suchanfrage ausgegebene Trefferliste stellt damit nicht mehr den Endpunkt der Recherche dar, sondern einen Zwischenschritt, der zur weiteren Modifikation der Suchanfrage „einladen" soll.

10.1 Relevance Feedback

Das Relevance Feedback ist eine der klassischen Methoden, die es dem Nutzer ermöglichen, die Größe der Treffermenge und ihre Beschaffenheit zu verändern. Einen Überblick der für das Relevance Feedback verwendeten Verfahren und Formeln findet sich in Harman (1992b).

Die Verfahren des Relevance Feedback können nach zwei Arten unterschieden werden: Einerseits gibt es Verfahren, die im Feedback-Prozess lediglich die Term-Gewichtungen verändern, um zu einem besseren Ranking zu kommen. Auf der anderen Seite stehen Verfahren, die die in der Suchanfrage verwendeten Terme selbst verändern (Harman 1992, 242b).

Relevance Feedback ist insbesondere bei den bei der Web-Suche häufig vorkommenden kurzen Anfragen sinnvoll (Chakrabarti 2003, 57f.). Im Folgenden sollen die folgenden Verfahren des Relevance Feedback besprochen werden:

- Finden von ähnlichen Dokumenten auf der Basis eines oder mehrerer als relevant angesehenen Dokumenten durch einfache Auswahl dieses Dokuments bzw. dieser Dokumente.
- Finden von relevanten Dokumenten durch Fokussierung der Suchanfrage auf Themenblöcke.
- Veränderung der Gewichtungen im Ranking durch „Feinjustierung" der wesentlichen Rankingfaktoren.

Eine einfache Relevance-Feedback-Anwendung, die von manchen Suchmaschinen (z.B. Google) angeboten wird, ist ein neben jedem Treffer dargestellter Link, der eine Suche nach „ähnlichen Seiten" ermöglicht. Solche „More like this"-Funktionen erlauben das Finden passender Dokumente auf Basis eines als relevant bewerteten Dokuments. Die passenden Dokumente werden auf Basis von gemeinsam vorkommenden Begriffen und/oder aufgrund der Verlinkungsstruktur der Dokumente untereinander ermittelt (Dean u. Henzinger 1999). Ein solches Verfahren hat den Nachteil, dass es auf der Basis nur eines Dokuments arbeitet und es nicht möglich ist, unerwünschte Dokumente auszuwählen, deren Eigenschaften bei der verfeinerten Suchanfrage nicht mehr berücksichtigt werden. Der große Vorteil des Verfahrens liegt jedoch in der einfachen Bedienbarkeit; Studien haben gezeigt, dass sie bei etwa jeder zwanzigsten Suchanfrage verwendet werden (Spink 2003, 302).

Weitere noch als einfach geltende Verfahren lassen den Nutzer einen Teil der Treffermenge (bspw. die ersten zehn gerankten Dokumente) jeweils mit einem Klick als relevant beurteilen. Danach wird aufgrund dieser Auswahl eine neue Treffermenge berechnet. Allerdings erfordert dieses Verfahren, dass der Nutzer eine gewisse Menge von Dokumenten sichtet und auf ihre Relevanz hin beurteilt, damit das Ranking entschieden verbessert werden kann. Aus dem Nutzerverhalten (vgl. Kap. 2.6) lässt sich jedoch ableiten, dass selbst diese Funktion für die Nutzer zu komplex sein dürfte und sie nicht bereit sein werden, erst einige Dokumente zu sichten und zu bewerten, bevor sie die Anfrage verfeinern können.

Abb. 10.2 zeigt das zwischen 1997 und 1999 bei der Suchmaschine AltaVista eingesetzte Verfahren des Relevance Feedback. Es werden zu einer bestehenden Suchanfrage auf Basis der top gerankten Dokumente Themen bzw. Begriffe ermittelt, die für die Suchanfrage relevant sein könnten. Der Nutzer kann nun zu jedem Thema angeben, ob dieses in die Suchanfrage übernommen oder aber ausgeschlossen werden soll. Dabei muss nicht für jedes der zwanzig vorgegebenen Themen eine Auswahl getroffen werden; um das Ergebnis zu verfeinern, reicht schon die Auswahl bzw. der Ausschluss einiger Themen. Allerdings wurde dieses Feature bei AltaVista schon bald wieder abgeschaltet, da es von den Nutzern nur schlecht angenommen wurde. Dies dürfte darauf zurückzuführen sein, dass der durchschnittliche Suchmaschinen-Nutzer mit dem gezeigten Interface hoffnungslos überfordert sein dürfte.

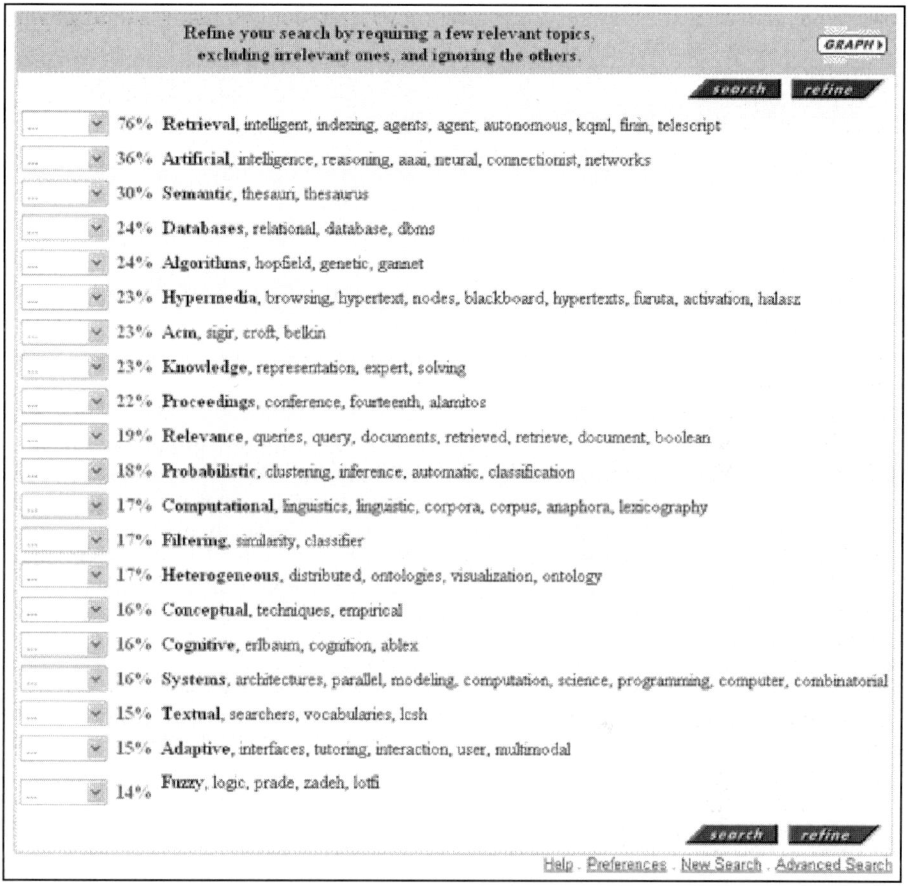

Abb. 10.2. Relevance Feedback bei AltaVista, 1997 (http://www.ib.hu-berlin.de/dienste/refine.html)

Ein graphischer Ansatz für die Relevanzbeeinflussung durch den Nutzer wird von der MSN-Suchmaschine verwendet (Abb. 10.3). Das Feedback bezieht sich hier nicht auf den Ein- oder Ausschluss von Begriffen bzw. deren Gewichtung, sondern auf formale Kriterien. Mittels der dargestellten „Schieberegler“ können aktuelle oder besonders populäre Dokumente im Ranking bevorzugt oder benachteiligt werden; weiterhin kann der gewünschte Grad der Übereinstimmung zwischen Anfrage und Dokument festgelegt werden. In diesem Verfahren wird also nur die Anordnung der Treffermenge verändert, ohne dass die Menge an sich verändert wird. Gerade bei den in den Suchmaschinen in der Regel für die manuelle Durchsicht zu großen

Treffermengen wird damit eine Möglichkeit geboten, (eingeschränkt) eine eigene Sortierung vorzunehmen.

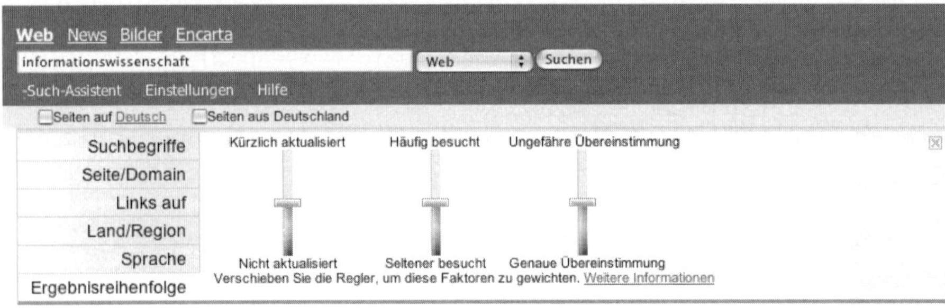

Abb. 10.3. Relevanzbeeinflussung bei MSN

Die beschriebenen Verfahren des Relevance Feedback bieten grundsätzlich gute Möglichkeiten, Suchanfragen zu verfeinern. Allerdings dürften die meisten Ansätze an der mangelnden Akzeptanz seitens der Nutzer scheitern. Interessant erscheint vor allem der Ansatz von MSN: Dort ist es gelungen, die Möglichkeiten der Relevanzveränderung in ein klares graphisches Konzept zu fassen. Die „Schieberegler" laden geradezu zum Ausprobieren ein. Im Praxistest zeigen sich allerdings keine besonders weitreichenden Veränderungen der Trefferlisten durch den Einsatz der Funktion.

Letztlich wäre die Möglichkeit, die Trefferlisten selbst sortieren zu können, wünschenswert. Neben der Relevanzbewertung wäre eine Sortierung nach dem Datum (s. Kap. 11.6) und eine Sortierung nach den wichtigsten Quellen (s. Kap. 12) zu wünschen.

10.2 Vorschläge zur Erweiterung und Einschränkung der Suchanfrage

Die in diesem Abschnitt beschriebenen Verfahren zur Erweiterung bzw. Einschränkung von Suchanfragen kommen dem Nutzerverhalten eher entgegen als die komplexeren Verfahren des Relevance Feedback. Sie schlagen dem Nutzer Suchbegriffe vor, die er entweder zu seiner Anfrage hinzunehmen oder in einer neuen Suchanfrage verwenden kann.

Solche Vorschläge werden mittlerweile von einigen Suchmaschinen gemacht. Größtenteils sind die hierfür verwendeten Verfahren nicht dokumentiert, so dass sie hier nicht im Detail beschrieben werden können. Unterschiede zeigen sich jedoch in den gelieferten Ergebnissen. Abb. 10.4 zeigt die Vorschläge für die

Suchanfrage „cars“ bei All the Web. Hier werden dem Nutzer Zwei- und Drei-Wort-Phrasen, die den ursprünglichen Suchausdruck enthalten, vorgeschlagen.

Bei der Suchmaschine Teoma werden die Vorschläge auch als Phrasen generiert, allerdings werden hier auch mit dem Suchbegriff häufig zusammen vorkommende Begriffe berücksichtigt (s. Abb. 10.5). So werden für das Beispiel „cars“ neben den Phrasen auch weitere einzelne Begriffe vorgeschlagen („Lamborghini“, „BMW“) sowie Phrasen, die den ursprünglichen Suchbegriff nicht enthalten („Official Site“).

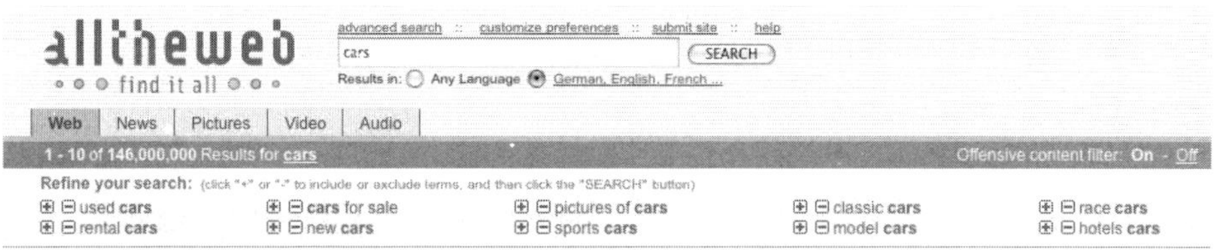

Abb. 10.4. Verfeinerungsvorschläge bei All the Web

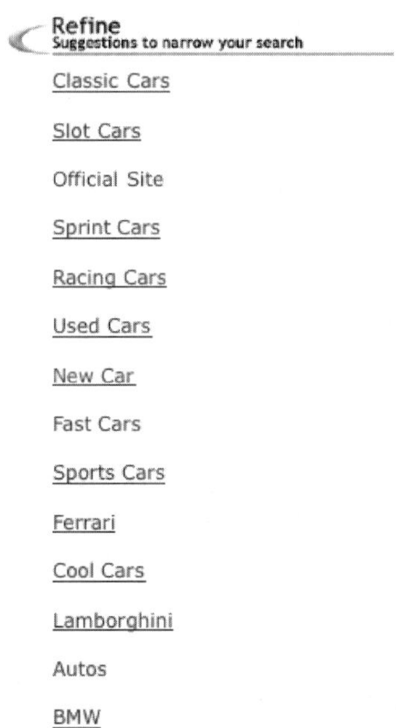

Abb. 10.5. Verfeinerungsvorschläge bei Teoma

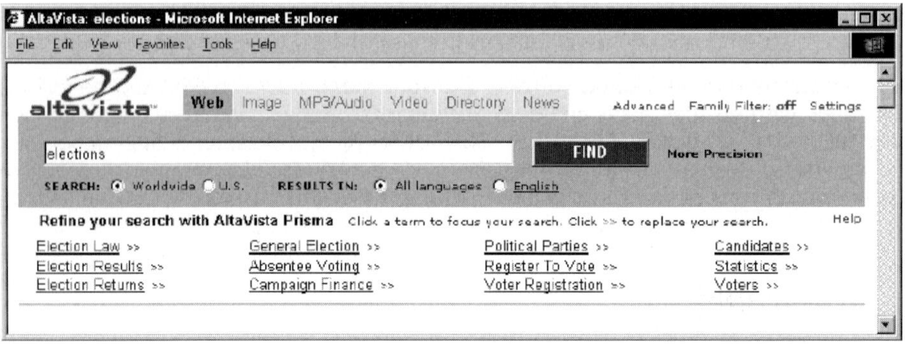

Abb. 10.6. Modifikationsvorschläge bei AltaVista Prisma, erster Schritt (Anick 2003, 89)

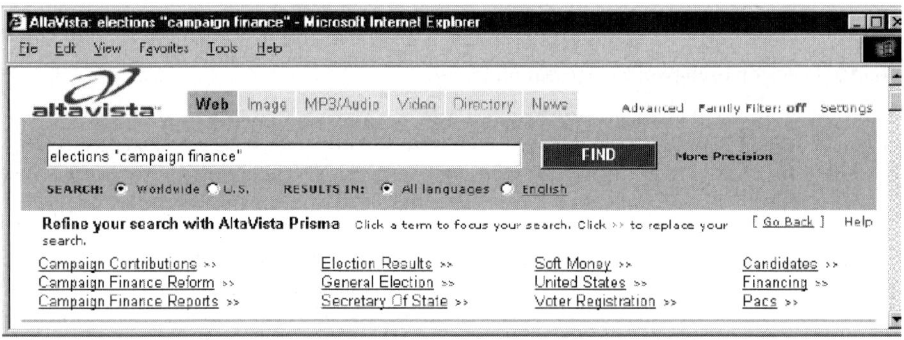

Abb. 10.7. Modifikationsvorschläge bei AltaVista Prisma, zweiter Schritt (Anick 2003, 89)

Anick (2003) untersucht die Nutzung von AltaVista Prisma, einem weiteren System, das automatisch Vorschläge zur Modifikation von Suchanfragen macht. Das System geht davon aus, dass Verfahren des Relevance Feedback zwar die Präzision der Trefferlisten wesentlich verbessern können, diese Verfahren jedoch von den Nutzern nur schlecht angenommen werden, da sie als zu umständlich empfunden werden oder schlicht nicht verstanden werden. AltaVista Prisma zeigt auf Basis einer Auswertung der im normalen Rankingverfahren als am bedeutendsten ausgegebenen Dokumente in diesen häufig auftretende Begriffe bzw. Phrasen zur Modifikation der Suchanfrage an. Dabei werden bevorzugt Phrasen angezeigt, die den bereits in der ursprünglichen Suchanfrage vorkommenden Begriff enthalten. Danach folgen Phrasen, die den Suchbegriff nicht enthalten und schließlich einzelne Begriffe. Abbildung 10.6 zeigt die Vorschläge nach Eingabe einer einfachen Suchanfrage, Abbildung weitere Vorschläge nach der ersten Modifikation. Das System erlaubt sowohl die Einschränkung der Suchanfrage durch Anklicken eines Modifikationsvorschlags (wobei dieser Vorschlag mit AND mit der ursprünglichen

Anfrage verbunden wird) als auch die Generierung einer neuen Suchanfrage (wenn auf einen neben einem Vorschlag stehenden Pfeil geklickt wird).

Die Untersuchung der Nutzung des Systems erfolgt auf Basis einer Logfile-Untersuchung, wobei zwei Vergleichsgruppen gebildet werden: Die erste Gruppe bekommt die Verfeinerungsmöglichkeiten angezeigt, die zweite erhält die Ergebnislisten ohne Verfeinerungsmöglichkeit. In der Untersuchung kann keine gesteigerte Effektivität durch den Einsatz von Prisma festgestellt werden; diese könnte jedoch auch auf die Nutzer zurückzuführen sein, die sich bekanntermaßen leicht mit Suchergebnissen zufrieden geben. In unserem Kontext besonders interessant sind allerdings die verwendeten Arten der Modifikation. Anick teilt diese in elf Kategorien (Tabelle 10.1).

Bei der Untersuchung des Klickverhaltens der Nutzer zeigt sich, dass 68 Prozent der verwendeten Modifikationen sich auf nur drei der angegebenen Formen beschränken: Oberbegriff, Modifikation und Kontexterweiterung. Diese Befunde decken sich mit denen vorangegangener Untersuchungen (Anick 2003, 93) und geben die Richtung vor, in die weitere Arbeiten auf dem Feld der Anfragemodifikation gehen sollten.

Schließlich stellt sich die Frage, wie die von den Nutzern angeklickten Begriffe mit der ursprünglichen Suchanfrage verbunden werden sollen. Im Experiment mit AltaVista Prisma kann nur schlecht zwischen den beiden Formen Übernahme der Begriffe zusätzlich zur ursprünglichen Anfrage und Verwendung des Begriffsvorschlags zur Erstellung einer neuen Suchanfrage unterschieden werden, da die beiden Formen unterschiedlich prominent platziert sind. Unterschiede ergeben sich aber bei der Verbindung der ursprünglichen Suchanfrage mit einem Vorschlag: Während es in einigen Fällen sinnvoll ist, beide mit AND zu verbinden, gibt es auch Fälle, in denen eine Verbindung mit ODER sinnvoll ist. Da die Begriffe für die Modifikationsvorschläge allerdings auf rein statistischer Basis gewonnen werden, kann zwischen diesen Formen nicht unterschieden werden.

Verfahren der Anfragemodifikation sind vielversprechend vor allem für die Einschränkung von Suchanfragen und bieten für den Nutzer eine einfache Möglichkeit, zur Befriedigung seines Informationsbedürfnisses zu gelangen. Dass die Effektivität des Verfahrens in der Untersuchung von Anick nicht nachgewiesen werden konnte, mag daran liegen, dass Modifikationen nicht bei allen Anfragen nötig sind. Bei zu allgemein gestellten Anfragen, die viele Treffer produzieren, können sie allerdings sehr hilfreich sein. Sie werden inzwischen auch bei einigen anderen Suchmaschinen eingesetzt und dürften sich in Zukunft noch weiter verbreiten.

Tabelle 10.1. Kategorien der Anfragemodifikation (nach Anick 2003, 93)

Kategorie	Beschreibung	Beispiel
Head (Oberbegriff)	Phrase, die der Originalanfrage einen Oberbegriff hinzufügt	triassic / traissic period
Modifier (Modifizierer)	Hinzufügung einer sprachlich unterschiedlichen Modifikation	buckets wholesale / plastic buckets
Elaboration (Kontexterweiterung)	Erweiterung des Kontexts durch Hinzufügung von im Kontext stehender Phrasen	Jackson Pollack / museum of modern art
Location (Ortsbezug)	Phrase, die einen Ortsbezug ergänzt	vietnam / ho chi minh city
Alternative (Synonymer Ausdruck)	Synonymer oder ähnlicher Ausdruck wird ergänzt	job listings / job postings
Hyponym (Unterbegriff)	Ergänzung um einen Unterbegriff, ohne dass dieser in der ursprünglichen Anfrage enthalten ist.	birds of prey / falcons
Morphological variant (morphologische Variante)	Morphologisch unterschiedliche Form der ursprünglichen Anfrage, z.B. Pluralform	norse myth / norse myths
Syntactic variant (syntaktische Variante)	Umstellung der Begriffe aus der ursprünglichen Suchanfrage	map of sudan / sudan map
Acronym (Akronym)	Ausflösung bzw. Ergänzung eines Akronyms	usa maps / united states of America
Spelling (Schreibweise)	Rechtschreibkorrektur oder alternative Schreibweise	stationary catalog / stationery
Change (Veränderung)	Angabe eines neuen Themas basierend auf der Suchanfrage	skateboards / mountainboards

Khan und Khor (2004) stellen einen Algorithmus vor, der „Key Phrases“ (wichtige Ausdrücke) aus Dokumenten extrahiert. Mit diesen Ausdrücken wird die ursprüngliche Suchanfrage des Nutzers erweitert, wobei davon ausgegangen wird, dass die Suchanfragen der Nutzer in der Regel zu kurz und ungenau sind (siehe Kapitel 2.6). Dabei erfolgt keine einfache disjunktive Verknüpfung dieser Suchargumente, sondern jede Anfrage wird einzeln gestellt und die Ergebnisse werden neu gerankt. Der Vorteil dieses Verfahrens liegt darin, dass damit diejenigen Dokumente auf hohen Rangplätzen auftauchen, die zu vielen Aspekten der ursprünglichen Suchanfrage passen.

Khan und Khor sehen diesen Ansatz als Möglichkeit, Suchanfragen automatisch zu erweitern und dem Nutzer so die Formulierung genauer Suchanfragen zu ersparen. In ihrem eigenen Experiment können sie jedoch einen solchen Nutzen nicht durchgehend nachweisen. Im Gegenteil führt das Verfahren zu durchschnittlich niedrigeren Relevanzwerten im Vergleich zur ursprünglichen Suchanfrage (Khan, Khor 2004, 37-39); allerdings gibt es durchaus extrahierte Key Phrases, die den Relevanzwert signifikant erhöhen. Daraus lässt sich schließen, dass das Verfahren nicht für die automatische Reformulierung von Suchanfragen geeignet ist, wohl aber dafür, dem Nutzer eine Auswahl zu präsentieren, wie er seine Anfrage erweitern bzw. verändern könnte.

Neben der Generierung von Phrasen, die den Suchbegriff enthalten und weiteren zur ursprünglichen Suchanfrage passenden Begriffen wäre speziell im Deutschen auch die Ermittlung von Komposita sinnvoll. Durch die Linkstrunkierung ließen sich aus Begriffen Komposita ermitteln, die zur Einschränkung der Suchanfrage verwendet werden könnten. So würden beispielsweise bei einer Anfrage nach „Schule" nicht nur die dieses Wort enthaltenden Phrasen (wie „weiterführende Schule") gezeigt werden können, sondern auch Komposita wie „Grundschule", „Hauptschule" und „Realschule". Eine solche Kompositaermittlung wird bisher von keiner der bekannten Suchmaschinen eingesetzt.

10.3 Klassifikation und Thesaurus

Klassifikation und Thesaurus sind die klassischen Dokumentationssprachen. Insofern scheint es sich anzubieten, diese auch für Erschließung von Web-Dokumenten zu verwenden. Die Eignung eines kontrollierten Vokabulars für die Erschließung des Web-Korpus wurde in Kap. 5.2 bereits diskutiert und dessen Einsatz verworfen. Nun soll die Möglichkeit diskutiert werden, Thesauri bzw. Klassifikationen als zusätzliches Browsing-Element in der Recherche einzusetzen.

Das große Problem der Verwendung von Thesauri ist, dass diese sich jeweils auf einen relativ engen Themenbereich beschränken und damit dem Grundansatz der Suchmaschinen entgegenstehen, die ein möglichst vollständiges Abbild des Web liefern wollen. Der Sonderfall der Spezialsuchmaschinen soll hier ausgeklammert werden; Bestrebungen, einen Universalthesaurus zu erstellen, werden verworfen, gilt doch, dass „ein universaler Thesaurus zwar zugegebenermaßen faszinierend [ist], aber alle bisherigen Versuche dazu als fehlgeschlagen oder nicht vollendet betrachtet werden [müssen]" (Burkart 2004, 141). Eine Ausnahme ist in den sprachwissenschaftlichen Thesauri zu sehen; hier existiert mit WordNet[20] ein Universalthesaurus für die englische Sprache, ähnliche Informationen für die deutsche Sprache bietet das Wortschatz-Lexikon der Universität Leipzig.[21]

Solche umfassenden Thesauri lassen sich verwenden, um eine eingegebene Suchanfrage um Synonyme und eventuell Ober- und Unterbegriffe zu erweitern. Dies kann einerseits automatisch geschehen, andererseits kann dem Nutzer angeboten werden, diese weiteren Begriffe der Anfrage hinzuzufügen. Im Vergleich zu den automatisch generierten Vorschlägen zur Einschränkung bzw. Erweiterung der Suchanfrage (s. Abschnitt 10.2) kann eine höhere Zuverlässigkeit erreicht werden.

Für eine automatische Erschließung der Dokumente erscheinen Thesauri (zumindest gegenwärtig) nicht geeignet. Bisher existiert kein System, welches die automatische Zuordnung der Deskriptoren zu den Dokumenten in einem thematisch nicht beschränkten Bereich zuverlässig bewerkstelligt. Zwar gibt es im professionellen Umfeld die bereits angesprochenen Systeme wie Factiva, die den Gesamtbestand der dort verfügbaren Nachrichten einheitlich automatisch indexieren. Allerdings liegt solchen Systemen auch immer eine eingeschränkte Sicht auf die Dokumente (im Falle von Factiva eine wirtschaftliche) zugrunde.

Bei der Verwendung von Klassifikationen entstehen ähnliche Probleme. Die Zuordnung der Dokumente funktioniert auch hier nicht zuverlässig, weshalb Versuche, das Web klassifikatorisch zu erschließen, als gescheitert angesehen werden müssen. Zumindest gilt das für die Ansätze, die auf eine automatische Zuordnung der Dokumente setzten. Eine manuelle klassifikatorische Erschließung findet nach wie vor bei den Web-Verzeichnissen statt, wobei hier vor allem der inkonsistente Aufbau der Klassifikationssysteme (Stock u. Stock 2000b) und die alleinige Erschließung von Websites kritisiert werden. Die verbesserte Einbindung von Verzeichnisergebnissen in die reguläre Web-Suche wird in Kap. 12.6 diskutiert.

Die Suchmaschine GERHARD (Wätjen et al. 1998) versuchte, die im Web gecrawlten Dokumente automatisch den Klassen der universellen Dezimalklassifikation (DK) zuzuordnen. Dabei wurde die Suche im Verzeichnis mit der Navigation verbunden, Volltexte wurden nicht erschlossen. Nach Angaben der Betreiber ist das System in der Lage, etwa 80 Prozent der Dokumente korrekt zuzuordnen.[22] Eine genaue Überprüfung des Systems war jedoch nicht möglich, da der Datenbestand seit mehreren Jahren nicht aktualisiert wurde und mittlerweile zu einem großen Teil aus „toten Links" besteht. Abb. 10.8 zeigt die Navigation innerhalb der Verzeichnisstruktur von GERHARD.

---

[20] http://wordnet.princeton.edu/ [7.4.2005]
[21] http://wortschatz.uni-leipzig.de/ [7.4.2005]
[22] Allerdings wurden von GERHARD nur wissenschaftliche Server gecrawlt. Bei den dort vorhandenen Dokumenten ist davon auszugehen, dass sich diese leichter in ein Klassifikationsschema einordnen lassen als solche aus dem allgemeinen Web.

Abb. 10.8. Ausschnitt aus der Ergebnispräsentation von GERHARD

Der Einsatz von Klassifikationen und Thesauri ist auf zwei Ebenen zu bewerten. Auf einer theoretischen Ebene mag dieser Vorteile in der Recherche bringen, indem die Recherche zielgerichteter durchgeführt werden kann. Dazu müssten allerdings die Dokumente zuverlässig mit Notationen oder Deskriptoren versehen werden. Dem steht jedoch die Uneinheitlichkeit des Web-Korpus entgegen.

Auf der pragmatischen Ebene ist der Einsatz von Klassifikationen nur bei einer Zuordnung oder wenigstens Überprüfung der Dokumente „von Hand" zu empfehlen. Bestehende klassifikatorische Ansätze sollten besser in die Websuche eingebunden werden.

Der Einsatz von Thesauri kann pragmatisch für die Generierung von Synonymen zu einer Suchanfrage verwendet werden. Entsprechende Versuche, die den Gewinn für die Recherche empirisch nachweisen, stehen aber noch aus. Auch stellt sich die Frage, ob die in Abschnitt 10.2 beschriebenen Verfahren, die weitere Suchbegriffe aus dem Web-Korpus ermitteln, nicht mit weniger Pflegeaufwand Vorschläge von ähnlicher Qualität liefern können. Auch hier wäre eine empirische Überprüfung zu leisten.

10.4 Clusterbildung

Auch bei der Clusterung werden (ähnlich wie bei der Klassifikation) ähnliche Dokumente in eigenen Klassen zusammengeführt. Der Unterschied besteht darin, dass bei der Clusterung die Klassen erst nach der Ermittlung der Treffermenge gebildet werden. Es erfolgt also im Gegensatz zur klassifikatorischen Erschließung kein Abgleich zwischen Dokument und bestehenden Klassen, sondern es werden die Klassen erst aufgrund der Ähnlichkeiten zwischen Dokumenten aus der Treffermenge gebildet. Die fehlerbehaftete Zuordnung zu den Klassen einer Klassifikation wird so vermieden.

Bei der Clusteranalyse handelt es sich um eine schon relativ lange bestehende Methode, die beispielsweise bereits in Saltons SMART-System eingesetzt wurde (vgl. Salton u. McGill 1987, 228ff.). In älteren Systemen erfolgt die Clusterbildung durch den Abgleich von Deskriptoren, erst im Web-Kontext bezieht sie sich auf die Volltexte der Dokumente (oder zumindest Teile des Volltexts). Ein Überblick über die klassischen Clustering-Algorithmen findet sich in Rasmussen (1992), eine Diskussion der Berechnungsweisen im Web-Kontext findet sich in Chakrabarti (2003).

Während die Clusteranalyse in modernen Enterprise-Search-Applikationen wie FAST Datasearch oder Northen Light Enterprise Search Engine (Northern Light Group 2004) oft verwendet wird, bieten (bisher) nur wenige Suchmaschinen eine Ergebnisclusterung an.

Als Beispiel für die Anwendung der Clustertechnologie inklusive ihrer Vor- und Nachteile soll die Metasuchmaschine Clusty vorgestellt werden. Diese wird von dem Unternehmen Vivisimo betrieben, welches vor allem Firmenlösungen anbietet, mit Clusty jedoch auch ein entsprechendes Endnutzerangebot betreibt. Diese Suchmaschine wurde ausgewählt, da es sich hierbei wohl um die fortschrittlichste für die allgemeine Websuche eingesetzte Clustertechnologie handelt.

Abbildung 10.9 zeigt die Clusterbildung nach dem Abschicken einer Suchanfrage mit dem Begriff „Informationswissenschaft". Es werden drei Typen von Clustern gebildet: *Topics* (Themen), *sources* (Quellen) und URLs.

Die bedeutendste (und technisch am schwierigsten zu realisierende) Form ist die Unterteilung nach Themen. Die Beispielanfrage ergibt 190 Dokumente, die in Cluster von unterschiedlicher Größe eingeteilt werden (zwischen zwei und 37 Dokumenten). Dabei werden die Cluster absteigend nach ihrer Größe angeordnet. Die Titel der Cluster werden aus den in den Dokumenten häufig enthaltenen Begriffen gebildet. Die in der Abbildung dargestellten thematischen Cluster zeigen u.a. verschiedene informationswissenschaftliche Hochschulinstitute („Konstanz, Universität", „Institut für Informationswissenschaft", „Fachrichtung, Infowiss"), Textsammlungen („Virtuelles Handbuch Informationswissenschaft", „Einführung in die Informationswissenschaft") und angrenzende Fachbereiche („Bibliotheks" für Bibliotheks- und Informationswissenschaft, „Publizistik, Kommunikationswissenschaft"). Insgesamt dienen die Cluster der Orientierung und spezifizieren die nur ungenaue Suchanfrage. Allerdings geben die Cluster kein vollständiges Bild beispielsweise der informationswissenschaftlichen Institute, dafür geben sie eine Übersicht wichtiger Einrichtungen, Texte und Veranstaltungen zum Thema.

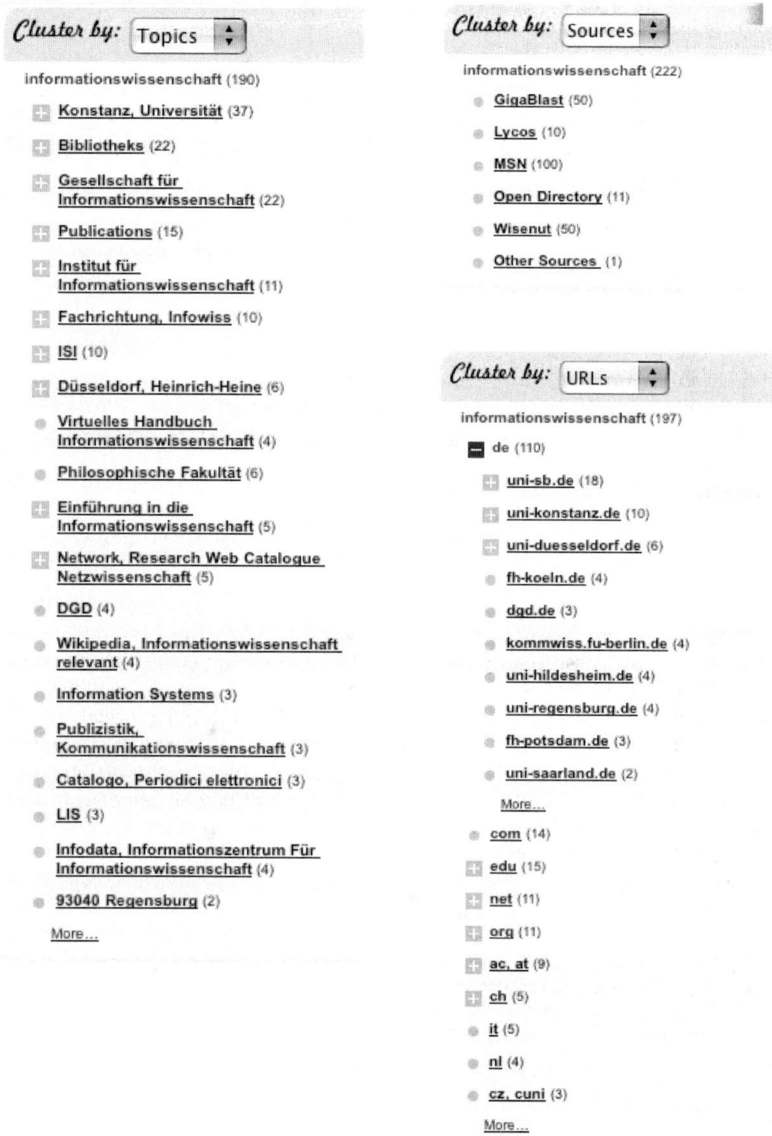

Abb. 10.9. Beispiel für die Clusterbildung für die Suchanfrage „Informationswissenschaft“ bei der Suchmaschine Clusty

Die thematische Clusterbildung bei Clusty zeigt einige der typischen Probleme der automatischen Clusterung:

- Akronyme: Werden in den Zieldokumenten häufig Akronyme anstatt der jeweils ausgeschriebenen Form verwendet, so wird das Akronym auch für die Clusterbezeichnung verwendet; im gezeigten Beispiel finden sich ISI (für „Internationales Symposium für Informationswissenschaft“) und LIS (für „Library and Information Science“). Nur den bereits mit dem Umfeld des verwendeten Suchbegriffs vertrauten Nutzern sind die Akronyme bekannt. Wird in einigen Dokumenten ein Akronym verwendet, in anderen die ausgeschriebene Form, so werden zwei unterschiedliche Cluster gebildet, anstatt beide Bezeichnungen unter einem Cluster zu subsumieren. Gleiches gilt für Synonyme; Chakrabarti (2003, 98) spricht hier von einem „syntax gap“.

- Unvollständige Begriffe/Teile von Phrasen: Es finden sich unvollständige Phrasen bzw. Begriffe („Bibliotheks“ für „Bibliotheks- und Informationswissenschaft“, „Heinrich-Heine“ anstatt „Heinrich-Heine-Universität“).

- Verwendung von zu allgemeinen Begriffen: In der Bezeichnung eines Clusters wird eine Postleitzahl verwendet. Für die Clusterbildung sind umfangreiche Stoppwortlisten nötig, die an die unterschiedlichen Sprachen angepasst werden müssen.

Das Clustering nach Quellen erfolgt im Fall von Clusty nach den abgefragten Suchmaschinen. Da es sich bei Clusty um eine Metasuchmaschine handelt, werden nicht alle Treffer der einzelnen Suchmaschinen berücksichtigt (was sich auch in der Anzahl der insgesamt gefundenen Treffer zeigt; für „Informationswissenschaft“ sind es nur etwa 190). In der Ansicht der Clusterung nach Quellen ist ersichtlich, wie viele Treffer jeder Suchmaschine ausgewertet wurden. Es werden jeweils alle Treffer bis zu einem Cut-Off von 50 bzw. 100 verwertet. Die Quellenansicht gibt so - vor allem wenn sehr unterschiedliche Quellen in der Metasuche abgefragt werden - einen guten Anhaltspunkt für die weitere Recherche. Diese Auswahlform wird in Kapitel 12.6 eingehender behandelt werden.

Die dritte Clusteranzeige bei Clusty ist schließlich die Sortierung nach URLs. Dabei erfolgt eine Unterteilung sowohl nach Top Level Domains als auch nach einzelnen Servern. Auf der ersten Ebene werden vor allem Top Level Domains (sowohl Länderdomains als auch generische Domains) angezeigt. Wird ein Cluster aufgeblättert, werden darunter die Server, welche die meisten Dokumente vorhalten, aufgeführt. In Abbildung 10.9 ist das Cluster der deutschen Domains (de-Endung) aufgeblättert. Darunter finden sich vor allem die Server der relevanten Hochschulen. Hier fällt u.a. auf, dass ein Server offensichtlich unter zwei verschiedenen Namen geführt wird: bei uni-sb.de und uni-saarland.de handelt es sich um dasselbe Angebot. Da die Ergebnisse, die in die Clusterbildung eingehen, hier unter Umständen von unterschiedlichen Suchmaschinen stammen, ist der Fehler nicht Clusty anzulasten. Korrekterweise müssten beide Server allerdings in einem Cluster stehen.

Neben den bei Clusty verwendeten Clusterarten gibt es natürlich noch weitere Möglichkeiten, Teilmengen aus den ursprünglichen Treffermengen zu bilden. So teilt die Firmenlösung von Northern Light die Ergebnisse in die Clusterarten Thema (*subject*), Dokumenttyp (*type*), Quelle (*source*) und Sprache (*language*). Diese Cluster wurden auch in der Norhern-Light-Web-Suchmaschine verwendet, als diese noch bestand (vgl. Stock u. Stock 2001a).

Clusterverfahren bieten eine intuitiv verständliche Möglichkeit, große Treffermengen ohne erweiterte Recherchekenntnisse schnell auf ein überschaubares Maß einzuschränken. Auch wenn durch teils ungenaue Zuordnungen relevante Dokumente im Prozess der Einschränkung „verloren gehen", so dürfte das Verfahren doch gerade dem ungeübten Nutzer die Möglichkeit geben, Dokumente zu ermitteln, die zu seinem Informationsbedürfnis passen, auch wenn seine Suchanfrage nur sehr ungenau formuliert war und die dahinterstehende Intention nicht zu erkennen war. Die Clusterbildung sollte von zukünftigen Suchmaschinen zur Unterstützung der Nutzer eingesetzt werden.

Nicht vergessen werden sollte allerdings auch, dass sich die Clusterbildung (im Gegensatz etwa zur Navigation in einer Klassifikation) nur für die Veränderung der Suchanfrage „in eine Richtung" eignet, nämlich zur Einschränkung der Ergebnismenge. Hat der Nutzer seine Anfrage zu spezifisch formuliert, d.h. es werden zu wenige Treffer zurückgegeben, so bietet die Clusteranalyse keine Möglichkeit, zu einer weniger spezifischen Anfrage zu gelangen, ohne die Suchanfrage selbst zu reformulieren.

Das Browsing durch die Cluster bedeutet auch stets den Ausschluss aller anderen Cluster. Die bisherigen Lösungen bieten keine Möglichkeit, gleichzeitig mehrere Cluster auszuwählen, obwohl in der Praxis relativ häufig der Fall auftritt, dass mehrere Cluster für die Befriedigung des Informationsbedürfnisses relevant sind.

10.5 Graphische Ansätze der Ergebnispräsentation

Der Vollständigkeit halber soll im Rahmen dieses Kapitels noch die Visualisierung von Suchergebnissen erwähnt werden. Sie bildet einen eigenen Bereich der Benutzerführung, die sich klar von den sonstigen in diesem Kapitel besprochenen intuitiven Verfahren abhebt. So dürfte es tatsächlich der Fall sein, dass „visuelle Verfahren im IR nicht auf ihre Umgestaltung der Suchmaschinenbenutzeroberfläche degradiert werden [können, sondern] vielmehr das Potenzial in sich [tragen], das Retrievalverfahren an sich maßgeblich zu verändern" (Wild 2005, 33).

Visuelle Ergebnisdarstellungen werden in Suchmaschinen bisher nur vereinzelt eingesetzt.[23] Mit einer Durchsetzung solcher Suchmaschinen ist allerdings zumindest auf mittlere Frist nicht zu rechnen, da sie erstens auf Nutzerseite bestimmte technische Voraussetzungen erfordern[24] und zweitens der Nutzen der visuellen Verfahren zumindest bisher empirisch nicht eindeutig nachgewiesen werden konnte. Selbst Verfechter visueller Verfahren weisen darauf hin, dass „der Einsatz von Visualisierungsformen in der Informationsaufbereitung [oft] per se als gewinnbringend für Bedienbarkeit und Verständlichkeit angenommen [wird], obwohl Studien durchaus auch kontraproduktive Verarbeitungs- und Lerneffekte nachgewiesen haben" (Wild 2005, 29).

So unterschiedlich die beschriebenen Verfahren der intuitiven Nutzerführung und ihre Nützlichkeit auch sind, so konnte doch gezeigt werden, dass sie dem Nutzer eine wichtige Hilfe bieten, sein Informationsbedürfnis, welches er nicht oder nur ungenau formulieren konnte, zu spezifizieren und so zu passenden Ergebnissen zu kommen. Aufgrund der bekannt geringen Kenntnisse der Nutzer und des daraus resultierenden Verhaltens in der Interaktion mit Suchmaschinen sind solche Verfahren grundsätzlich zu empfehlen.

Verfahren der intuitiven Benutzerführung erweitern den Suchvorgang um (mindestens) einen Schritt: Nach dem Abschicken einer Suchanfrage wird zwar wie bisher auch direkt eine Trefferliste präsentiert. Zusätzlich werden aber Möglichkeiten angeboten, die Anfrage zu modifizieren. Die Grundannahme solcher Verfahren ist es, dass der Nutzer sein Informationsbedürfnis nicht oder nur unzureichend in einer Suchanfrage ausdrücken kann und daher im ersten Schritt nicht (oder zumindest nicht immer) zu den gewünschten Ergebnissen gelangt.

Den benutzerführenden Verfahren steht die Gewöhnung der Nutzer entgegen; sie gehen zu einem großen Teil davon aus, dass sie sofort (und möglichst an erster Stelle der Trefferliste) *das* passende Ergebnis angezeigt bekommen. Sie sind sich meist nicht im Klaren, dass es für viele Suchanfragen entweder nicht nur ein passendes Ergebnis gibt oder aber nicht *das* passende Ergebnis, sondern die Frage nur durch die Kombination von Informationen aus verschiedenen Dokumenten beantwortet werden kann.

Suchmaschinen, die bevorzugt auf linktopologische Verfahren setzen, arbeiten mit Annahmen über die Wahrscheinlichkeit, mit der ein Suchergebnis für den Nutzer passend ist. Besonders auffällig wird dies bei mehrdeutigen Begriffen: So findet sich bei einer Suche in Google (Stand: 8.4.2005) unter den ersten 50 Ergebnissen kein einziges, welches die Insel Java betrifft. Vielmehr behandeln alle Treffer die gleichnamige Programmiersprache. Zwar mag man annehmen, dass die Mehrheit der Nutzer nach Java als Programmiersprache sucht, allerdings lassen bisherige

---

[23] So etwa in der Metasuchmaschine Kartoo (www.kartoo.com).

[24] Hier ist insbesondere an Browser-PlugIns wie den Flash-Player u.ä. zu denken.

Suchmaschinen den Nutzer, der Informationen über die Insel sucht, mit seiner Suchanfrage weitgehend im Stich. Hier helfen benutzerleitende Verfahren, sei es durch den Vorschlag ergänzender Suchbegriffe oder durch das Anbieten von unterschiedlichen Clustern.

Während in den bisherigen Kapiteln die bisher von den Suchmaschinen verwendeten Verfahren im Information Retrieval besprochen wurden, soll es im weiteren Verlauf darum gehen, auf Basis der ausgesprochenen Kritik an diesen Verfahren Verbesserungsmöglichkeiten zu entwickeln. Diese bauen auf zwei grundlegenden Annahmen auf:

1. Die Nutzer sollten eine stärkere Kontrolle über die Treffermengen erhalten. Diese haben sie bisher nur (oder wenigstens: vor allem) über die manuelle Modifikation ihrer Suchanfragen, wobei sie weitestgehend auf sich selbst gestellt sind. Unter Berücksichtigung benutzerleitender Verfahren, wie sie in diesem Kapitel vorgestellt werden, soll den Nutzern die Kontrolle über die Trefferlisten wenigstens ein Stück weit zurückgegeben werden. Dabei werden die Kenntnisse und die Möglichkeiten der Nutzer zu berücksichtigen sein. Auf Basis des bisher Erarbeiteten werden drei Kernbereiche identifiziert, die für eine Verbesserung des Web Information Retrieval kritisch sind: Aktualität, Qualität und Dokumentrepräsentation. Dieser Einteilung folgt auch die weitere Gliederung dieses Buchs: Jedes dieser Themen wird in einem eigenen Kapitel abgehandelt.
2. Während bisherige Suchmaschinen sich vor allem an den Laiennutzer wenden, sollen mit dem im Folgenden dargestellten Ansatz sowohl die Bedürfnisse der Laien als auch die der Profi-Rechercheure befriedigt werden. Diese beiden Nutzergruppen in einem System adäquat zu bedienen, ist die weitere Aufgabe der im Folgenden vorgestellten Verbesserungen.

Die in den folgenden Kapiteln vorgestellten Verfahren sollen in erster Linie benutzbar sein und einen Mehrwert für den Nutzer darstellen; es geht weniger um perfekte Verfahren, die unter Umständen im Kontext des Web Information Retrieval gar nicht umsetzbar sind.

11 Aktualität

In diesem Kapitel wird die Problematik der Suche nach aktuellen Dokumenten in Suchmaschinen diskutiert. Im ersten Teil wird dargestellt, warum eine Beschränkung nach dem Datum bei der Recherche von besonderer Bedeutung ist. Anschließend wird die datumsbeschränkte Suche in den gängigen Suchmaschinen beschrieben und aufgezeigt, welche Mängel dieser Art von Suchen anhaften. Darauf aufbauend werden die generellen Schwierigkeiten bei der Ermittlung von Datumsangaben aus Web-Dokumenten ermittelt und mögliche Lösungswege beschrieben. Die Probleme der Einbindung aktueller Dokumente in die Datenbanken der Suchmaschinen und die daraus resultierenden Lösungen werden dargelegt. Zuletzt geht es um die Einbindung von Aktualitätsfaktoren in das Ranking; die aus den aufgezählten Bereichen gewonnenen Erkenntnisse werden schließlich zu einem Ansatz zusammengeführt, der die Entscheidung über die für die Treffermenge gewünschte Aktualität an den Nutzer übergibt.

11.1 Bedeutung der Beschränkung nach der Aktualität der Dokumente

Bevor von der Bedeutung der Beschränkung nach der Aktualität die Rede sein kann, muss noch einmal betont werden, dass die Indexe der Suchmaschinen weder vollständig noch aktuell sind (s. auch Kap. 3). Die Suchmaschinen zeigen stets nur ein Bild der Vergangenheit; der Unterschied kann nur darin bestehen, wie alt dieses Bild ist. Als allererstes ist die Frage nach der Aktualität also eine Frage nach der Index-Qualität. In diesem Kapitel soll es nun aber um die Frage nach der Einbindung bzw. Steuerung der gewünschten Aktualität durch den Nutzer gehen.

Die besondere Bedeutung der Datumsbeschränkung ergibt sich aus ihrer intuitiven Verständlichkeit und der Gewöhnung an eine solche Beschränkungsform aus anderen Kontexten. Für Recherchen ist es außerdem oft von großer Bedeutung, aktuelle Dokumente zu finden, um auf dem aktuellen Stand der Entwicklungen zu sein.

Die Datumsbeschränkung wird auch von den meisten Suchmaschinen im Rahmen der erweiterten Suchformulare angeboten. Bei einem insgesamt gesehen geringen Funktionsumfang dieser Formulare wird also die Bedeutung dieser Einschränkungsmöglichkeit auch von Seiten der Suchmaschinenbetreiber erkannt. Auch in speziellen Suchbereichen - in erster Linie ist hier an die News-Suche zu denken - können die Trefferlisten nach dem Datum sortiert werden.

Dass eine Sortierung der Trefferlisten nach dem Datum in der regulären Web-Suche nicht möglich ist, hat zwei Gründe: Zum einen ist es bei den großen Web-Datenbanken in der Regel nicht möglich, neue bzw. aktualisierte Dokumente in

Echtzeit in die Datenbank aufzunehmen. Der Index kann nicht ständig aktualisiert werden, sondern nur in gewissen Intervallen. Zum anderen haben die Suchmaschinen, wie in den nächsten Abschnitten gezeigt werden wird, massive Probleme, das tatsächliche Erstellungs- bzw. Aktualisierungsdatum der Dokumente zu bestimmen. Eine Sortierung nach dem Datum könnte diese Schwäche allzu deutlich offenbaren.

Allerdings muss man sich auch darüber klar sein, dass die Datumsbeschränkung nicht bei allen Anfragearten von gleich großer Bedeutung ist. Folgt man der Einteilung der Suchanfragen nach Broder (2002, s.a. Kap. 2.5), kann man sagen, dass für navigationsorientierte und transaktionsorientierte Anfragen die Datumsbeschränkung von eher geringer Bedeutung ist. Im Folgenden wird der Fokus auf die informationsorientierten Anfragen gerichtet, also auf diejenigen Anfragen, die am ehesten denen des klassischen Information Retrieval vergleichbar sind.

11.2 Funktionsfähigkeit der Datumsbeschränkung in Suchmaschinen

Die Problematik der Datumsermittlung durch Suchmaschinen und die Probleme, die dadurch bei der Recherche auftauchen, sollen anhand einer Untersuchung, die die Funktionsfähigkeit der Datumsbeschränkung in verschiedenen Suchmaschinen untersucht, beschrieben werden. Die hier präsentierten Ergebnisse basieren auf Lewandowski (2004b); der Text stellt eine überarbeitete Fassung dieses Aufsatzes dar.

Für die Untersuchung wurden 50 Suchanfragen ausgewählt und an vier verschiedene Suchmaschinen gestellt; einmal ohne Datumsbeschränkung, einmal mit der Einschränkung auf Dokumente, die innerhalb der letzten sechs Monate erstellt wurden. Der Test wurde am 3. April 2004 durchgeführt.

Für die ersten zwanzig ausgegebenen Treffer sollten Aktualitätsquoten berechnet werden, die den Anteil derjenigen Dokumente, die aus dem letzten halben Jahr stammen, wiedergeben. Damit sollte festgestellt werden, ob sich die Datumseinschränkung für einen Rechercheur „lohnt“, d.h. ob es gelingt, mit dieser Einschränkung tatsächlich nur aktuelle Dokumente zu finden und entsprechend inaktuelle Dokumente auszuschließen. Letztlich sollte bestimmt werden, welche Suchmaschine am geeignetsten für datumsbeschränkte Suchanfragen ist.

In der Untersuchung sollten alle gefundenen Seiten auf ein Aktualisierungsdatum hin untersucht werden. War ein solches vorhanden, wurde es notiert und ging in die Auswertung mit ein. Wenn kein Aktualisierungsdatum vorhanden war oder dieses nicht eindeutig war, ging der entsprechende Treffer nicht in die Auswertung mit ein.

11.2.1 Methodik

Aktualisierungsdatum. Im Folgenden soll unter dem Datum eines Dokuments der Aktualisierungszeitpunkt inhaltlicher Elemente des Dokuments (also in der Regel des *Texts*) verstanden werden; andere Aktualisierungen wie beispielsweise die Anpassung des Layouts oder die Aktualisierung des Copyright-Vermerks sollen nicht als Aktualisierung gewertet werden.

Auswahl der Suchmaschinen. Für diese Untersuchung wurden die Suchmaschinen Google, Yahoo und Teoma ausgewählt. Dies waren zum Untersuchungszeitpunkt diejenigen Suchmaschinen, die die weltweit größten und am meisten benutzten Indexe anboten (vgl. auch Sullivan 2003).Unberücksichtigt blieben Suchmaschinen, die sich speziell auf einen Sprachraum oder ein Thema beschränken. Zum Zeitpunkt der Datenerhebung (April 2004) existierte MSN noch nicht als eigene Suchmaschine, sondern basierte auf zugekauften Treffern. Sie wurde deshalb in der Untersuchung nicht berücksichtigt.

Auswahl der Suchanfragen. Die Auswahl der Testfragen sollte zufällig erfolgen. Die Suchanfragen für diese Untersuchung wurden über die „Live-Suche" von Fireball[25] ausgewählt, in der Suchanfragen angezeigt werden, die jeweils aktuell an Fireball gestellt werden. Diese Vorgehensweise gewährleistet die zufällige Auswahl der Suchanfragen und die Orientierung am tatsächlichen Suchverhalten der Nutzer. Aufgrund der Zielsetzung von Fireball, das deutschsprachige Web zu erschließen und entsprechende Suchanfragen zu beantworten, waren diese größtenteils deutschsprachig.

Die Anfragen wurden am 15. März 2004 ermittelt; ausgeschlossen wurden Anfragen in der Bildersuche und im internationalen Index. Beide werden in der Live-Suche gesondert angegeben, so dass die Auswahl der Anfragen an den deutschsprachigen Index als zuverlässig anzusehen ist. Weiterhin ausgeschlossen wurden Suchanfragen, die auf ein pornographisches Interesse hindeuteten. Schließlich wurden die gefundenen Suchanfragen von Dubletten gereinigt.

Mittels dieser Methode wurden insgesamt 50 Anfragen ausgewählt, die für die weitere Untersuchung genutzt wurden. Für eventuell auftauchende Problemfälle wie z.B. einem Ergebnis von null Treffern für eine Suchanfrage wurden weitere Suchanfragen vorbereitet, die als Ersatz verwendet werden konnten.

Testaufbau. Für die Untersuchung wurden die 50 ausgewählten Suchanfragen an die unterschiedlichen Suchmaschinen gerichtet. Ausgewertet wurden die ersten 20 Plätze der Trefferlisten jeweils in der Standardsuche und in der Suche nach Dokumenten der letzten sechs Monate.

---

[25] http://www.fireball.de/livesuche.csp [8.4.2004]

Die Standardeinstellungen der Suchmaschinen wurden beibehalten, so dass Dokumente in einer beliebigen Sprache gefunden wurden. Bei Yahoo wurde jeweils die „weltweite Suche“ manuell ausgewählt.

Für die Auswertung wurden die jeweils zwanzig höchstplatzierten Treffer aus den Trefferlisten entnommen. Wurden zwanzig oder weniger Treffer ausgegeben, so wurde die Trefferliste vollständig ausgewertet.

Bei der Auswertung der Treffer wurde keinerlei Überprüfung der Relevanz der Treffer vorgenommen. Das einzige Kriterium der Auswertung war das Vorkommen einer Datumsangabe im Dokument. Berücksichtigt wurden alle ausgegebenen Dateitypen. Bei der Durchführung des Tests wurden allerdings nur Ergebnisse in den Formaten HTML und PDF gefunden.

Wenn in den Trefferlisten tote Links auftauchten, so wurden diese ignoriert. Die Trefferliste wurde stets so weit ausgewertet, bis der Schwellenwert von zwanzig abrufbaren Dokumenten erreicht wurde. Bezahlte Treffer („sponsored listings“ etc.), die über, unter oder neben den Trefferlisten angezeigt wurden, wurden in der Auswertung ignoriert.

Auffälligkeiten bei einzelnen Suchmaschinen. Schon bei einem ersten Stichprobentest im Vorfeld der Untersuchung fiel auf, dass bei Google die Datumsbeschränkung in der erweiterten Suche vollkommen wirkungslos war. Das heißt: gleichgültig, ob das Datum eingeschränkt wurde oder nicht, blieben die Ergebnisse und deren Anordnung gleich. Es handelte sich dabei nicht um einen temporären „Bug“; dieser Fehler bestand seit mindestens November 2003 und konnte bis mindestens Mai 2004 beobachtet werden.

Für die Untersuchung bestand trotzdem eine Möglichkeit, die Suche doch noch erfolgreich über das Datum einzuschränken; dazu musste die Datumsangabe jedoch in Form eines Befehls eingegeben werden.[26] Allerdings verwendet Google intern julianische Datumsangaben[27] (Calishain u. Dornfest 2003, 35). Alle Suchanfragen müssen also erst in dieses Format übersetzt werden. Da dies manuell nicht zu leisten ist, gibt es Interfaces wie beispielsweise das „Google Ultimate Interface“[28], die eine einfache Suche nach dem Datum ermöglichen. Dieses Interface wurde für die im Test verwendeten Anfragen benutzt[29].

---

[26] Dieser lautet *daterange:{Startdatum}-{Enddatum}*

[27] Das julianische Datum wird in Tagen seit dem 1. Januar 4713 vor unserer Zeit gemessen. Der Tag beginnt jeweils um 12 Uhr mittags. Das julianische Datum für den 8. April 2004 nachmittags lautet beispielsweise 2453104.

[28] http://www.faganfinder.com/google.html [8.4.2004]

[29] Das „Google Ultimate Interface“ wird von Google nicht offiziell unterstützt. Allerdings setzt es der Suchanfrage nur eine entsprechende Ergänzung um den Daterange-Befehl hinzu und schickt die Anfrage direkt an Google. Die ausgegebene Trefferliste kommt direkt von Google

Auswertung der Datumsangaben. Die den Test durchführenden Personen wurden gebeten, auf den gefundenen Webseiten nach Datumsangaben zu suchen. Wenn ein *Aktualisierungs*datum identifiziert werden konnte, sollte dies auf einem Erhebungsbogen notiert werden. Folgende Regeln wurden angewendet:

Wenn das Dokument ein explizites Änderungsdatum im Text enthielt, wurde dieses gewertet. Ein solches Änderungsdatum konnte beispielsweise durch einen Hinweis am Seitenanfang oder -ende wie „last modified: ....“ ausgedrückt werden. Auch bestimmte Texttypen wie Nachrichtenmeldungen, die in der Regel datiert sind, konnten entsprechend ausgewertet werden.

Allerdings enthalten einige Seiten automatisch generierte Datumsangaben, die keine echte Aktualisierung anzeigen. Ausgeschieden wurden solche Seiten, die neben dem aktuellen Datum auch die aktuelle Uhrzeit enthielten. Weiterhin ausgeschieden wurden Seiten mit einer Datumsangabe, die aufgrund des Inhalts eindeutig als automatisch generiert identifiziert werden konnten. Seiten mit automatischer Datumsangabe wurden gesondert gezählt.

Enthielt das untersuchte Dokument einen Copyright-Hinweis, so bestand dieser in nahezu allen Fällen lediglich aus einer Jahreszahl. In vielen Fällen wird dieser Hinweis automatisch generiert und für alle Dokumente einer Site auf das aktuelle Jahr gesetzt. Copyright-Hinweise mit der Jahresangabe 2004 oder 2003 wurden daher nicht in die Auswertung mit einbezogen; lautete der entsprechende Hinweis jedoch 2002 oder älter, so wurde dies als Zeichen für die Inaktualität der Seite gewertet und ging in die Wertung mit ein.

Teils wurden auf den Seiten auch Datumsangaben gefunden, die in der Zukunft lagen. Solche Angaben wurden ignoriert.

Die Testdurchführenden wurden darum gebeten, die in den europäischen und US-amerikanischen Datumsangaben bestehenden Unterschiede (Reihenfolge von Tag und Monat) zu beachten.

Mit dieser Methode konnte festgestellt werden, dass zwischen 28 und 33 Prozent der untersuchten Seiten eine Datumsangabe enthalten (vgl. Tabellen 11.1 und 11.2). Die Betrachtung derjenigen Seiten, die bei der uneingeschränkten Suche gefunden wurden, und derjenigen, die bei der eingeschränkten Suche gefunden wurden, brachte keine signifikanten Unterschiede. In einer älteren Studie, die auch untersuchte, welcher Anteil der Web-Dokumente ein Aktualisierungsdatum enthält, lag dieser Wert bei 43,6 Prozent bei einer Basis von 105 untersuchten Seiten (Tan, Foo, Hui 2001, 10). Dabei wurde festgestellt, dass sich ein Aktualisierungsdatum eher auf der Hauptseite einer Website findet als auf den Unterseiten.

---

und läuft nicht mehr über das „Ultimate Interface“, so dass Manipulationen ausgeschlossen werden können. Der Daterange-Befehl wird im Google-API („Application Programming Interface“) ausdrücklich unterstützt.

Mit etwa 30 Prozent der gefundenen Seiten, die eine Datumsangabe enthalten, wurde eine Anzahl von Dokumenten gefunden, die eine Auswertung der Leistungsfähigkeit der Suchmaschinen auf dieser Basis möglich macht. Eine statistische Überprüfung ergibt, dass die Unterschiede zwischen den einzelnen Suchmaschinen hinsichtlich des Anteils der prüfbaren Seiten nicht signifikant sind.

Tabelle 11.1. Anteil der Seiten mit Datumsangaben im gesamten Index

Suchmaschine	Anzahl untersuchte Treffer für die 50 Beispielanfragen*	Anzahl der Seiten mit Datumsangabe	Anteil der Seiten mit Datumsangabe in Prozent
Teoma	933	313	33,55
Google	978	308	31,49
Yahoo	979	296	30,23

*Da je Suchanfrage die ersten 20 Treffer ausgewertet wurden, konnten bei den 50 Anfragen insgesamt maximal 1.000 Treffer erreicht werden. Bei einigen Suchanfragen wurden jedoch weniger als 20 Treffer gefunden, so dass sich die Zahl entsprechend reduziert und je nach Suchmaschine variiert.

Tabelle 11.2. Anteil der Seiten mit Datumsangaben; nur Dokumente, die von den Suchmaschinen innerhalb der letzten sechs Monate datiert wurden.

Suchmaschine	Anzahl untersuchte Treffer für die 50 Beispielanfragen*	Anzahl der Seiten mit Datumsangabe	Anteil der Seiten mit Datumsangabe in Prozent
Teoma	933	308	33,01
Google	971	279	28,73
Yahoo	972	284	29,22

*Da je Suchanfrage die ersten 20 Treffer ausgewertet wurden, konnten bei den 50 Anfragen insgesamt maximal 1.000 Treffer erreicht werden. Bei einigen Suchanfragen wurden jedoch weniger als 20 Treffer gefunden, so dass sich die Zahl entsprechend reduziert und je nach Suchmaschine variiert.

11.2.2 Ergebnisse

Aktualität der Dokumente. Es wurde gemessen, wie viele der Dokumente aus den Top 20 der Trefferlisten tatsächlich aus den letzten sechs Monaten stammen. Der Anteil dieser Dokumente am Gesamt der untersuchten Dokumente wird im weiteren Text als Aktualitätsquote bezeichnet. Diese Quote wurde sowohl für die Suche mit als auch für die Suche ohne Datumsbeschränkung errechnet.

Tabelle 11.3. Aktualitätsquoten der untersuchten Suchmaschinen

Suchmaschine	Aktualitätsquote Standardsuche	Aktualitätsquote bei Suche mit Datumsbeschränkung	Steigerung in Prozent
Teoma	37,06	37,34	0,76
Google	48,70	59,50	22,18
Yahoo	40,54	54,23	33,77

Teoma findet bei der Suche mit Datumsbeschränkung keinen höheren Anteil an aktuellen Dokumenten als bei der Suche ohne Datumsbeschränkung. Auch bietet Teoma den geringsten Anteil an aktuellen Dokumenten. Yahoo liegt bei der uneingeschränkten Suche bei einer Aktualitätsquote von 40,5 Prozent, Google bei 48,7 Prozent. Bei Google stammt also schon in der uneingeschränkten Suche beinahe jedes zweite Dokument aus dem letzten halben Jahr.

Beschränkt man die Suche auf Dokumente des letzten halben Jahres, so kann Yahoo die Aktualitätsquote auf 54,2 Prozent steigern, Google sogar auf 59,5 Prozent. Dies bedeutet allerdings auch, dass selbst bei der hier am besten bewerteten Suchmaschine Google noch 40 Prozent der gefundenen Dokumente falsch zugeordnet wurden, d.h. nicht innerhalb des eingestellten Zeitraums zu datieren sind.

Betrachtet man die Steigerung der Aktualitätsquote, so zeigt sich, dass Yahoo hier den höchsten Wert vorweisen kann. Während Google mit 59,50 Prozent aktueller Dokumente zwar absolut besser abschneidet, kann Yahoo eine Steigerung von 33,77 Prozent verzeichnen. Google scheint hingegen generell Dokumente, die in kürzeren Abständen aktualisiert werden, zu bevorzugen.

Betrachtet man statt der insgesamt gefundenen Dokumente die Ergebnisse der einzelnen Suchanfragen, zeigt sich bei den einzelnen Suchmaschinen eine unterschiedliche Verteilung (siehe Abbildungen 11.1 bis 11.3). Die Aktualitätsquote schwankt bei allen Suchmaschinen zwischen den einzelnen Suchanfragen erheblich. Keine Suchmaschine bewegt sich durchweg bei einer mittleren oder hohen Aktualitätsquote. Google und Teoma gelingt es allerdings häufiger als Yahoo, eine Aktualitätsquote von 100 Prozent zu erreichen. Dafür fällt aber bei beiden Suchmaschinen auch auf, dass sie deutlich öfter als Yahoo eine Quote von weniger als zehn Prozent erreichen. Die Verteilung bei Yahoo ist am ehesten gleichmäßig.

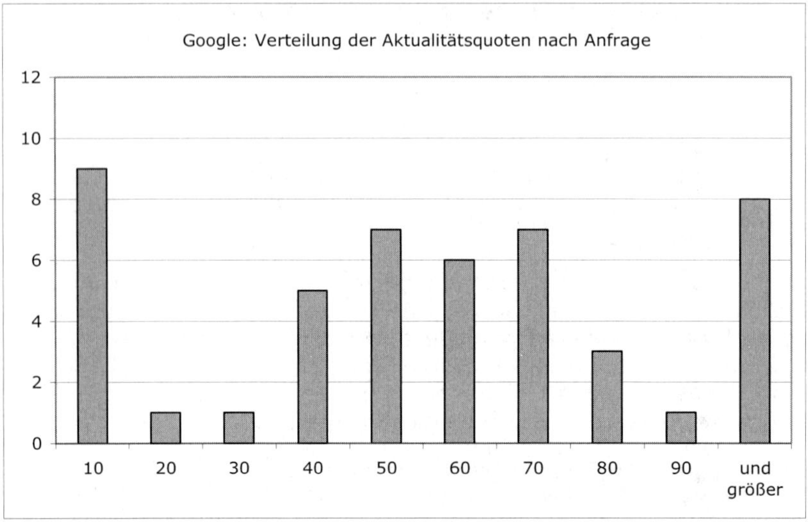

Abb. 11.1. Verteilung der Aktualitätsquoten nach Suchanfragen bei Google

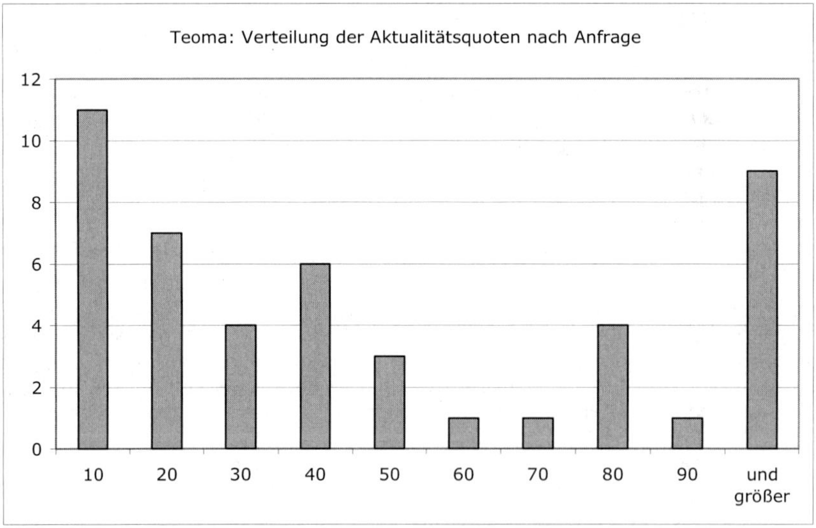

Abb. 11.2. Verteilung der Aktualitätsquote nach Suchanfragen bei Teoma

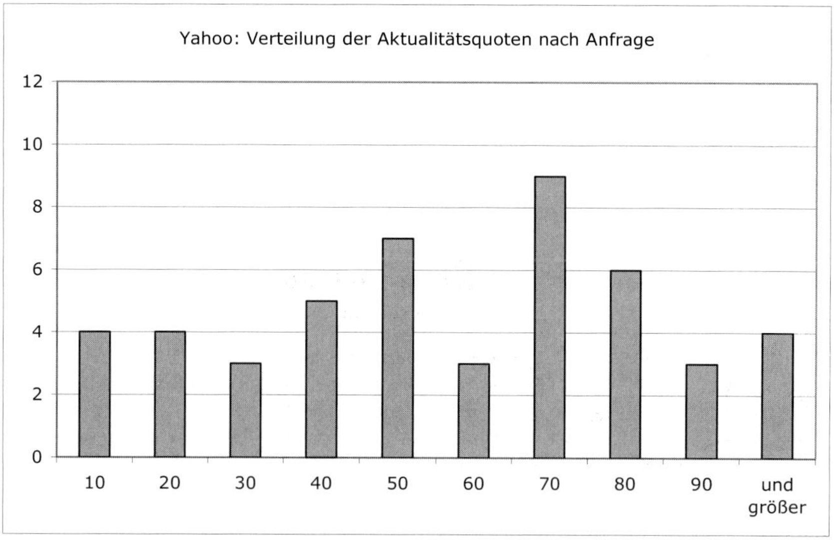

Abb. 11.3. Verteilung der Aktualitätsquote nach Suchanfragen bei Yahoo

Fehlerquote. Für den Suchenden stellt sich nicht nur die Frage, welcher Anteil der gefundenen Dokumente richtig zugeordnet werden konnte, sondern auch die Frage nach den offensichtlich falsch zugeordneten Dokumenten. Bisher wurde als Grundlage für den Sucherfolg der Suchmaschinen nur die Quote der aktuellen Dokumente am Gesamt aller gefundenen Dokumente gewertet. Das Gegenstück zur Aktualitätsquote ist die Fehlerquote - sie misst den Anteil der falsch zugeordneten Dokumente.

Bei Ansicht der Fehlerquoten (Tabelle 11.4) zeigt sich, dass die Suchmaschine Teoma deutlich mehr Dokumente falsch einschätzt als sie richtig zuordnen kann. Die Fehlerquote liegt bei 62,66 Prozent. Besser schneidet Yahoo ab; hier liegt die Fehlerquote allerdings auch noch bei 45,77 Prozent. Selbst beim Testsieger Google mit der geringsten Fehlerquote werden noch 40,5 Prozent der Dokumente falsch zugeordnet. Die statistische Überprüfung ergibt, dass die Unterschiede signifikant sind.

Tabelle 11.4. Fehlerquoten bei der Datumsbegrenzung

Suchmaschine	richtig eingeschätzt	falsch eingeschätzt	Fehlerquote in Prozent
Teoma	115	193	62,66
Google	166	113	40,50
Yahoo	154	130	45,77

Die hohen Fehlerquoten aller Suchmaschinen bestätigen die Vermutung, dass die Suchmaschinen das tatsächliche Datum eines Dokuments nur schwer ermitteln können.

Für den Nutzer stellt sich aufgrund der insgesamt unbefriedigenden Ergebnisse aller Suchmaschinen die Frage, ob er die Datumsbeschränkung benutzen soll oder nicht. Tabelle 11.5 zeigt, in wie vielen Fällen es sich lohnt, die Suche entsprechend einzuschränken oder nicht. Nicht mit in die Auswertung gingen hier diejenigen Suchanfragen ein, bei denen sowohl ohne als auch mit Beschränkung eine Quote von 100 Prozent erreicht wurde.

Yahoo schneidet in dieser Auswertung am besten ab. Allerdings verbessert sich auch bei dieser Suchmaschine das Ergebnis in nur etwas mehr als zwei Dritteln der Anfragen. Interessant ist der bei allen untersuchten Suchmaschinen relativ hohe Anteil von Anfragen, bei denen sich das Ergebnis bei der Datumsbeschränkung verschlechtert sowie der Anteil der Anfragen, bei denen die Datumsbeschränkung nichts verändert.

Tabelle 11.5. Verbesserung bzw. Verschlechterung der Aktualitätsquote durch die Datumsbeschränkung

Suchmaschine	schlechter	gleich	besser
Teoma	14	17	16
Google	8	12	25
Yahoo	7	10	30

Sieger je Anfrage. Abbildung 11.4 zeigt, welche Suchmaschine wie viele Suchanfragen im Vergleich am besten beantworten konnte, unabhängig davon, welche Aktualitätsquote erreicht wurde. Als am besten gilt hier diejenige Suchmaschine, die in der datumsbeschränkten Suche die beste Aktualitätsquote erreicht. Es wurden jeweils Ränge vergeben; wenn zwei Suchmaschinen die gleiche Aktualitätsquote erreichten, erhielten sie den gleichen Rangplatz und der dritten Suchmaschine wurde der nächste niedrigere Rangplatz zugewiesen. Wenn die Aktualitätsquote bei einer Suchmaschine bei Null lag, wurde auf jeden Fall der dritte Platz zugewiesen.

Es zeigt sich, dass Yahoo bei insgesamt 24 Suchanfragen den ersten Platz belegt, Google folgt mit 18 ersten Platzierungen. Zwar konnte ja bereits festgestellt werden, dass Google insgesamt die höchste Aktualitätsquote erreicht, dies trifft jedoch nicht auf alle Suchanfragen zu. Aus der Verteilung der Sieger nach Suchanfragen lässt sich keine eindeutige Empfehlung aussprechen. Auch der Gewinner Yahoo belegt nur in knapp der Hälfte der Suchanfragen den ersten Platz. Es scheint also stark von der Suchanfrage abzuhängen, welche Suchmaschine die beste Wahl in Bezug auf aktuelle Dokumente ist. Selbst Teoma, also die Suchmaschine, die insgesamt am schlechtesten abschneidet, liefert bei 30 Prozent der Suchanfragen (mit) das beste Ergebnis.

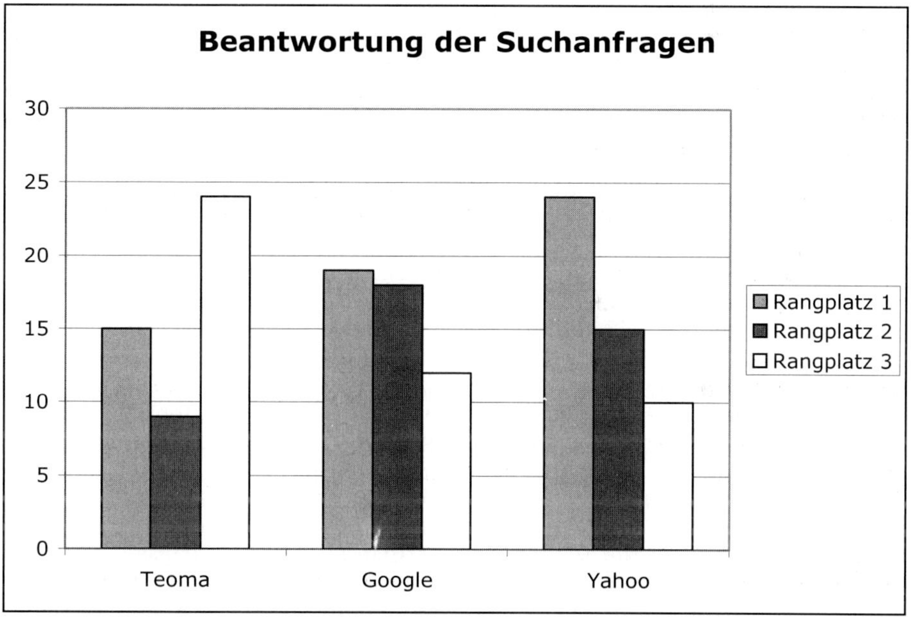

Abb. 11.4. Rangplätze in Bezug auf die Datumsbeschränkung der 50 Suchanfragen

11.3 Möglichkeiten der Ermittlung von Datumsangaben in Web-Dokumenten

In der Untersuchung konnte gezeigt werden, dass die Datumsbeschränkung bei den gängigen Suchmaschinen nur unzureichend funktioniert. Die Suchmaschinen scheinen auf die falsche Methode zu setzen, um das tatsächliche Aktualisierungsdatum der Dokumente zu erkennen. Im Folgenden sollen die Möglichkeiten, das Datum eines Dokuments zu erkennen, diskutiert werden.

Die Textauszeichnungssprache HTML bietet kein eigenes *tag*, in dem das Datum eines Dokuments angegeben wird. Deshalb sind Suchmaschinen bei der Aufnahme von Dokumenten in ihren Index auf andere Indikatoren für die Ermittlung des Datums eines Dokuments angewiesen. Notess (2004a) gibt einen praxisorientierten Überblick über die Probleme der Datumsermittlung im Web-Kontext. Dabei wird auch auf die unterschiedlichen Zeitzonen und die Datumsangaben beispielsweise in Blog-Software eingegangen.

Für unseren Kontext sind die folgenden vier Möglichkeiten der Bestimmung des Datums eines HTML-Dokuments von Bedeutung:

- Auswertung der Angaben des Servers, auf dem das Dokument abgelegt ist
- Verwendung des Datums des ersten Auffindens des Dokuments durch die Suchmaschine
- Auswertung der Angaben in den Metadaten des Dokuments
- Auswertung des Inhalts des Dokuments in Hinblick auf eventuell vorkommende Datumsangaben

Wird eine Anfrage nach einem Dokument an einen Server gestellt, so werden neben dem Dokument selbst weitere Informationen zurückgegeben, unter anderem auch eine Datumsangabe. Diese zeigt das Datum der letzten Änderung des Dokuments *auf dem Server*, d.h. das Änderungsdatum der entsprechenden Datei. Allerdings muss eine Aktualisierung der Datei auf dem Server keine Aktualisierung des Inhalts dieser Datei bedeuten. Werden beispielsweise alle Inhalte neu auf den Server überspielt, so erhalten alle Dateien automatisch ein neues Aktualisierungsdatum, auch wenn die Inhalte selbst nicht geändert wurden. Problematisch sind auch dynamische Inhalte, die beispielsweise durch Content-Management-Systeme generiert werden. Die Inhalte werden erst im Moment einer Abfrage mit den Layout- und Navigationselementen zusammengefügt und an den anfragenden Rechner geschickt. Das vom Server übermittelte Datum ist dabei stets das aktuelle, da das Zusammensetzen des Dokuments als die technische Aktualisierung gewertet wird. Für Suchmaschinen ist dieses Datum dann natürlich nicht brauchbar, um das tatsächliche Aktualisierungsdatum des Dokumenteninhalts zu bestimmen.

Als eine Möglichkeit, das Erstellungsdatum eines Dokuments zumindest annäherungsweise zu bestimmen, bietet sich das Datum des ersten Auffindens des Dokuments durch die Suchmaschine an. In einem kontinuierlichen Crawling-Prozess werden immer neue Dokumente aufgefunden, die dem Datenbestand hinzugefügt werden. Für regelmäßig und in kurzen Abständen besuchte Seiten erscheint das Datum des ersten Auffindens als ein zuverlässiger Näherungswert des tatsächlichen Erstellungsdatums. Weitere Aktualisierungen des Dokuments müssen dann allerdings mit anderen Methoden bestimmt werden. Auch hier muss wieder klar zwischen einer Veränderung des Texts und einer Veränderung anderer Elemente des Dokuments unterschieden werden.

Ein spezifisches Problem dieses Ansatzes liegt in der Menge all der Dokumente, die vor dem Start der jeweiligen Suchmaschine erstellt und nicht mehr verändert wurden. Diesen kann nur das Datum des Beginns der Indexierung durch die Suchmaschine zugeordnet werden. Weitere Probleme ergeben sich, wenn die Indexgröße der Suchmaschine beschränkt ist (was in der Regel der Fall ist) und diese erweitert werden soll. Alle Dokumente, die bei einer solchen Erweiterung neu hinzugefügt werden, erhalten dann ein aktuelles Erstellungsdatum, auch wenn die Inhalte unter Umständen schon wesentlich älter sind.

Datumsangaben in den Metainformationen eines Dokuments wären eine gute Möglichkeit, das tatsächlich dem Dokument zugehörige Datum zu ermitteln. Eine Angabe ist sowohl in den „regulären" Metadaten als auch in speziellen Metadaten-Sets wie z.B. Dublin Core vorgesehen. Zusätzlich besteht bei den Metadaten eine klare Vorgabe, in welchem Format die Angaben zu machen sind. Einerseits ergibt sich allerdings das Problem der Zuverlässigkeit der Metadaten: Es hat sich gezeigt, dass Metadaten generell von vielen Website-Betreibern zur Manipulation der Suchmaschinen eingesetzt wurden. Zwar wurden vor allem die Keyword- und Beschreibungsinformationen manipuliert, wenn allerdings bekannt ist, dass die Suchmaschinen eine bestimmte Information (also eben z.B. auch das Datum) auswerten, so ist anzunehmen, dass auch diese Informationen manipuliert werden würden. Hinsichtlich der Metadaten sind die Suchmaschinen schon seit einigen Jahren so weit, dass sie diese nicht mehr für das Ranking auswerten. Meta-Keywords werden generell ignoriert, die Seiten-Beschreibungen werden oft für die in den Trefferlisten angezeigten Zusammenfassungen eingesetzt, haben jedoch keinen Einfluss auf das Ranking mehr.

Weiter gegen den Einsatz der Metadatenangaben für die Datumsbestimmung spricht deren sehr sporadische Verwendung. In einer Vorstudie zu der in Abschnitt 11.2 dargestellten Untersuchung wurde unter anderem festgestellt, dass nur ein verschwindend geringer Anteil der untersuchten Seiten eine Datumsangabe in den Metatags enthielt. Der Wert lag unter einem Prozent.

Die letzte Methode, das Datum eines HTML-Dokuments zu ermitteln, ist die Auswertung seines Inhalts. Datumsangaben haben ein bestimmtes Format (wenn dieses auch variieren kann; z.B. europäisches vs. US-amerikanisches Datumsformat) und können daher maschinell gefunden und ausgewertet werden. Des Weiteren werden Datumsangaben, die sich auf das Erstellungs- bzw. Aktualisierungsdatum des Dokuments beziehen, in der Regel an bestimmten Stellen des Dokuments vorkommen (meist am Anfang oder am Ende), so dass das Auffinden dieser Angaben erleichtert wird. Teilweise werden die Datumsangaben auf den Seiten allerdings automatisch generiert und immer das aktuelle Datum eingesetzt. Als einziger Ausweg ist hier der Vergleich des Inhalts des Texts in seiner alten und seiner neuen Version zu sehen, welcher allerdings einen gewissen Aufwand erfordert.

Zu beachten sind hier auch die bereits in Kap. 3.4 besprochenen Ergebnisse von Ntoulas, Cho und Olston (2004). Es sollte dringend der Veränderungsgrad der Dokumente beachtet werden, um zu vermeiden, dass nur geringe Veränderungen (wie die Aktualisierung der Datumsangabe oder des Copyright-Vermerks) als Aktualisierungen des Dokumenttexts gewertet werden.

Suchmaschinen könnten, wenn der Text des Dokuments aktualisiert wurde, die im Text bzw. seinem Umfeld vorhandene Datumsangabe übernehmen. Allerdings wurde in der Untersuchung in Kap. 11.2 auch ermittelt, dass nur etwa ein Drittel aller Dokumente überhaupt eine explizite Datumsangabe enthalten. Für die anderen Dokumente kann die beschriebene Methode natürlich nicht greifen.

Betrachtet man, wie heutige Suchmaschinen die Aktualisierung der Dokumente feststellen, so wird deutlich, dass sie sich (zumindest hauptsächlich) auf die Angaben des Servers verlassen, teils aber auch das Datum des ersten Auffinden des Dokuments und dessen Veränderungsfrequenz auswerten. Die Auswertung von Metadaten scheitert aufgrund dessen, dass diese von den Autoren der Dokumente nur selten angegeben werden. Datumsangaben innerhalb des Dokumententexts werden bisher nicht ausgewertet.

11.4 Aktualitätsfaktoren im Ranking

Nicht nur die Ermittlung von Datumsangaben für eine eingeschränkte Suche durch den Nutzer ist von Bedeutung, sondern auch die Verwendung von Aktualitätsfaktoren im Ranking. Durch die Ermittlung von Datumsangaben und Veränderungen der Dokumente sowie ihres Umfelds können wertvolle Informationen für das Ranking gewonnen werden, die über die üblichen Verfahren der Textstatistik und der Linktopologie hinausgehen. Auch die aus der Aktualität abgeleiteten Faktoren dienen der Verbesserung der Trefferlisten in der Hinsicht, dass qualitativ hochwertige Treffer bevorzugt angezeigt werden sollen und Spam-Treffer erkannt und ausgeschlossen werden sollen.

Da die heute eingesetzten Rankingverfahren, die zu einem wesentlichen Teil auf der Auswertung der Linktopologie im Umfeld der Dokumente basieren, potenziell ältere Dokumente, die bereits gut verlinkt sind, bevorzugen (s.a. Kap. 8), muss für neue Dokumente eine Ausgleichsfaktor verwendet werden, damit diese im Ranking überhaupt eine Chance haben. Wie in Abschnitt 11.2 besprochen wurde, scheinen manche Suchmaschinen (im Fall der Untersuchung war dies Google) neue

Dokumente generell zu bevorzugen. Zum besseren Verständnis soll hier nochmals der Weg einer neuen Seite von der Erstellung bis zu einem potenziell hohen Ranking in den Suchmaschinen beschrieben werden.

Abb. 11.5 zeigt diesen Weg schematisch anhand der beiden gegenübergestellten Rankingansätze der bevorzugten Verwendung von textstatistischen Verfahren und der bevorzugten Verwendung linktopologischer Verfahren. Die alleinige Verwendung eines der genannten Verfahren ist nicht (mehr) üblich. Selbstverständlich sind Rankingpositionen niemals statisch, allerdings ergeben sich mit der Zeit je nach Ansatz früher oder später relativ stabile Rankingpositionen.

Im Fall der Bevorzugung der textstatistischen Verfahren erreicht das Dokument schon zum Zeitpunkt seiner Erfassung durch die Suchmaschine eine hohe Rankposition, da sein Ranking hauptsächlich auf inhaltlichen Aspekten basiert, die ja schon bei der Veröffentlichung des Dokuments feststehen. Im weiteren Zeitverlauf wird das Dokument höher bewertet, wenn es Links auf sich ziehen kann. Sein Ranking verbessert sich mit der zunehmenden Anzahl von Links stetig. Die im Schaubild dargestellte Aufnahme in ein Web-Verzeichnis (und die damit verbundene starke Erhöhung der Linkpopularität des Dokuments) bedeutet nochmals einen Popularitätsschub und damit ein weiter verbessertes Ranking.

Der Weg des gleichen Dokuments verläuft in einer Suchmaschine, die sich stärker auf die Linktopologie ausrichtet, anders. Hier wird das Dokument zum gleichen Zeitpunkt in den Index aufgenommen, allerdings erreicht es zuerst nur eine relativ niedrige Rankingposition. Erst mit der zunehmenden Verlinkung des Dokuments steigt seine Rangposition. Im Schaubild ist dies als kontinuierlicher Prozess dargestellt, unter realen Bedingungen wird sich diese Steigerung allerdings kaum linear darstellen. Mit der Aufnahme des Dokuments in ein Verzeichnis schließlich erreicht das Dokument seine stabile Rankingposition; im Schaubild erreicht das Dokument nun in beiden Suchmaschinen die gleiche Position.

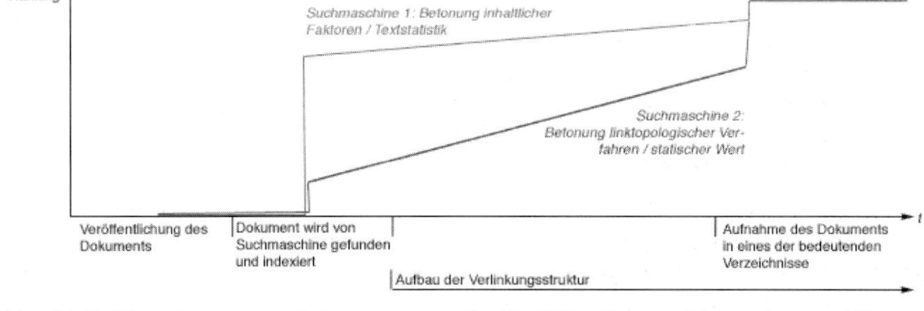

Abb. 11.5. Weg eines neuen Dokuments von der Veröffentlichung bis zu einer stabilen Rankingposition

Es dauert im Fall der linktopologisch orientierten Suchmaschine wesentlich länger, bis eine hohe Position erreicht werden kann. Bedenkt man dazu noch die Tendenzen zum *preferential attachment* (vgl. Kap. 8.6), so ergeben sich bei einem solchen Ranking gravierende Nachteile für neue Dokumente. Deshalb ist ein Ausgleichsfaktor nötig, der den neuen Dokumenten gleiche oder zumindest ähnliche Chancen im Ranking einräumt.

Acharya et al. (2005) beschreiben in ihrer Patentanmeldung unterschiedliche Aktualitätsfaktoren, die im Ranking verwendet werden können. Dabei wird davon ausgegangen, dass jedem Dokument ein statischer Aktualitätswert (ähnlich dem statischen Wert der Linkpopularität) zugewiesen wird. Die Möglichkeiten der Verwendung der Aktualitätsfaktoren teilen sich in die folgenden Gruppen:

Datum der Dokumenterstellung (*Document Inception Date*). Die Ermittlung dieser Form des Datums wurde im vorangegangenen Abschnitt diskutiert. Acharya et al. nennen die Möglichkeiten des ersten Auffindens des Dokuments durch die Suchmaschine in Form einer Anmeldung, in Form des Auffindens im Crawling oder in Form des Auffindens eines Links, der auf das Dokument verweist. Im Ranking kann nun, wenn das Datum der Dokumenterstellung korrekt ermittelt wurde, ein Ausgleichsfaktor zu den verwendeten linktopologischen Verfahren eingesetzt werden. Ein neues Dokument kann noch nicht viele Links auf sich gezogen haben und wird deshalb im Ranking potenziell benachteiligt. Hier kann nun den neuen Dokumenten ein gewisser Bonus eingeräumt werden, damit sie im Ranking gleichberechtigt oder eventuell sogar bevorzugt werden. Weiterhin kann das Anwachsen der Linkzahl in einem gewissen Zeitraum zu einem verbesserten Ranking führen.

Inhaltliche Aktualisierungen bzw. Veränderungen (*Content Updates/Changes*). Hier sollen Dokumente, die häufig aktualisiert werden, anders bewertet werden als solche, die nicht oder nur selten aktualisiert werden. Dazu werden die beiden Werte der Update-Frequenz (*update frequency*) und der Update-Grad (*update amount*) berücksichtigt.

Analyse der Abfragen (*Query Analysis*). Hier wird das Nutzerverhalten ausgewertet, um solche Dokumente zu bevorzugen, die von den Nutzern entweder häufig angeklickt werden oder, was im Kontext hier von größerer Bedeutung ist, in einer gewissen Zeitspanne (beispielsweise innerhalb des letzten Monats) wesentlich häufiger angeklickt wurden als in einem vergleichbaren vorangegangenen Zeitraum. So kann gemessen werden, welche Dokumente an Popularität gewinnen bzw. verlieren.

Veränderungen in der Verlinkung (*Link-Based Criteria*). Sowohl das Auftauchen von neuen Links als auch das Verschwinden bestehender Links kann ausgewertet werden, um festzustellen, welche Dokumente wohl aktuellere Inhalte haben und welche veraltet sind. Im letzteren Fall ist anzunehmen, dass die Zahl der Links mit der Zeit abnimmt, während die Zahl der Links bei aktuellen Dokumenten in der

Anfangsphase erst einmal zunimmt. Es kann aber nicht nur die Zahl der Links gemessen werden, sondern diese können wiederum gewichtet werden, beispielsweise nach der Aktualität der Links selbst oder nach der Vertrauenswürdigkeit des verlinkenden Dokuments. Bei einem „unnatürlichen" Anwachsen der Zahl der Links auf ein bestimmtes Dokument bzw. eine bestimmte Domain kann vermutet werden, dass ein Spamming-Versuch stattfindet.

Ankertext (*Anchor Text*). Ergeben sich in den von der Suchmaschine erfassten Ankertexten, die auf ein Dokument oder eine Domain verweisen, wesentliche Änderungen, so kann davon ausgegangen werden, dass sich die Inhalte des Zieldokuments bzw. der Zieldomain verändert haben. Beispielsweise kann die Domain verkauft und die Inhalte danach ersetzt worden sein. Werden von der Suchmaschine statische Werte der Linkpopularität eingesetzt, ergibt sich oft das Problem, dass Domains bevorzugt gerankt werden, deren Inhalte mit denen zum Zeitpunkt der Linksetzungen nichts mehr gemein haben. Acharya et al. schlagen vor, den Zeitpunkt der Änderung der Inhalte zu ermitteln und alle Links, die vor diesem Zeitpunkt gesetzt wurden, bei der Berechnung der Linkpopularität auszuschließen.

Traffic (*Traffic*). Wird der Traffic, der auf ein Dokument gelenkt wird, beobachtet, so kann ermittelt werden, ob dieses Dokument mit der Zeit weniger populär wird. Manche Dokumente werden in unterschiedlichen Jahreszeiten unterschiedlich häufig nachgefragt. Werden diese Gesetzmäßigkeiten im Traffic erfasst, können die Dokumente entsprechend gerankt werden.

Nutzerverhalten (*User Behavior*). Das Nutzerverhalten kann ausgewertet werden, indem die durchschnittliche Verweildauer eines Nutzers bei einem Dokument gemessen wird. Nimmt die Verweildauer im Lauf der Zeit deutlich ab, so kann darauf geschlossen werden, dass das Dokument nun nicht mehr aktuell ist und deshalb auch nicht mehr bevorzugt gerankt werden sollte.

Informationen über die Domain (*Domain-Related Information*). Informationen über die Domain, auf der ein Dokument liegt, können berücksichtigt werden, um die Verlässlichkeit der Dokumente zu bestimmen. So können häufige Veränderungen des Domaininhabers oder der Hostingfirma als Indikator dafür dienen, dass die entsprechende Domain nur vorübergehend genutzt wird, etwa um ein Angebot aufzubauen, das künstlich Verlinkungsstrukturen generiert, um anderen Dokumenten zu einer bevorzugten Position im Ranking zu verhelfen.

Ranking im Lauf der Zeit (*Ranking History*). Die Daten, wie ein Dokument für bestimmte Suchanfragen im Lauf der Zeit gerankt wird, können ausgewertet werden. Dabei kann eine plötzliche signifikante Verbesserung des Ranking darauf hindeuten, dass das Ranking manipuliert wurde. Allerdings kann es sich auch schlicht um ein heißes Thema handeln, durch das das Dokument entsprechend besser verlinkt oder genutzt wird. Acharya et al. schlagen einen Abgleich beispielsweise mit seriösen News-Quellen vor: Sie nehmen als wahrscheinlich an, dass echte heiße Themen auch in den Nachrichten erwähnt werden. Weiterhin soll eine

Beschränkung im Maß der Steigerungsmöglichkeit im Ranking eingeführt werden, um massive Verbesserungen im Ranking, die in der natürlichen Entwicklung nur selten vorkommen, zu verhindern.

Durch die Nutzer generierte Daten (*User Maintained/Generated Data*). Durch die Auswertung der Bookmarks, des Browser-Caches oder der Cookies eines Nutzers sollen Trends festgestellt werden. Faktoren dabei können unter anderem sein, wie oft ein Dokument sich in den Bookmarks von Nutzern findet, wie oft dieses aus den Bookmarks aufgerufen wird, wie oft ein Dokument aus den Bookmarks gelöscht wird.

Einzelne Wörter, Wortpaare, Phrasen im Ankertext (*Unique Words, Bigrams, Phrases in Anchor Text*). Ankertexte werden oft in Massen einheitlich generiert, um das Ranking des Zieldokuments für die in den Ankertexten vorkommenden Begriffe zu verbessern, Häufen sich plötzlich gleiche Ankertexte oder es können verdächtige Texte herausgefunden werden, so kann das Zieldokument entsprechend schlechter bewertet werden.

Verlinkungsstruktur (*Linkage of Independent Peers*). Wenn plötzlich viele Dokumente auf ein Dokument verweisen (also ein künstlicher Web-Graph erzeugt wird), so kann daraus geschlossen werden, dass es sich um einen Spamming-Versuch handelt.

Themen (*Document Topics*). Wenn die Dokumente (zumindest groben) Themen zugeordnet werden, so lässt sich bei einer Veränderung des Themas feststellen, dass eine Neubewertung des Dokuments vorgenommen werden sollte.

Das vorgestellte Verfahren zielt letztlich darauf ab, die durch linktopologische Verfahren - und speziell solcher Verfahren, die statische Werte der Linkpopularität verwenden - entstandenen Nachteile auszugleichen. Das Ergebnis des Verfahrens ist ein Ausgleichsfaktor zum Wert der Linkpopularität. Durch die Kombination beider Werte kann sicherlich eine Qualitätssteigerung im Ranking erreicht werden, wie allerdings eingeschätzt werden soll, ob ein neueres oder ein älteres Dokument wichtiger für die Suchanfrage ist, wird nicht beschrieben. Allerdings lässt sich das Verfahren auch so implementieren, dass der Nutzer selbst entscheiden kann, ob er eher neue oder lieber ältere, bereits etablierte Dokumente angezeigt bekommen möchte (s. auch Kap. 10.1).

Werden Dokumente im Ranking nach ihrer Aktualität bewertet, so stellt sich die Frage, inwieweit alle Arten von statischen, also sich nicht mehr verändernden Dokumenten gleich behandelt werden können. In vielen Fällen handelt es sich bei diesen um unveränderte Dokumente von hoher Qualität, deren Bedeutung sich auch nicht unbedingt in einer kontinuierlichen Linksetzung niederschlagen wird. In unterschiedlichen thematischen Kontexten hat Aktualität eine unterschiedliche Bedeutung: Während Nachrichtenmeldungen klar einem „Verfall" unterliegen, ist dies bei wissenschaftlichen oder belletristischen Werken weniger oder gar nicht der

Fall. Solche Dokumente müssen von der Suchmaschine erkannt werden, um entsprechend ihrer Bedeutung berücksichtigt werden zu können.

Eine weitere Auffälligkeit des beschriebenen Verfahrens ist es, dass keine Möglichkeit beschreibt, wie das exakte Erstellungs- bzw. Änderungsdatum eines Dokuments ermittelt werden kann. Die dabei entstehenden Schwierigkeiten werden umgangen, indem Daten stets nur in Relation zueinander gesehen werden. Sicher kann ein solches Verfahren das Ranking deutlich verbessern und auch dem Nutzer eine Hilfe sein, der für seine Suche eher aktuelle Dokumente bevorzugt. Allerdings hilft es nur wenig bei einer exakten Datumsbestimmung bzw. einer Suche nach Dokumenten, die während eines bestimmten Zeitraums erstellt oder aktualisiert wurden. Das Verfahren dient eher der internen Dokumentbewertung der Suchmaschine auf Basis der Web-Dynamik, als dass es dem Nutzer ein Werkzeug zur Einschränkung seiner Anfragen zur Hand gibt.

11.5 Spezialisierte Suchmaschinen für Nachrichten

Die einerseits aus den Problemen der korrekten Datumsermittlung und andererseits aus der Problematik der Index-Aktualität erwachsenden Schwierigkeiten wurden von den Suchmaschinen (wenigstens zum Teil) pragmatisch gelöst, indem gesonderte Datenbestände mit Nachrichten aufgebaut und mit entsprechenden Suchoberflächen versehen wurden. Besonders deutlich wurde die Schwäche der konventionellen Suchmaschinen, mit aktuellen Ereignissen mitzuhalten, nach dem 11. September 2001. Als hilflose Versuche, den Suchmaschinen-Nutzern aktuelle Nachrichten zu bieten, sind manuelle Verweise von den Suchseiten auf die Seiten von Nachrichtensendern und Zeitungen zu werten (vgl. Wiggins 2001). Zu dieser Zeit bestanden gesonderte Nachrichten-Suchmaschinen noch nicht wie heute als integraler Bestandteil aller größeren Suchmaschinen. Diesen wiederum war die schnelle Integration der aktuellen Meldungen in ihre Indexe nicht möglich. In der Folge wurden von allen wichtigen Suchmaschinen eigene Nachrichtenbestände aufgebaut (vgl. Machill, Lewandowski u. Karzauninkat 2005). Die Verwendung eines gesonderten Index ermöglicht es dabei, auf diesen andere Regeln anzuwenden als auf den regulären Web-Index: So werden die Nachrichten-Sites wesentlich öfter von den Suchmaschinen besucht als andere Sites im Index; die Erschließung kann wesentlich genauer erfolgen, da der in der Regel einheitliche Aufbau aller Unterseiten eines Webangebots ausgenutzt werden kann. Probleme mit Spam bestehen nicht, weil die zu durchsuchenden Sites manuell ausgewählt werden und nur vertrauenswürdige Quellen verwendet werden.

Die Problematik der Datumsermittlung bei aktuellen Nachrichten ist weniger schwierig als bei regulären Web-Dokumenten, hat jedoch selbst einige Besonderheiten, die von den Suchmaschinen berücksichtigt werden müssen.

Die zu unterscheidenden Datumsangaben sind hier das redaktionelle Datum, das technische Datum, das Datum in den Metaangaben sowie das Änderungsdatum (Machill, Lewandowski u. Karzauninkat 2005): Nachrichten werden auf Websites oft nicht in einer endgültigen Form veröffentlicht, sondern nach dem ersten Erscheinen entsprechend der aktuellen Ereignisse weiter überarbeitet.

Warum bauen die Suchmaschinen nun zwei verschiedene Datenbestände auf, anstatt einen einzigen Index zu führen und nur bei der Suche über die Nachrichtenquellen einen Filter anzuwenden? Dies ist schlicht mit technischen Problemen zu erklären: Die Suchmaschinen sind nicht in der Lage, ihre sehr umfangreichen Web-Indexe „on the fly" zu aktualisieren. Die Nachrichten-Meldungen würden erst mit einer gewissen Verzögerung im Index auftauchen, was den Sinn der News-Suche konterkarieren würde.

Die News-Suche bietet dem Nutzer allerdings keine Möglichkeit, generell nach jüngst aktualisierten Dokumenten zu suchen. Vielmehr ist er auf die Quellenauswahl angewiesen, die von den Suchmaschinen vorgegeben wird. Aktuelle Informationen von Seiten, die von den Suchmaschinen nicht explizit als Nachrichtenseiten angesehen werden, können so nicht gefunden werden.

Zusammenfassend lässt sich festhalten, dass die News-Suche durchaus ihre Berechtigung hat, das Problem der Suche nach aktuellen Dokumenten aber nicht vollständig lösen kann.

11.6 Auswahl der gewünschten Aktualität durch den Nutzer

Nach der Diskussion von Aktualitätsmaßen als Rankingkriterium und von Nachrichtensuchmaschinen als Teillösung des Aktualitätsproblems liegt der Schluss nahe, dass über die bei einer Anfrage gewünschte Aktualität letztlich nur der Nutzer selbst entscheiden kann.

Zusammenfassend sind drei Typen von Dokumenten hinsichtlich ihrer Dynamik zu unterscheiden:

- Statische Dokumente: Diese wurden nach ihrer Erstellung entweder nicht mehr verändert oder wurden nach einer oder mehreren Änderungen über einen längeren Zeitraum hinweg nicht mehr verändert. Es ist also nur noch in Ausnahmefällen mit Änderungen zu rechnen. Einerseits kann es sich also um Dokumente handeln, die ihre endgültige Form gefunden haben, beispielsweise wissenschaftliche Aufsätze, die nach der Publikation nicht mehr verändert werden oder Volltexte von belletristischen Werken. Auf der anderen Seite kann es sich bei solchen Dokumenten aber auch um inaktuelle Dokumente handeln, die inhaltlich überholt sind und zu denen vergleichbare Inhalte vorhanden sind, die den gleichen Sachverhalt in aktueller Form darstellen. Im Extremfall kann es sich sogar um „vergessene Dokumente" handeln, die zwar noch auf einem

Server abgelegt sind, jedoch längst durch andere Dokumente unter einer anderen URL ersetzt wurden.

- Tatsächlich veränderte Dokumente: Der tatsächliche Inhalt des Dokuments wird aktualisiert und wird von der Suchmaschine auch als Aktualisierung erkannt.
- Scheinbare Aktualisierung: Es erfolgt nur eine Aktualisierung des Layouts, der automatischen Datumsangabe oder des Serverdatums. Solche Veränderungen sollen von der Suchmaschine als Nicht-Aktualisierung des Inhalts erkannt werden. Die Trennung der Dokumente in ihre Bestandteile wird in Kap. 13 ausführlicher behandelt.
- Weiterhin fallen unter diesen Punkt Dokumente, die „umgezogen" sind, also unter einer neuen URL erreichbar sind. Kann die Suchmaschine nicht durch eine automatische Weiterleitung erkennen, dass das Dokument nur umgezogen ist, so wird sie das Dokument unter neuer URL auch als inhaltlich neu betrachten.

Wenn es gelingt, scheinbare und tatsächliche Aktualisierung zu unterscheiden, so ist ein wesentlicher Teil der Datumsproblematik gelöst. Die Frage, inwieweit die Aktualität in das Ranking eingehen soll, bleibt dabei aber weiter ungeklärt. Hier sind Bewertungen für unterschiedliche Arten von Dokumenten zu finden; eine Unterteilung erscheint hier entweder nach thematischen oder formalen Punkten sinnvoll.

Letztendlich sollte die Datumsbeschränkung dem Nutzer einerseits (wie bisher üblich) als Suchoption innerhalb erweiterter Suchformulare zur Verfügung stehen, andererseits sollte sie im Rahmen von Verfahren der intuitiven Benutzerführung in die Trefferlisten eingebaut werden. So ist hier an eine Clusterung nach Aktualität zu denken. Die angezeigten Cluster sollen dabei das in der tatsächlichen Treffermenge vorhandene Spektrum darstellen, so dass etwa bei Anfragen, die bevorzugt Nachrichtentreffer ergeben, eine feinere Clusterung erfolgt als bei Anfragen, bei denen sich die Ergebnisse eher gleichmäßig über die Jahre hinweg verteilen.

12 Qualität

Dieses Kapitel beschäftigt sich mit den Möglichkeiten der Ermittlung von besonders hochwertigen Quellen aus dem Web. Dabei wird angenommen, dass es für die Recherche von Bedeutung ist, aus welchen Quellen die Ergebnisse stammen und eine alleinige Qualitätsbewertung auf Dokumentebene nicht zielführend ist. Linktopologische Verfahren (Kap. 8) bewerten zwar Dokumente nach ihrer Qualität, sie setzen Qualität dabei aber im Wesentlichen mit Popularität gleich. Die in diesem Kapitel beschriebene Ansätze hingegen binden besonders wertvolle Quellen entweder manuell ein, versuchen Quellen, die für Suchmaschinen auf reguläre Weise nicht zugänglich sind, einzubinden, oder machen sich bereits bestehende Qualitätsbewertungen aus Web-Verzeichnissen zunutze.

Zuerst stellt sich natürlich die Frage, wie Qualität in Bezug auf Informationsquellen zu definieren ist. Hierbei wird ein pragmatischer Ansatz gewählt: Qualitätsquellen sind solche Quellen, die eine gewisse Mindestanzahl von Dokumenten enthalten und durch eine menschliche Bewertung „ausgezeichnet“ wurden. Damit wendet sich dieser Ansatz gegen die algorithmische Ermittlung von Qualität und sieht das menschliche Urteil als notwendig für die Qualitätsbestimmung an.

Der Fokus auf die Quellen anstatt auf die einzelnen Dokumente geht von den in Kap. 10 beschriebenen Verfahren der intuitiven Nutzerführung aus und damit von der Erweiterung der Recherche auf mindestens zwei Schritte: Der Suche und der anschließenden Verfeinerung der Anfrage. Mit den in diesem Kapitel diskutierten Verfahren soll im zweiten Schritt die Recherche auf besonders hochwertige Quellen eingeschränkt werden bzw. es soll auf entsprechende Quellen verwiesen werden. Die Suchmaschinen entfernen sich mit solchen Ansätzen von ihrem traditionellen Nachweis von Dokumenten und übernehmen zunehmend die Aufgabe der Web-Kataloge (also den Nachweis von Informationsressourcen) mit. Für den Nutzer bieten sie mit dem Verweis auf Quellen anstatt auf dem direkten Nachweis von Dokumenten einen neuen Sucheinstieg in nachweislich hochwertige Quellen.

Dem Nutzer soll mit solchen Verfahren die Möglichkeit gegeben werden, selbst zu bestimmen, ob er das komplette Informationsangebot aus dem Web nutzen möchte (also das, was in den regulären Trefferlisten angezeigt wird) oder ob er lieber nur einen Ausschnitt daraus (bzw. im Fall von Invisible-Web-Quellen eine darüber hinaus gehende Informationsmenge) abfragen möchte.

Dieses Kapitel stützt sich zum Teil auf die in Lewandowski (2005b) beschriebenen Ergebnisse.

12.1 Bedeutung der Beschränkung nach der Qualität der Dokumente

Dass das Web eine extrem heterogene Dokumentenkollektion darstellt, wurde bereits in Kap. 3 diskutiert. Damit einhergeht, dass nicht alle Dokumente als gleich vertrauenswürdig angesehen werden können. Suchmaschinen schließen auf der einen Seite Dokumente vollständig aus dem Index aus (Spam), andererseits sind Dokumente zwar zu finden, werden aber aufgrund ihrer mangelnden Qualität niedriger bewertet als andere Dokumente. Problematisch ist die Qualitätsbewertung auf der Dokumentebene, da sie die teils unumstrittene Autorität gewisser Quellen nur unzureichend berücksichtigen kann (vgl. Mandl 2003a).

Die Frage nach der Vertrauenswürdigkeit der Quellen bzw. Dokumente wurde bereits in Kap. 8 gestellt. Die von den Suchmaschinen angebotene Lösung der Qualitätsbewertung mittels linktopologischer Verfahren wurde gewürdigt, als alleiniger Lösungsansatz jedoch als unbefriedigend angesehen. Wie im Gesamt des in den Kapiteln 11-13 vorgestellten Verbesserungsansatzes für Web-Suchmaschinen soll der Nutzer auch hier zentral sein: Ihm soll eine erweiterte Steuerungsmöglichkeit gegeben werden, um zu den für ihn in seiner momentanen Situation passenden Ergebnissen zu gelangen. Damit kann auch das dringend benötigte Vertrauen in die Suchmaschinen (Lynch 2001) verbessert werden: Wird dem Nutzer selbst die Entscheidung zwischen den Polen Top-Quellen und Vollständigkeit ermöglicht, so wird der Recherchevorgang selbst transparenter.

12.2 Qualitätsbeschränkungen bei der Recherche in Datenbank-Hosts

Datenbank-Hosts erfüllen zum Teil eine ähnliche Aufgabe wie Web-Verzeichnisse: Sie bieten unter einer Oberfläche ein Verzeichnis relevanter Quellen, die für die Recherche ausgewählt werden können: „The Web directories are aggregators - they do for Web sites what proprietary online services do for individual databases" (O'Leary 1998, 79). Im Unterschied zu den Hosts ermöglichen es die Web-Verzeichnisse allerdings nicht, in allen Quellen oder in allen Quellen eines bestimmten Bereichs gleichzeitig zu suchen.

Im Folgenden soll beschrieben werden, welchen Nutzen die Hosts bei der Auswahl geeigneter Quellen für die Recherche und die Einschränkung der Suche auf bedeutende Quellen bieten. Daraus werden Möglichkeiten für Suchmaschinen abgeleitet, ihre Qualitätseinschränkungen auf ähnliche Art zu verbessern.

Webergebnisse
1-10 von 5.695, die **informationswissenschaft düsseldorf** enthalten (0,14 Sekunden)

Startseite - || Informationswissenschaft Heinrich-Heine-Universität ...
Informationswissenschaft Heinrich-Heine-Universität **Düsseldorf** || Startseite, , information, wissenschaft, science, retrieval, Studium, Magister, Master, Bachelor **Informationswissenschaft** Heinrich ...
www.phil-fak.uni-duesseldorf.de/infowiss Zwischengespeicherte Seite

Informationswissenschaft in Düsseldorf
Informationswissenschaft in **Düsseldorf** Wolfgang G. Stock **Informationswissenschaft** untersucht Information und Wissen. „Information" wird dabei als dynamischer Prozess verstanden ...
www.phil-fak.uni-duesseldorf.de/infowiss/content/was_heisst_informationswissenschaft.pdf Zwischengespeicherte Seite PDF-Datei
Weitere Ergebnisse von \"www.phil-fak.uni-duesseldorf.de\" anzeigen

Abb. 12.1. Beschränkung der Trefferliste auf zwei Treffer je Server am Beispiel von MSN

Alle Hosts haben erkannt, dass eine gleichzeitige Suche in *allen* verfügbaren Quellen nur selten die vom Nutzer gewünschten Ergebnisse bringt. Vielmehr ist eine gezielte Quellenauswahl mit für den Sucherfolg entscheidend. Bei Lexis-Nexis findet sich beispielsweise eine Datenbankgruppe „Major World Publications", die die als am wichtigsten angesehenen Nachrichtenquellen der Welt enthält. Eine ähnliche Datenbank-Gruppe ist die „Manager-Kombi" bei Genios, die die wichtigsten deutschsprachigen Zeitungen und Nachrichtenmagazine enthält. Die Quellen, die in diesen Datenbankgruppen enthalten sind, wurden von Hand ausgewählt. Dabei ist die Auswahl der Quellen für eine Datenbankgruppe für den Nutzer nachvollziehbar: Welches die bedeutendsten deutschen Tageszeitungen sind oder welche Fachzeitschriften einer Rubrik wie „Medien und Kommunikation" zuzuordnen sind, dürfte relativ unstrittig sein.

Eine weitere Möglichkeit bieten Funktionen wie die Cross-Suche, die eine Recherche über alle Quellen des Hosts ermöglichen, wobei nicht die Trefferlisten mit den Dokumenten angezeigt werden, sondern nur die Zahl der in der jeweiligen Datenbank vorhandenen Dokumente. Diese Art der Suche soll es dem Nutzer erleichtern, die für seine Recherche wichtigsten Quellen auszuwählen. Dies werden in der Regel diejenigen sein, die die meisten Dokumente zum Thema enthalten bzw. diejenigen fachlich spezialisierten Quellen, die zumindest eine gewisse Anzahl von passenden Dokumenten enthalten.

Der Ansatz der Top-Quellen beruht auf der Einsicht, dass Suchanfragen zu einem bedeutenden Teil eher zu viele als zu wenige Treffer liefern. Es erfolgt eine Konzentration auf die wichtigen Quellen, gleichzeitig werden die weniger bedeutenden Quellen ausgeschlossen, um Ballast zu vermeiden.

Die Cross-Suche eignet sich hingegen sowohl für Suchanfragen, die nur wenige Dokumente ergeben, als auch für solche, die zu viele Treffer bringen. Als Mittel zum Auffinden der wenigen Treffer eignete sich die Cross-Suche vor allem in Systemen, die keine direkte Suche über alle Datenbanken zuließen. Mittlerweile kommt der Cross-Suche allerdings eher eine Bedeutung in Bezug auf trefferreiche Anfragen zu; hier können gezielt Quellen ausgewählt werden, die besonders viele

Treffer zum Thema enthalten, gleichzeitig aber schon als Quelle für das Thema relevant sind oder einen besonderen Blickwinkel eröffnen.

Überträgt man die Auswahl der Top-Quellen bzw. die Cross-Suche auf die Web-Suche, so zeigt sich bei den gängigen Suchmaschinen, dass der Ansatz, bei einer Recherche erst einmal die wichtigsten Quellen zu finden, von diesen negiert wird, denn alle großen Suchmaschinen zeigen in ihren Trefferlisten nur zwei Treffer pro Server, also pro Quelle, an (s. Abb. 12.1). Zwar ist es möglich, durch Folgen eines Links unterhalb dieser Treffer die weiteren Ergebnisse auf dem gleichen Server zu sehen, die Server mit vielen Dokumenten zum Thema werden jedoch nicht bevorzugt gelistet oder besonders hervorgehoben. Wie viele Dokumente tatsächlich hinter den entsprechenden Links stehen, wird bei den gängigen Suchmaschinen nicht mit angegeben. Für den Benutzer ist es also nicht ersichtlich, ob es sich tatsächlich um eine umfangreiche Quelle zum Thema handelt.

Daraus ergibt sich bei der Websuche ein Paradox, nämlich dass man bei dieser vermeintlich einfachen Suche schon im Voraus die wichtigsten Quellen kennen sollte. Und kennt man sie, so hat man doch nicht die Möglichkeit, die Suche auf diese zu beschränken. Daraus ergibt sich, dass man die Websuche zumindest zum Teil auch als Quellensuche betrachten sollte. Dabei können Informationen aus Verzeichnissen, aber auch andere aus dem Web extrahierte Informationen nützlich sein.

12.3 Identifizierung von Top-Quellen im WWW

Nun soll es darum gehen, wie die Top-Quellen für eine Anfrage von der Suchmaschine ermittelt werden können. Die einfachste Lösung wäre es, die Quellen nach der Anzahl der enthaltenen Treffer zu sortieren und diejenigen Quellen mit den meisten Treffern als die wichtigsten Quellen anzusehen. Dieser Ansatz ist jedoch zu verwerfen, da er alle umfangreichen Quellen ungeachtet ihrer Qualität bevorzugen würde. Eine Manipulation wäre leicht, da man nur entsprechend viele Dokumente zu einem Thema auf einem Server anhäufen müsste, um als Top-Quelle geführt zu werden. Dies ließe sich leicht automatisiert bewerkstelligen.

Zum genaueren Verständnis ist zunächst zu klären, was überhaupt eine Top-Quelle ausmacht. Auf der einen Seite sollte eine Top-Quelle viele, zumindest aber eine gewisse Anzahl von Dokumenten, die zur eingegebenen Suchanfrage passen, enthalten. Dabei ist zu unterscheiden, ob es sich um eine Quelle handelt, deren Dokumente von der Suchmaschine indexiert wurden (also eine Quelle des *surface web*) oder um eine Quelle, von der nur die Einstiegsseite, in diesem Fall also die Suchmaske, indexiert wurden konnte (also eine Quelle des Invisible Web). Ob Quellen des *surface web* die gewünschte Mindestanzahl an Dokumenten enthalten, lässt sich für die Suchmaschine leicht aus dem eigenen Index ermitteln; im Fall der Invisible-Web-Quellen ist dies nicht direkt möglich. Bei diesen Quellen ist eine

Einbindung von Hand zu leisten; dabei werden Arten von Suchanfragen definiert, auf die hin Hinweise auf entsprechende Invisible-Web-Quellen angezeigt werden. Die Qualität der Quellen wird dabei schon bewertet, bei der manuellen Einbindung (s. Abschnitt 12.4) werden zumindest bisher nur wenige, dafür besonders hochwertige Quellen berücksichtigt.

Neben den Kriterien des Quellenumfangs und der Eigenschaft „Datenbank“ (wozu natürlich ein weiteres Qualitätsmaß ergänzt werden muss) sollte für die Auszeichnung als Top-Quelle auch auf menschliche Bewertungen zurückgegriffen werden. Dazu bieten sich umfangreiche Verzeichnisse von Qualitätsquellen vor allem in Form von Webkatalogen an.

12.4 Manuelle Einbindung von Top-Quellen

In den letzten Jahren sind die großen Suchmaschinenbetreiber dazu übergegangen, neben den regulären, gecrawlten Web-Ergebnissen auch Hinweise auf Informationsressourcen anzuzeigen. Dabei handelt es sich um wenige Quellen, die als unangefochtene Autoritäten auf ihrem Gebiet gelten dürfen. Neben Quellen, zu denen es keine echte Alternative gibt (wie dem Fahrplan der Deutschen Bahn) werden auch Quellen eingebunden, zu denen Alternativen vorhanden sind (wie der Columbia Encyclopedia, welche bei Yahoo eingebunden ist). Die grundlegende Idee ist es jedenfalls, auf unangefochtene Autoritäten hinzuweisen. Dies kann als Zeichen dafür gesehen, dass die Suchmaschinen ihren eigenen automatischen Qualitätsbewertungen misstrauen, die ja dafür sorgen sollen, dass das beste Ergebnis zur Suchanfrage an erster Stelle der Trefferliste angezeigt wird.

Teils ist auch zu sehen, dass Quellen als Empfehlungen angezeigt werden, die auch den ersten Treffer der regulären Trefferliste stellen. Abb. 12.2 zeigt als Beispiel die Suche nach einem bestimmten Patent bei Google. Als erster regulärer Treffer erscheint das Patent auf der offiziellen Seite des US-Patentamts, darüber findet sich ein Hinweis auf die Suche in der gleichen Patentdatenbank, aus der der Treffer stammt. Beide angezeigten Treffer führen zur gleichen Seite auf dem Server des Patentamts. Das Dokument ist in diesem Fall für die Suchmaschine nicht *invisible*, sondern der Hinweis auf die Patentdatenbank wurde schlicht eingefügt, weil die Suchmaschine nicht sicherstellen kann, dass der sehr umfangreiche Datenbestand des Patentamts vollständig gecrawlt wird. Dazu kommt, dass die Treffer aus diesem Bestand stets an erster Stelle stehen sollen, dies aber anscheinend allein aufgrund des Ranking nicht gewährleistet werden kann.

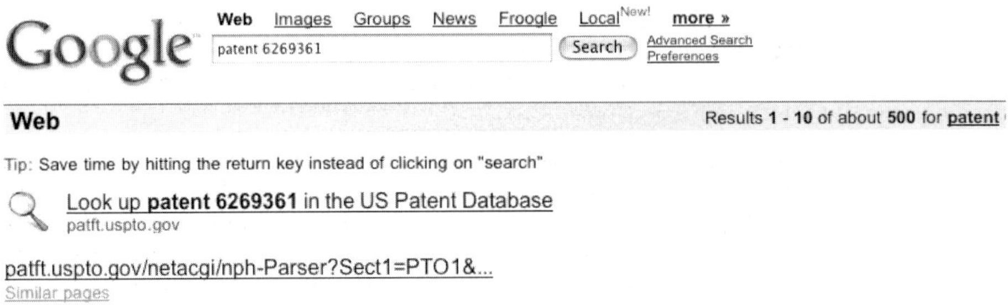

Abb. 12.2. Beispiel einer Patentsuche in Google

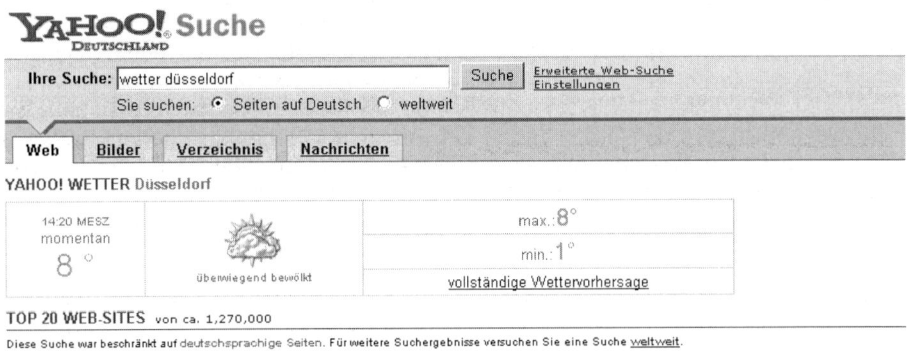

Abb. 12.3. Integration von Wetterinformationen in die Ergebnisdarstellung bei Yahoo

Bei der manuellen Einbindung von Informationsressourcen wird auf zwei Arten verfahren: Einerseits werden, wie in Abb. 12.2 gezeigt, Hinweise auf eine Quelle gegeben. Erst wenn die Quelle angeklickt wird, wird die entsprechende Suchanfrage an die Quelle geschickt und dort beantwortet. D.h. der Nutzer verlässt, wie beim Anklicken regulärer Treffer auch üblich, das Angebot der Suchmaschine. Die zweite Variante beantwortet Suchanfragen direkt. In Abb. 12.3 ist eine Anfrage nach dem Wetter in Düsseldorf bei der Suchmaschine Yahoo zu sehen. Die Frage wird in einem Kasten oberhalb der regulären Trefferliste direkt beantwortet; um ausführlichere Informationen zu erhalten, kann ein weiterer Link angeklickt werden.

Eine Kombination unterschiedlicher Quellen setzt die Suchmaschine Ask Jeeves bei der Suche nach Prominenten ein. Je nach Verfügbarkeit werden in einem Kasten oberhalb der Trefferliste Hinweise auf verschiedene Quellen angezeigt. In Abbildung 12.4 ist die Zusammenstellung von Informationsressourcen zur Person David Bowie zu sehen. Neben einer Biographie werden Hinweise auf Bilder,

Nachrichten, Produkte, auf eine Filmographie sowie eine Diskographie gegeben. In der Abbildung ist auch ersichtlich, dass die hinter den Links stehenden Informationen aus unterschiedlichen Quellen kommen. So kann die Internet Movie Database (IMDB) sicherlich die besten Informationen zu den Filmen Bowies geben, zu seiner Musik ist sie sicher nicht die erste Quelle.

Neben der nützlichen Zusammenstellung wichtiger Quellen zur Suchanfrage erfüllt die Ask-Jeeves-Lösung noch eine andere Funktion: Der Nutzer wird zu den Informationen geleitet, die ihn interessieren, die er aber vielleicht mit seiner ursprünglichen, unspezifischen Anfrage nicht erreicht hätte. Es liegt also eine Mischung aus der prominenten Platzierung von hochwertigen Quellen und dem Einsatz von Verfahren der intuitiven Beutzerführung vor.

Die manuelle Einbindung von Top-Quellen stellt eine gute Möglichkeit dar, Quellen von besonderer Bedeutung prominent zu platzieren. Speziell die Möglichkeit, Invisible-Web-Quellen einzubinden und verschiedene hochwertige Quellen zu kombinieren, erscheinen zukunftsträchtig. Allerdings müssen die Quellen stets von Hand ausgewählt werden und auch die passenden Suchanfragen bestimmt werden, bei denen die entsprechenden Quellen angezeigt werden sollen. Für manche Fälle ist dies einfach durch einen fokussierenden Suchbegriff (wie etwa *Patent*) zu lösen, in anderen Fällen sind exakte Suchanfragen zu hinterlegen (wie im gezeigten Beispiel der Suche nach Prominenten).

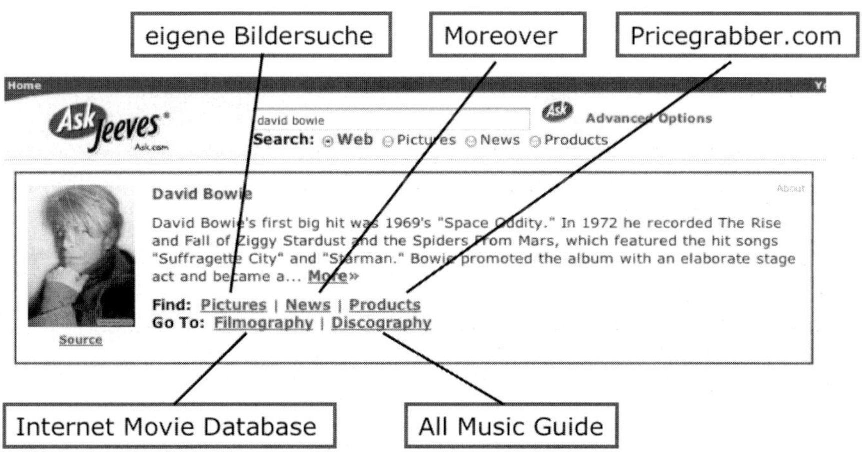

Abb. 12.4. Einbindung unterschiedlicher Informationsressourcen bei Ask Jeeves

Wenn man das System der manuellen Integration der Quellen ausweitet, so landet man schließlich bei einer (umfassenderen) Zusammenstellung von qualitätsgeprüften Ressourcen und steht damit dem Anliegen der Web-Verzeichnisse nahe. Der Unterschied liegt einerseits darin, dass keine hierarchische Ordnung vorliegt, andererseits in der Form der Integration der Quellen. Während Verzeichnisse nur die Quellen selbst nachweisen, wird mit der Einbindung von Informationsressourcen direkt auf eine Suchanfrage reagiert und diese im Bedarfsfall an die dahinter liegende Datenbank weitergeleitet. Der Nutzer muss seine Suchanfrage also nicht nochmals stellen.

Als ein Nachteil der manuellen Einbindung von Informationsressourcen ist die Aufteilung der Ergebnisseiten in verschiedene Bereiche zu sehen. Die Trefferliste „zerfällt" und wird unübersichtlich, da die Informationsressourcen ja nicht in die Trefferliste selbst eingebunden sind, sondern abseits von diesen als besondere Empfehlung stehen. Eine echte Integration findet also nicht statt.

12.5 Automatisierte Einbindung von Invisible-Web-Quellen

Von Datenbanken des Invisible Web kann angenommen werden, dass sie hochwertige Informationen liefern (vgl. Kap. 3.5). Für den Suchmaschinennutzer problematisch ist es bei der Suche, dass er die für seine Suchanfrage passenden Datenbanken bereits kennen und die Recherche entsprechend in diesen durchführen muss, um an die gewünschten Informationen zu kommen. Suchmaschinen helfen ihm hier nur sehr eingeschränkt weiter, indem sie ihn höchstens auf die Startseiten dieser Datenbanken verweisen. Weitere Informationen über die in der Datenbank vorhandenen Informationen erhält der Nutzer dabei nicht. Bei keiner bekannten Suchmaschine erfolgt eine bevorzugte Listung dieser Einstiegsseiten, was mitunter sinnvoll sein könnte, um einen weiteren Sucheinstieg zu finden. Es existieren allerdings spezielle Verzeichnisse für Invisible-Web-Quellen[30], die wie konventionelle Web-Verzeichnisse aufgebaut sind, sich jedoch auf den Nachweis von Datenbanken beschränken.

Die Einbindung von Invisible-Web-Datenbanken kann nun wie im letzten Abschnitt beschrieben manuell erfolgen. Der größte Nachteil dieser Methode ist darin zu sehen, dass zu jeder Quelle auch von Hand bestimmt werden muss, für welche Suchbegriffe sie angezeigt werden soll. Und hier liegt das Problem: Um automatisch eine umfangreiche Liste passender Suchbegriffe erstellen zu können, müsste die Suchmaschine auf die Inhalte der Datenbank zugreifen können. Einen Ausweg, der allerdings nicht mehr als eine Behelfslösung sein kann, bietet sich in der Auswertung von Ankertexten, die auf die Einstiegsseite der Datenbank verweisen (Hamilton 2003). Diese Begriffe können den Inhalt der Datenbank genauer

[30] z.B. http://www.invisible-web.net [22.4.2005]

beschreiben als die Suchseite der Datenbank selbst, aus der vornehmlich formale Suchkriterien extrahiert werden können. Dabei wird angenommen, dass die Ankertexte nicht nur den Inhalt im Gesamten beschreiben, sondern auch genauer auf einzelne Gebiete eingehen.

Neben dem prominenten Hinweis auf Invisible-Web-Datenbanken besteht die Möglichkeit, solche Quellen auch direkt in die Suchergebnisse einzubinden. Dabei ist wiederum zu unterscheiden zwischen dem vollständigen Crawlen einer Datenbank und ihrer Integration in den Index der Suchmaschine und der Abfrage bestimmter Datenbanken ähnlich einer konventionellen Metasuchmaschine.

Beispiele für die Integration fremder, nicht zum *surface web* gehörender Datenbestände in den eigenen Index finden sich bei den Suchmaschinen bisher nicht in großem Maße, allerdings gibt es einige Beispiele, die die Bedeutung bzw. die mögliche Qualitätssteigerung durch eine solche Einbindung verdeutlichen. Yahoo verwendet für die Nachrichtensuche neben gecrawlten, für alle Suchmaschinen zugängliche Quellen auch exklusive Inhalte von Nachrichtenagenturen wie DPA und AFP. Diese werden in der Suche zusammen mit den freien Quellen in einer Trefferliste angezeigt. Noch weiter geht die Suchmaschine Looksmart, die in Zusammenarbeit mit Thomson Gale unter dem Titel „FindArticles“ eine eigene Kollektion von ca. 700 Zeitschriften im Volltext anbietet. Diese sind teilweise kostenpflichtig, teilweise können in dieser Kollektion aber auch ansonsten kostenpflichtige Dokumente umsonst abgerufen werden; insgesamt sind ca. fünf Millionen Dokumente vorhanden. Das Quellenspektrum in der üblichen Websuche wird damit wesentlich erweitert. Eine solche Integration proprietärer Inhalte würde sich auch für andere Suchmaschinen anbieten; letztlich könnte sie sogar für den Erfolg einer Suchmaschine (mit)entscheidend sein.

Auch der Ansatz einer Metasuche über Invisible-Web-Quellen ist vielversprechend. Die Suchmaschine Turbo10 ist in der Lage, Datenbank-Suchmasken als solche zu erkennen und Anfragen automatisch an diese Datenbanken weiterzuleiten (Hamilton 2003). Der Benutzer der Suchmaschine kann sich aus den bereits bekannten Datenbanken ein individuelles Portfolio zusammenstellen und seine Suchanfrage an die ausgewählten Datenbanken schicken. Wie bei einer regulären Meta-Suchmaschine werden die unterschiedlichen Ergebnisse neu gerankt und als einheitliche Liste zurückgegeben. Dabei kann die Suchmaschine sowohl als reguläre Metasuchmaschine als auch als Invisible-Web-Suchmaschine genutzt werden. Werden die Standardeinstellungen beibehalten, so werden in der Metasuche bekannte Suchmaschinen wie MSN, Yahoo und Ask Jeeves abgefragt. Daneben können aber auch individuell ausgewählte Datenbanken abgefragt werden. Neben den bereits vorgegebenen Datenbanken (gegenwärtig etwa 700) lassen sich eigene Datenbanken in wenigen Schritten hinzufügen. Dazu müssen über das Interface von Turbo10 zwei Suchanfragen an diese Datenbank gestellt werden und in der Trefferliste auf die Ergebnisse geklickt werden. Die Datenbank wird nun, wenn es möglich ist, eine Verbindung zu dieser herzustellen, dem Gesamtbestand der Datenbanken hinzugefügt und kann auch von anderen Nutzern verwendet werden.

So elegant dieser Ansatz das Problem angeht, bestehen auch hier weiterhin zwei große Probleme. Erstens ist die Auswahl auf nur zehn Quellen beschränkt. Da jede Quelle einzeln abgefragt werden muss, wären die Antwortzeiten bei einer hohen Anzahl von zu berücksichtigenden Quellen schlicht inakzeptabel. Zweitens ist es bei Turbo10 nötig, die zu durchsuchenden Quellen bereits zu kennen bzw. diese aus einer hinterlegten Liste auszuwählen. Der große Vorteil dieser Suchmaschine ist also allein in der gleichzeitigen Abfrage mehrerer bereits bekannter Quellen zu sehen. Allerdings werden auch hier die Eigenheiten und individuellen Abfragemöglichkeiten der einzelnen Datenbanken nicht berücksichtigt, so dass die schon von den Meta-Suchmaschinen bekannten Nachteile bestehen.

Würde nun der Ansatz von Turbo10 erweitert, so könnten bei entsprechenden Suchanfragen in allgemeinen Suchmaschinen zusätzlich zum regulären Web-Index auch ausgewählte Invisible-Web-Quellen abgefragt werden. Aber auch hier stellt sich - wie schon beim automatisierten Hinweise auf die Quellen - die Frage, wie diese ausgewählt werden können. Zusätzlich stellt ein solches System relativ hohe Erwartungen an die Nutzer. Es sollte daher nur bei sehr speziellen Anfragen und vor allem nur optional angeboten werden.

Schlussendlich lässt sich feststellen, dass die großen Suchmaschinen-Anbieter ihrem Kernbestand an Web-Dokumenten zunehmend weitere Datenbestände hinzufügen. Dies ist keine neue Entwicklung, die Datenbestände sind allerdings zunehmend spezialisiert. Von einer umfassenden Einbindung von Invisible-Web-Quellen kann allerdings (noch) keine Rede sein. Dies dürfte vor allem daran liegen, dass die dort enthaltenen Informationen sich doch eher für speziellere Recherchen eignen und sich ihre Einbindung daher für die stark auf den Laiennutzer ausgerichteten Anbieter nicht lohnt. Allerdings sollten Versuche unternommen werden, bei entsprechenden Anfragen zumindest Hinweise auf weiterführende Quellen bzw. Recherchemöglichkeiten anzubieten. Auch hier wird wieder deutlich, dass sich die Suchmaschinen von einem reinen Werkzeug zum Nachweis von Dokumenten zu einem Werkzeug zum Nachweis von Dokumenten und Quellen entwickeln sollten. Damit würden die Suchmaschinen zumindest einen Einstieg in das Invisible Web bieten, wenn sie es schon nicht in seiner Gänze erschließen können.

12.6 Einbindung von Web-Verzeichnissen in Suchmaschinen

In den letzten Jahren sind die allgemeinen Web-Verzeichnisse gegenüber den Suchmaschinen deutlich ins Hintertreffen geraten. Alleinige Verzeichnisse bestehen nur noch selten, meist werden sie in Verbindung mit einer algorithmischen Suchmaschine angeboten. Aber auch bei den Suchmaschinen sind die Verzeichnisse inzwischen weniger prominent platziert; das vielleicht deutlichste Beispiel ist Yahoo, dessen ursprüngliches Angebot ja nur aus einem Verzeichnis bestand. Inzwischen findet sich das Verzeichnis nur noch wenig prominent platziert unter zahlreichen anderen Angeboten.

Dass Verzeichnistreffer gerade für eine hochwertige Suche in algorithmischen Suchmaschinen geeignet sind, soll in diesem Abschnitt gezeigt werden. Als größtes Hindernis für die Nutzung der Verzeichnistreffer ist deren bisher nur mangelhafte Einbindung in die Trefferlisten zu sehen. Damit wird der große Nutzen, der sich aus diesen intellektuell ausgesuchten Informationsressourcen ziehen ließe, nicht vollständig ausgenutzt.

Klassisch werden von Suchmaschinen und Web-Verzeichnissen unterschiedliche Such-Paradigmen erfüllt. Zur Verdeutlichung sollen hier noch einmal kurz die Paradigmen der Websuche nach Dennis, Bruza u. McArthur (2002) dargestellt werden. Diese sind

1. die ununterstützte Stichwortsuche (*unassisted keyword search*)
2. die unterstützte Stichwortsuche (*assisted keyword search*), wobei die Unterstützung vor allem durch automatisch generierte Vorschläge zur Einschränkung der Suche erfolgt.
3. die verzeichnisbasierte Suche (*directory-based search*)
4. das Auffinden ähnlicher Dokumente (*query-by-example*)

Suchmaschinen unterstützen Punkt 1, teilweise auch Punkt 2 und Punkt 4. Punkt 3 betrifft die Web-Verzeichnisse; die Suche mit ihnen wird als eigenständige Form der Suche aufgefasst. Im Folgenden soll es nach der Beschreibung der bisherigen Ansätze der Kombination von Suchmaschine und Verzeichnis um die Frage gehen, wie sich die verzeichnisbasierte Suche vor allem mit der einfachen Stichwortsuche verbinden lässt. Die Schilderung der Einbindung von Verzeichnistreffern fällt ausführlicher aus als die Abschnitte über die Einbindung von Invisible-Web-Quellen, da hier bisher keine entsprechende Literatur vorliegt.

12.6.1 Erschließung des Web mittels Suchmaschinen und Verzeichnissen

Das hauptsächliche Unterscheidungsmerkmal zwischen Web-Verzeichnissen und Suchmaschinen ist, dass Web-Verzeichnisse von Menschen erstellt werden, d.h. dass Redakteure für die Auswahl geeigneter Sites und deren Erschließung sorgen. Aus diesem Grund kann gegenüber den Suchmaschinen nur eine relativ geringe Zahl von Sites erfasst werden. Während die Suchmaschinen Indexe bis zu einer Größe von etwa acht Milliarden Dokumenten aufgebaut haben[31], gibt das größte Webverzeichnis an, über vier Millionen *Websites* erschlossen zu haben[32]. An dieser Stelle ist es allerdings wichtig, zwischen der Indexierung von Web-*Seiten*, wie sie in

---

[31] Diese Zahl wird von Google für den eigenen Index angegeben. Schätzungen zufolge handelt es sich dabei um den weltweit größten Suchmaschinen-Index; die meisten anderen der großen Anbieter veröffentlichen keine Zahlen zu ihrem Datenbestand.

[32] Die Angaben stammen von der Startseite des Open Directory Project (http://www.dmoz.org)

Suchmaschinen geschieht, und der Indexierung von Web-*Sites*, wie sie von Web-Verzeichnissen durchgeführt wird, zu unterscheiden. Eine einzige Site kann aus tausenden von Seiten bestehen; die Zahlen der in den Suchmaschinen erschlossenen Dokumente mit denen in Verzeichnissen erschlossenen Dokumenten lässt sich also nur bedingt vergleichen. Individuelle Dokumente werden in Verzeichnissen in der Regel nicht erschlossen.

Eine weitere Unterscheidung zwischen Suchmaschinen und Verzeichnissen zeigt sich in der hierarchischen Anordnung der Dokumente innerhalb von Verzeichnissen. Jedes Dokument wird hier einer oder mehrerer Klassen zugeordnet. Suchmaschinen bieten keine vergleichbare Einordnung. Ein weiterer großer Unterschied zwischen den beiden Formen der Erschließung des Web ist der Grad der Indexierung. Während Suchmaschinen den Volltext jeder gefundenen Seite indexieren, beschränken sich die Verzeichnisse auf eine kurze Beschreibung des Inhalts der kompletten Site. Dafür wird diese Beschreibung intellektuell erstellt und bietet über den Volltext hinausgehende Metainformationen zu der erfassten Website.

Es gibt sowohl umfassende (allgemeine) als auch themenspezifische Webverzeichnisse. Allgemeine Verzeichnisse wie das Open Directory Project (ODP) oder das Yahoo-Verzeichnis versuchen, Sites zu allen möglichen Themen zu erschließen und gehen weniger in die Tiefe als spezifische Verzeichnisse. Diese enthalten zu ausgesuchten Themen meist eine wesentlich höhere Anzahl von Quellen und erschließen diese wesentlich genauer.

Keine der großen Suchmaschinen hat bisher spezifische Verzeichnisse in seiner Trefferlisten integriert, während eine rudimentäre Integration allgemeiner Verzeichnisse die Regel ist.

Relativ viele Arbeiten beschäftigen sich mit den Themen automatische Klassifikation von Webseiten (inkl. der dafür notwendigen Klassenbildung; vgl. u.a. Chung u. Noh 2003) sowie der automatischen Einordnung von Webseiten in ein bestehendes Klassifikationssystem (vgl. u.a. Wätjen 1999). Die Integration von bestehenden Webverzeichnissen in Suchmaschinen wird allerdings in der aktuellen Forschung nicht diskutiert. Dies mag mit der Annahme zusammenhängen, dass mit der bisher schon bestehenden rudimentären Integration der Webverzeichnisse in Suchmaschinen das Problem gelöst sei. Im Folgenden wird jedoch angenommen, dass durch eine verbesserte Integration der Verzeichnisergebnisse die Websuche effektiver gestaltet werden kann.

12.6.2 Web-Verzeichnisse und ihre Integration in Suchmaschinen

Der Ansatz der Webverzeichnisse, die Quellen durch Menschen erschließen zu lassen, beschränkt die Erschließung auf ausgewählte Websites. Alle Verzeichnisse haben Richtlinien für die Aufnahme der Sites in das Verzeichnis[33] und versuchen, nur Sites, die eine bestimmte Qualität erreichen, zu listen. Ob es den Verzeichnisbetreibern gelingt, tatsächlich nur Seiten von hoher Qualität in die Kataloge aufzunehmen, kann hier nicht umfassend diskutiert werden. Qualitätsprobleme sind allerdings in der Hinsicht vorhanden, dass auch in Verzeichnissen teilweise Sites von schlechter Qualität oder sogar Spam-Sites auftauchen, allerdings weit seltener als in den Trefferlisten der Suchmaschinen. Im Folgenden wird angenommen, dass die Kategorien der Verzeichnisse in der Regel eine Auswahl qualitativ hochwertiger Sites enthalten und diese Kategorien deshalb als ein guter Ausgangspunkt für themenbezogene Anfragen dienen können.

Webverzeichnisse sind vor allem für die folgenden Zwecke nützlich:

- Webverzeichnisse können das Problem mehrdeutiger Anfragen einschränken. Durch die Benutzung der Klassifikation kann die Anfrage auf eine passende Klasse (und deren Unterklassen) eingeschränkt werden. Polysemie-Probleme können dadurch gemindert werden; eine Trennung zwischen kommerziellen und nicht kommerziellen Treffern kann erfolgen.
- Verzeichnisse können genutzt werden, wenn keine geeigneten Suchbegriffe für das Themenfeld bekannt sind. Hierzu wird auf die Navigation entlang der Verzeichnisebenen zurückgegriffen; die Eingabe von Suchbegriffen ist nicht nötig.
- Mit Hilfe von Webverzeichnissen lassen sich thematisch verwandte Dokumente finden. Ausgehend von einer bekannten Website, welche in einem Verzeichnis enthalten ist, können weitere Sites gefunden werden, welche derselben Klasse zugeordnet sind. Hier zeigt sich ein wesentliches Problem der bisherigen Verzeichnisintegration: Wenn der Nutzer eine Suche innerhalb aller Quellen einer Verzeichnisklasse ausführen will, so muss er jede Site einzeln anwählen und mittels der dort vorhandenen Site-Suche durchsuchen. Die Suchmaschinen bieten ihm keine Möglichkeit, alle *Dokumente* einer Klasse direkt zu durchsuchen.
- Die Struktur von Webverzeichnissen kann genutzt werden, um eine hierarchische Visualisierung zu unterstützen und um Navigationshilfen zu erstellen (Chakrabarti 2003, 126).

Im Folgenden sollen die ersten drei Punkte genauer behandelt werden, die im letzten Punkt genannten Anwendungen gehen über die Zielsetzung dieses Buchs hinaus.

---

[33] Z.B. http://help.yahoo.com/help/us/dir/basics/basics-09.html [13.12.2004]

Suchmaschinen binden Verzeichniseinträge auf zwei verschiedene Arten ein. Am häufigsten wird in den Trefferlisten zu jedem Eintrag eine Verzeichniskategorie angezeigt, sofern eine solche vorhanden ist. Eine solche Integration findet sich beispielsweise in den großen Suchmaschinen Google und Yahoo. Damit lassen sich zu einem Treffer verwandte Seiten finden, die in der gleichen Klasse des Verzeichnisses einsortiert sind. Ähnliche Sites bzw. Seiten können teils auch über automatisierte Verfahren („related pages“) gefunden werden; diese arbeiten jedoch bei weitem nicht so zuverlässig wie die manuelle Klassifikation.

Die zweite bisher genutzte Möglichkeit ist es, passende Kategorien oberhalb der Trefferlisten mit den algorithmischen Ergebnissen anzuzeigen. Eine solche Anwendung findet sich zum Beispiel bei Yahoo, allerdings nur in der Verzeichnis-Suche. Es erscheint verwunderlich, dass ein solcher Hinweis auf eine passende Kategorie (also einer Linksammlung zum Thema) - auch bei anderen Suchmaschinen - nicht in der regulären Suche genutzt wird. Algorithmische Ansätze wie Kleinbergs HITS (Kleinberg 1999; s.a. Kap. 8.3) versuchen, von Menschen erstellte Linksammlungen zu finden und an prominenter Stelle auf den Ergebnisseiten anzuzeigen. Eine Anwendung hierfür ist die Suchmaschine Teoma[34], die neben den algorithmischen Ergebnissen im Hauptteil der Trefferliste in einer gesonderten Spalte Hinweise auf Linksammlungen zum Thema gibt. Diese Linklisten kommen nicht unbedingt aus den großen Verzeichnissen, sondern sind im Regelfall singuläre Linklisten, die nicht unbedingt eine systematische Aufarbeitung eines Themenbereichs bieten.

Schon heutige Anwendungen von Verzeichnisdaten gehen allerdings über die alleinige Bereitstellung eines kompletten Verzeichnisses innerhalb der Seiten einer Suchmaschine hinaus. So reichert etwa Google die von ODP übernommenen Verzeichnisdaten mit seinen eigenen PageRank-Werten an. Die Sites werden innerhalb einer Kategorie nicht wie in anderen Suchmaschinen oder in ODP selbst in alphabetischer Ordnung angezeigt, sondern werden nach ihrem PageRank-Wert sortiert. Dies soll gewährleisten, dass auch innerhalb der Verzeichnisklassen die wichtigsten Sites zuerst angezeigt werden. Eine solche Qualitätsmessung könnte auch dafür eingesetzt werden, einen Schwellenwert zu bestimmen, bis zu welchem Verzeichniseinträge in einer Suche berücksichtigt werden. Damit könnten beispielsweise aus großen Verzeichnisklassen nur die besten Einträge für eine weitere Suche verwendet werden, um eine „Qualitätssuche“ durchzuführen.

12.6.3 Erschließung der Sites in Web-Verzeichnissen

In den allgemeinen Web-Verzeichnissen werden die einzelnen Websites nur knapp beschrieben; neben dem Link, der Kategorienzuordnung und der Beschreibung werden keine weiteren Informationen erfasst. Auch die Beschreibungen selbst sind

[34] http://www.teoma.com [29.3.20005]

nicht einheitlich verfasst, so dass der Informationsgehalt stark variiert. Viele der Beschreibungen sind von den Anbietern der entsprechenden Websites selbst erstellt worden und wurden von den Verzeichnissen nach Prüfung einfach übernommen. Ebenso wird die Kategorie meist von den Website-Betreibern vorgeschlagen, so dass sich ähnliche Seiten oft in unterschiedlichen Kategorien wiederfinden.

Auch die von den Editoren der Verzeichnisse geschriebenen Beschreibungen der Sites sind keineswegs einheitlich oder verwenden gar ein kontrolliertes Vokabular. Vielmehr geht es um kurze, prägnante Beschreibungen, die es dem Nutzer ermöglichen, schon beim Querlesen der Ergebnisseite die für ihn relevanten Sites zu erkennen (vgl. Hamdorf 2004, 224).

Stock u. Stock (2000b) kritisieren die bei den großen Verzeichnissen verwendeten Klassifikationssysteme. Anstatt auf etablierte Systeme zurückzugreifen, haben sowohl Yahoo als auch Open Directory eigene Klassifikationen entwickelt, die allerdings mit der Zeit „gewuchert" seien, so dass von einem einheitlichen Aufbau nicht mehr gesprochen werden könne. Die Klassifikation von Yahoo ist zum Teil polyhierarchisch aufgebaut; bei ODP finden sich recht häufig Klassen, deren Unterklassen schlicht die Buchstaben des Alphabets tragen. Stock u. Stock (2000b, 30) sehen dies als „Kapitulation vor den Problemen einer thematischen Ordnung."

In der Tat ist die Ordnung der Verzeichnisse als problematisch auch für deren Einbindung in Suchmaschinen zu sehen. Vor allem im Open Directory, das wegen seiner freien Nutzbarkeit für alle Suchmaschinen als Verzeichnis attraktiv wäre, finden sich ähnliche bzw. zusammengehörende Einträge oft in unterschiedlichen Klassen. Dies trifft zum Beispiel bei der Suche nach den Hochschulinstituten der Informationswissenschaft zu: Diese werden teils unter „Wissenschaft: Geisteswissenschaften: Fakultäten und Institute", teils aber auch unter „Wissenschaft: Informatik: Fakultäten und Institute: Deutschland" oder „Wissen: Bildung: Hochschulen: Deutschland: Nordrhein-Westfalen: Fachhochschule Köln" gelistet.

Das gleiche Beispiel, diesmal im Yahoo-Verzeichnis, zeigt als weiteres großes Problem die mangelnde Vollständigkeit. Zwar existiert in diesem Verzeichnis eine eigene Kategorie, in der die Institute zusammen aufgeführt sind, in dieser finden sich jedoch nur neun der insgesamt fünfzehn vom Hochschulverband Informationswissenschaft aufgeführten deutschen Institute[35] wieder.

Fragwürdig ist auch, ob sich die Kategorie an der Stelle in der Hierarchie findet, an der der Nutzer sie vermuten würde. Bei Yahoo liegt sie auf der Hierarchieebene „Nachschlagen > Bibliotheken > Bibliotheks- und Informationswissenschaft > Ausbildung und Beruf > Hochschulinstitute".

---

[35] http://www.informationswissenschaft.org/institutionen/intro.htm [23.3.2005]

12.6.4 Einbindung der Verzeichnisdaten in Suchmaschinen

Der Nutzen der Einschränkung der Suche auf Top-Quellen konnte in Abschnitt 12.2 gezeigt werden. Nun soll untersucht werden, wie sich dieses Konzept mittels der Integration von Daten aus Web-Verzeichnissen in Suchmaschinen umsetzen lässt.

Bei der Suche in einer Suchmaschine mit eingebundenem Web-Verzeichnis können als Ergebnis direkt Verzeichnisklassen angezeigt werden. Dies kann auf Anfragen hin erfolgen, die entweder eine exakte Übereinstimmung mit der Klassenbezeichnung ergeben oder durch erweiterte Verfahren mit den Klassenbezeichnungen abgeglichen werden. Ein solches Verfahren wird beispielsweise bei Yahoo eingesetzt, um auch nicht exakte Anfragen mit den Klassen abgleichen zu können (Wu 1999; vgl. auch Stock u. Stock 2000b). Wichtig ist, dass bei solchen Treffern die weitere Auswahl von Top-Quellen meist nicht sinnvoll ist, da die Suche in den Quellen wiederum mit einem Teil der Klassenbezeichnung durchgeführt werden würde. So ist es zwar sinnvoll, bei einer Anfrage nach „Informationswissenschaft" die entsprechende Klasse als Ergebnis anzuzeigen, eine Suche in den Sites dieser Klasse wäre aber nicht sinnvoll, da durch die Klassenbezeichnung ja schon klar ist, dass alle Quellen für den Begriff relevant sind.

Interessanter ist der Fall, wenn keine Übereinstimmungen zwischen Anfrage und Klassenbezeichnungen bestehen. Es wird im Folgenden von einer großen Treffermenge ausgegangen, die zumindest einige Quellen (Server) enthält, die jeweils viele zur Anfrage passende Dokumente enthalten. Diese würden in der regulären Trefferliste „geclustert" werden, d.h. es würden nur zwei Dokumente pro Server angezeigt werden. Es sollen aber gerade die Quellen gefunden werden, die sowohl viele Dokumente enthalten als auch durch die Aufnahme in ein Verzeichnis eine gewisse Qualitätsprüfung durchlaufen haben. Abb. 12.5 zeigt den Prozess der Quellenauswahl, der im Folgenden erläutert wird.

Nach der Überprüfung, ob es eine Übereinstimmung zwischen Anfrage und Verzeichnisklasse gibt, werden in einem ersten Schritt alle Server ermittelt, die entweder mindestens eine gewisse Anzahl von Dokumenten enthalten oder aber es werden die *n* Server mit den meisten Dokumenten ermittelt, wobei *n* einen Cut-Off-Wert darstellt, beispielsweise 20. Die ermittelte Menge der Server wird für die weitere Bearbeitung verwendet. Allerdings enthält diese Menge noch nicht allein die Top-Quellen, sondern schlicht alle Quellen, die viele Dokumente zum Thema enthalten. Zu diesen dürften in vielen Fällen auch für die Anfrage nicht relevante Quellen gehören; zum Beispiel solche, die versuchen, durch den Aufbau von komplexen Verlinkungsstrukturen in den Suchmaschinen ein besseres Ranking zu erhalten und deshalb eine hohe Anzahl von Dokumenten, die einen Suchbegriff enthalten, generieren. Auch muss vermieden werden, dass Quellen allein aufgrund ihres Umfangs als Top-Quellen angesehen werden.

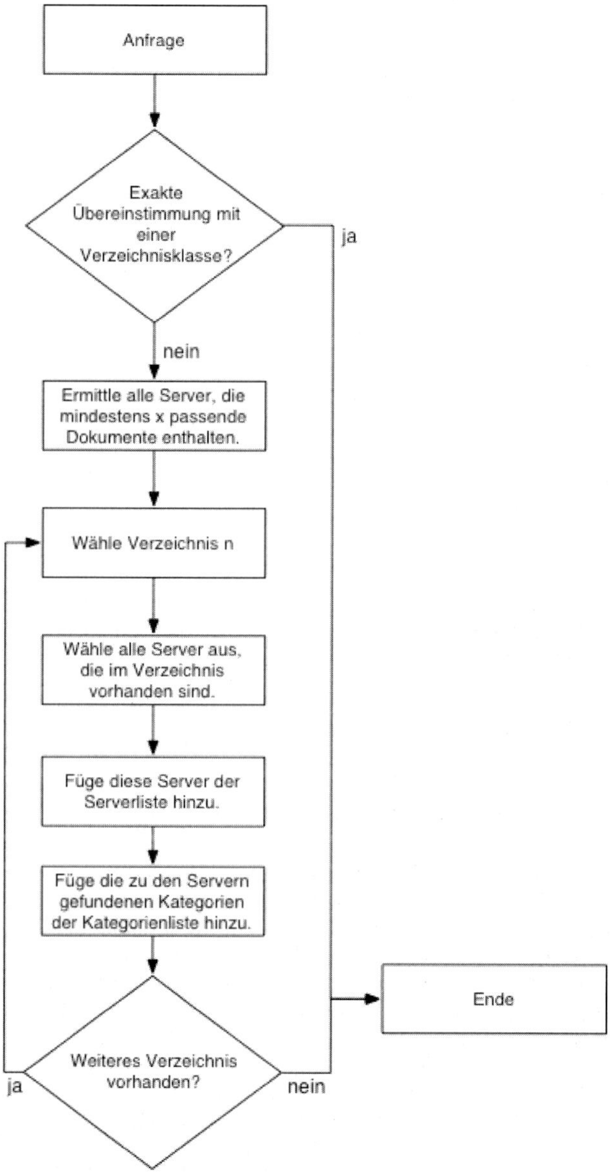

Abb. 12.5. Automatische Auswahl der Verzeichnisquellen

Die so ausgewählten Quellen können nun mit einem oder mehreren Verzeichnissen abgeglichen werden. Es bietet sich an, sowohl ein allgemeines Verzeichnis (wie ODP) einzubinden als auch spezialisierte Verzeichnisse.

Als nächstes wird in jedem verwendeten Verzeichnis für jeden einzelnen Server geprüft, ob dieser enthalten ist. Die im Verzeichnis enthaltenen Server werden in der weiteren Auswertung berücksichtigt, die nicht im Verzeichnis enthaltenen Server werden ausgeschlossen. Durch die Qualitätskontrolle der Verzeichnisse (der menschlichen Redaktion) werden diejenigen Server ausgeschlossen, die die Qualitätsstandards des verwendeten Verzeichnisses nicht einhalten können. Allerdings werden auch alle Server ausgeschlossen, die im Verzeichnis nicht enthalten sind, etwa weil bisher kein Editor Zeit fand, diese mit aufzunehmen. Es ist allerdings davon auszugehen, dass die Verzeichnisklassen die wichtigsten Quellen zum Thema enthalten (vgl. auch Hamdorf 2004 zur Vorgehensweise beim Aufbau von Verzeichnissen). Des Weiteren wird eine Liste der gefundenen Kategorien erstellt, die auch die darin enthaltene Anzahl der überprüften Server enthält.

Die neu ermittelte Servermenge erfüllt nun zwei Bedingungen: Erstens enthält sie nur Quellen, die eine gewisse Anzahl von Dokumenten, die zur Suchanfrage passen, enthalten. Zweitens enthält sie nur Quellen, die in einer menschlichen Qualitätskontrolle für gut befunden wurden.

Die ermittelte Kategorienliste enthält die relevanten Kategorien aus den ausgewerteten Verzeichnissen mit der Anzahl der dort enthaltenen Server, auf denen Dokumente gefunden wurden sowie die Anzahl der insgesamt in der jeweiligen Kategorie enthaltenen Quellen.

Als letzter Schritt bleiben nun noch die Art und der Umfang der Umsetzung der Verzeichnisquellen in ein Suchergebnis. Dabei stehen vier Möglichkeiten zur Verfügung:

- Die Auswahl der Server wird beibehalten. Alle ermittelten Server werden unabhängig von ihrer Stellung im Verzeichnis für die Suche ausgewählt.
- Die Klasse oder diejenigen Klassen, die am meisten relevante Server enthalten, werden ausgewählt. Alle Server der Klasse werden in der weiteren Suche berücksichtigt, unabhängig davon, ob sie in der ursprünglichen Treffermenge enthalten waren. Da der Umfang der Klassen sehr stark variiert, kann auch innerhalb der Klassen mit einem Cut-Off-Wert gearbeitet werden. Wie schon bei Google üblich, kann die Liste der Quellen nach einem statischen Wert ihrer Linkpopularität geordnet werden. Aufgrund dieser Ordnung kann in Kombination mit dem Cut-Off-Wert die Suche nur auf die populärsten Quellen beschränkt werden.
- Die Auswahl der zu berücksichtigenden Klassen wird dem Nutzer überlassen. Ihm werden die Klassenbezeichnungen mit der Anzahl der relevanten Quellen zur Auswahl angeboten.

- Der Nutzer wählt die zu berücksichtigenden Server selbständig aus einer Liste aus.

Auf welche Art auch immer dieser Schritt ausgeführt wird, wird letztlich noch die modifizierte Suchanfrage wieder an den Suchmaschinen-Index gesendet. Die Anfrage wird dabei auf die ausgewählten Server beschränkt, so dass nur Treffer von diesen zurückgegeben werden. Dabei sollten die sonst im Ranking verwendeten statischen Werte für die Linkpopularität nicht bzw. nur eingeschränkt verwendet werden, da sie häufig grundsätzlich Dokumente aus einer Quelle gegenüber denen aus einer anderen Quelle bevorzugen (vgl Kap 8.6).

Das vorgeschlagene Verfahren soll anhand eines Beispiels verdeutlicht werden: Ein Nutzer sucht nach Informationen über den Lotuseffekt. Eine Suche in Google erbringt über 30.000 Treffer. Tabelle 12.1 (S. 212) zeigt alle Server aus den Top-500-Treffern bei Google, die einen Link auf weitere Dokumente, die auf demselben Server liegen, enthalten.[36]

Die in der Tabelle gezeigten Ergebnisse sind das Resultat des in Abb. 12.5 dargestellten Verfahrens. Nun stellt sich die Frage, welche Ergebnismenge aus diesem Ergebnis gezogen werden soll. Gemäß den oben aufgeführten Möglichkeiten der Umsetzung wären dies:

- Die Auswahl der Server wird beibehalten, alle auf diesen Servern gefundenen Dokumente bilden die Ergebnismenge. Es erfolgt ein neues Ranking, welches die Ergebnisse aller dieser Server mischt. Im Beispiel würde es sich anbieten, alle Server einzubeziehen, die von mindestens einem der Verzeichnisse gefunden werden.[37] Hier zeigt sich auch die Schwäche der Verzeichnisse: Offensichtlich sind auch manche hoch relevante Server nicht in beiden Verzeichnissen vorhanden. Allerdings gibt es auch keine relevanten Quellen, die in beiden Verzeichnissen fehlen. Irrelevante Sites wie die verschiedenen Ebay-Server mit Auktionsangeboten werden erfolgreich ausgeschlossen.

---

[36] Die Tabelle enthält alle Sites, die mehr als zwei Treffer ergaben. Bei dem Beispiel wurden sowohl in Google als auch in den Verzeichnissen nur deutschsprachige Treffer ausgewertet. Wurden bei einer Site auffällig viele Treffer gefunden (in Beispielen waren dies in der Regel weit über 50.000), so wurde anhand der Trefferliste überprüft, wie weit diese tatsächlich ging. Dieser Wert wurde entsprechend in der Tabelle angegeben. Es handelt sich dabei um ein spezielles Problem von Google: Es werden alle Dokumente einer Site gezählt, auch wenn der Begriff beispielsweise auf jeder Einzelseite in der Navigation vorkommt. Solche Treffer werden erst bei der Anzeige der Trefferliste als Dubletten angesehen und entsprechenden nicht mit angezeigt, können jedoch über einen Link am Ende der Trefferliste aufgerufen werden.

[37] Die Einbeziehung der Daten der beiden großen Webverzeichnisse dürfte in der Praxis nicht gelingen, da die ODP-Daten zwar kostenfrei zur Verfügung stehen, das Yahoo-Verzeichnis jedoch proprietär ist.

- Die gefundenen Server verteilen sich auf relativ viele unterschiedliche Klassen. Eine Einschränkung auf nur eine Klasse erscheint daher nicht sinnvoll; die Ausweitung auf alle Server einer Klasse damit auch nicht. Weitere Beispielanfragen müssen zeigen, ob eine solche Form der Einschränkung in anderen Fällen sinnvoll ist. Möglich wäre allerdings die Beschränkung der Recherche auf eine der obersten Hierarchieebenen. Bei ODP zeigt sich eine klare Unterteilung der Treffer in die Klassen „Wirtschaft" und „Wissenschaft". Dem Nutzer könnte die Wahl gegeben werden, seine Suche auf einen der Bereiche einzuschränken. Bei Yahoo besteht diese Möglichkeit aufgrund der Verzeichnisstruktur nicht.
- Die Auswahl der relevanten Klassen und die weitere Recherche in diesen durch den Nutzer ließen sich für das Beispiel realisieren, auch wenn der Vorteil für die Recherche hier nicht sicher erscheint.
- Eine Auswahl der relevanten Server durch den Nutzer ist in jedem Fall sinnvoll. Die in den Verzeichnissen aufgeführten Server könnten nach der Anzahl der Dokumente oder je nachdem, von wie vielen Verzeichnissen sie gefunden wurden, gelistet werden.

Ein ähnliches Ergebnis tritt bei einem zweiten Beispiel (s. Tabelle 12.2 auf S. 214), der Suchanfrage „WLAN", auf. Allerdings zeigt sich hier bei ODP eine Verzeichnisklasse („Computer und Technik > Zeitschriften und Online-Magazine"), in der drei hoch relevante Server enthalten sind. Hier könnte es sinnvoll sein, die Recherche auf alle in dieser Klasse enthaltenen Server auszuweiten.

Die in diesem Kapitel beschriebenen Ansätze versuchen alle, die Qualität der Treffer durch die prominente Einbindung von Qualitätsquellen zu erhöhen. Insbesondere für populäre, also häufig gestellte Anfragen erscheint der Ansatz der manuellen Zusammenstellung und Einbindung von Top-Quellen, auch solchen aus dem Invisible Web, vielversprechend. Die automatische Abfrage von Invisible-Web-Quellen hingegen ist wohl eher bei Spezialsuchmaschinen bzw. in gesonderten Bereichen innerhalb der allgemeinen Web-Suchmaschinen sinnvoll.

Letztlich bleibt noch der Ansatz der Verwendung von Daten aus Web-Verzeichnissen. Zwar haben diese im Lauf der Jahre an Popularität verloren, dies mag allerdings auch an der mangelhaften Integration ihrer Daten in die algorithmischen Suchmaschinen liegen. Es wurde ein Ansatz vorgestellt, wie sich das aus der „Datenbank-Welt" bekannte Konzept der Top-Quellen bzw. der Cross-Suche auf das Web anwenden lässt.

Das vorgestellte Verfahren erscheint vielversprechend, es bedarf jedoch vor allem noch einer empirischen Überprüfung und ausführlicher Tests mit echten Nutzern und ihren Suchanfragen. Dies ließ sich im Rahmen der bisherigen konzeptionellen Überlegungen noch nicht leisten. Es konnten aber durchaus anhand der beschriebenen Beispiele mögliche Anwendung des Verfahrens gezeigt werden.

Es wäre wünschenswert, wenn sich die Forschung (wieder) mit Fragen der Integration von Verzeichnisdaten in Suchmaschinen beschäftigen würde. Dass für das Suchergebnis die Qualität der zugrunde liegenden Quellen von großer Bedeutung ist, ist unstrittig. Mit den Verzeichnisdaten liegt ein Instrument vor, die Qualität der Suchergebnisse zu erhöhen.

Bisher nicht behandelt wurde die Navigation innerhalb des Verzeichnisses auf Basis der gefundenen Verzeichnistreffer. Durch ein solches den Nutzer leitendes Verfahren könnte die Qualität der Suchergebnisse in einem weiteren Suchschritt weiter erhöht werden.

Von besonderer Bedeutung für das vorgestellte Verfahren ist die Qualität der zugrunde liegenden Verzeichnisse. Schon in den vorgestellten Beispielen wurde etwa deutlich, dass sich die Treffer aufgrund der inkonsistenten Klassierung teils nur eingeschränkt verwenden lassen. Insbesondere die Integration von spezialisierten Verzeichnissen erscheint vielversprechend: Für jede Abfrage müssten dann allerdings entsprechend viele Einzelverzeichnisse durchsucht werden.

Tabelle 12.1. Gefundene Server für die Suchanfrage „Lotuseffekt“, geordnet nach der Anzahl der gefundenen Treffer je Site

Server	Beschreibung	Anzahl Treffer in Google	Kategorie in ODP[38]	Kategorie in Yahoo
www.botanik.uni-bonn.de	Botanisches Institut der Universität Bonn	224	-	Nordrhein-Westfalen > Universität Bonn > Botanisches Institut und Botanischer Garten
www.uni-protokolle.de	Prüfungsprotokolle Hochschulnachrichten	181	Wissenschaft: Studium	Uni/FH > Hausarbeiten, Skripte und Klausuren
search.ebay.de	Auktionshaus	174	-	-
www.baustoffchemie.de	Informationsportal zur Chemie der Werkstoffe im Bauwesen	170	Wissenschaft: Technologie: Bauingenieurwesen	-
cgi.ebay.de	Auktionshaus	112	-	-
www.werkzeug.de-a1.de	Werkzeug-Shop-Führer	89	-	-
wohnen.listings.ebay.at	Auktionshaus	89	-	-
www.baulinks.de	Bauportal	88	-	Firmen > Bauwesen > Brancheninformation
www.bauzentrale.com	Newsportal Bau	55	-	-
www.3sat.de	3sat Fernsehen	41	Medien: Fernsehen: Sender: Öffentlich-rechtliche	Fernsehen > 3sat
idw-online.de	Nachrichten aus der Wissenschaft	37	Wissenschaft: Nachschlagewerke	Forschung und Wissenschaften > Zeitschriften und Online-Magazine
www.neuematerialien.de	Marktplatz der Werkstofftechnik	31	Wissenschaft: Technologie: Werkstoffe	-
www.thesu.de	Themensuchmaschine	31	-	-
www.dbu.de	Deutsche Bundesstiftung Umwelt	29	Regional: Europa: Deutschland: Gesellschaft: Umweltschutz	Umwelt und Natur > Organisationen

[38] Die einleitenden Kategorien „World: Deutsch“ werden aus Gründen der Übersichtlichkeit nicht mit aufgeführt.

Tabelle 12.1. (Fortsetzung)

www.moerike-g.es.bw.schule.de	Mörike-Gymnasium Esslingen	24	-	-
www.innovations-report.de	Informationsplattform zur zur Förderung der Innovationsdynamik	24	Wissenschaft: Technologie: Zeitschriften und Online-Magazine Wissenschaft: Technologie: Erfindungen und Innovationen	Forschung > Portale und Linksammlungen
www.zeiss.de	Unternehmen	12	Wirtschaft: Industriegüter und -dienstleistungen: Optik	Firmen > B2B > Optik > Carl Zeiss Gruppe
www.colour-europe.de	Fachzeitschrift „Phänomen Farbe“	12	Wirtschaft: Chemie: Beschichtungs- und Klebstoffe: Farben und Lacke: Zeitschriften und Online-Magazine	-
www.maschinenmarkt.de	Fachzeitschrift	10	Wirtschaft: Industriegüter und -dienstleistungen: Maschinen und Werkzeuge: Zeitschriften und Online-Magazine	
www.dasumwelthaus.de	Informationen rund um zeitgemäßes Wohnen	6	-	
www.fassatec.de	Unternehmen aus dem Bereich Fassadentechnik	5	-	

Tabelle 12.2. Gefundene Server für die Suchanfrage „WLAN", geordnet nach der Anzahl der gefundenen Treffer je Site

Server	Beschreibung	Anzahl Treffer in Google	Kategorie in ODP	Kategorie in Yahoo
www.golem.de	Computer-Newsdienst	909	Medien > Zeitschriften und Online-Magazine	Computer und Technik > Zeitschriften und Online-Magazine
www.mercateo.com	Shopping-Portal	902	Wirtschaft > E-Commerce > Marktplätze	München > Firmen > B2B > Industriebedarf
www.wcm.at	Computerzeitung	881	-	Österreich > Computer und Internet > Zeitschriften und Online-Magazine
www.informationsarchiv.net	Computer-Lexikon	853	-	Computer > Wörterbücher
www.teltarif.de	Nachrichtendienst Telekommunikation	790	Wirtschaft: Telekommunikation: Zeitschriften und Online-Magazine Zuhause: Verbraucherinformationen: Elektronik: Telekommunikation: Tarife: Deutschland	Tarifvergleiche > Telefontarife
www.idealo.de	Shopping-Portal	735	Zuhause: Verbraucherinformationen: Preisagenturen: Online-Preisvergleiche	HiFi, Video und Unterhaltungselektronik > Preisvergleiche
www.evita.de	Shopping-Portal	728	-	Firmen > Einkaufszentren > Online-Einkaufszentren
www.planet-elektronik.de	Elektronik-Händler	718	Regional: Europa: Deutschland: Sachsen: Städte und Gemeinden: C: Chemnitz: Wirtschaft: Handel	-
www.tecchannel.de	Computer-Newsdienst	682	Computer: Medien: Zeitschriften und Online-Magazine	Computer und Technik > Zeitschriften und Online-Magazine
www.heise.de	Computer-Newsdienst	655	Medien: Zeitschriften und Online-Magazine	Firmen > Zeitschriftenverleger > Heise Verlag

Tabelle 12.2. (Fortsetzung)

www.directshopper.de	Shopping-Portal	619	Online-Shops: Computer: Hardware: D	-
shopping.fireball.de	Shopping-Portal	501	-	Suchmaschinen > Fireball
www.dslweb.de	Informationsportal	446	Computer: Internet: Internetzugang: DSL	DSL > ADSL
preisvergleich.dhd24.com	Shopping-Portal	399	-	-
www.pearl.de	Versandhaus für Computerzubehört	395	Online-Shops: Computer	Firmen > Computer > Versandhandel
wlan.informatik.uni-rostock.de	WLAN-Projekt an der Universität Rostock	307	-	-
www.softnet.ch	Shopping-Seite	266	-	-
www.lancom-systems.de	Hardware-Hersteller	264	Computer: Hardware: Hersteller	-
www.uni-koeln.de	Universität	207	Wissen: Bildung: Hochschulen: Deutschland: Nordrhein-Westfalen: Universität zu Köln	Städte und Länder > Deutsche Bundesländer > Nordrhein-Westfalen > Städte und Gemeinden > Köln > Bildung und Wissenschaft > Hochschulen > Universitäten > Universität zu Köln
www.freifunk.net	Themenportal	205	Computer: Netzwerk: Wireless	-
www.expansys.de	Hardware-Händler	178	-	-
www.t-mobile.at	Netzanbieter	152	Regional: Europa: Österreich: Wirtschaft: Telekommunikation: Anbieter	Österreich > Firmen > Mobilfunknetz-Anbieter > T-Mobile Austria
de.wikipedia.org	Enzyklopädie	94	Wissen: Enzyklopädien	-
www.computerwoche.de	Computerzeitschrift	83	Computer: Medien: Zeitschriften und Online-Magazine: IT	Computer und Technik > Zeitschriften und Online-Magazine
wiki.uni-konstanz.de	Wikis der Uni Konstanz	78	-	-
www.rrzn.uni-hannover.de	Rechenzentrum der Uni Hannover	45	Wissen: Bildung: Hochschulen: Deutschland: Niedersachsen: Universität Hannover	-

Tabelle 12.2. (Fortsetzung)

info.fh-htwchur.ch	Fachhochschule	34	-	-
www.lycos.de	Portal	33	Computer: Internet: WWW: Startseiten und Portale	Web-Verzeichnisse und Kataloge > Lycos Europe
wlan.uni-bremen.de	Universität	8	-	-

13 Verbesserung der Dokumentrepräsentation

Eine Verbesserung der Repräsentation der von den Suchmaschinen indexierten Dokumenten kann auf zwei Ebenen erfolgen: Einerseits lässt sich die teils mangelnde Zuverlässigkeit der Zuordnung der Werte verbessern (wie dies am Beispiel in Kapitel 11.3 gezeigt wurde), andererseits können weitere Attribute für die Repräsentation der Dokumente gefunden werden. Um den letzteren Fall soll es in diesem Kapitel gehen. Es sollen Erweiterungen vorgestellt werden, die eine bessere Repräsentation und damit eine genauere Recherche möglich machen. Letztlich können durch eine verbesserte Repräsentation auch die Trefferlisten in ihrer Aussagekraft verbessert werden.

In Kapitel 4.4 wurde die in den Suchmaschinen übliche Dokumentrepräsentation diskutiert. Dabei wurde der Schluss gezogen, dass für die Verbesserung der Qualität der Treffer auch die Repräsentation der Dokumente verbessert werden müsse.

Zusätzliche Attribute in der Dokumentrepräsentation wurden in den vorangegangenen Kapiteln diskutiert: In Kapitel 11.4 wurden aktualitätsbezogene Attribute vorgestellt, in Kapitel 12 ging es unter anderem um den möglichen Einsatz von Qualitätsattributen. Während diese Art von Attributen aus den Eigenschaften der Dokumente und weniger aus deren Inhalt selbst gewonnen werden können, soll es in diesem Kapitel nun um weitere Attribute gehen, die aus dem Inhalt der Dokumente gewonnen werden können.

13.1 Beschränkung auf den Inhaltsteil der Dokumente

Für die Dokumentrepräsentation sollten alle Teile des Dokuments entfernt werden, die nicht inhaltstragend sind, sondern allein der Navigation oder dem Hinweis auf andere Inhalte (intern oder extern; also auch auf Werbung) dienen. Oft werden Teaser weiterer Inhalte neben einem Text angeboten; der Anteil solcher Informationen am Gesamttext der Seite kann mitunter einen relativ hohen Anteil einnehmen (s. z.B. Abb. 13.2, dritte Spalte).

Die indexierten Dokumente lassen sich auf zwei Arten um die unerwünschten Elemente reduzieren: Bei einem Aufbau des Dokuments mit Hilfe von Tabellen muss diejenige Tabellenspalte bzw. -zelle gefunden werden, in der die tatsächlichen Inhalte stehen. Ist das Dokument ohne Tabellen aufgebaut, so müssen die verschiedenen Dokumente eines Servers miteinander verglichen werden, um gleichlautende Elemente entfernen zu können.

Bisherige Ansätze der Tabellenerkennung konzentrieren sich darauf, aus Dokumenten die „echten Tabellen“ zu ermitteln, also diejenigen, die tatsächliche Inhalte in Tabellenform darstellen. Nach Wang u. Hu (2002) unterscheiden sich echte Tabellen (*genuine tables*) und unechte Tabellen (*non-genuine tables*) folgendermaßen:

“We define *genuine* tables to be document entities where a two dimensional grid is semantically significant in conveying the logical relations among the cells. Conversely, *Non-genuine* tables are document entities where <table> tags are used as a mechanism for grouping contents into clusters for easy viewing only.”

Die Erkennung von Tabellen ist von Bedeutung, um beispielsweise deren Darstellung bzw. das Layout von mit Hilfe von geschachtelten Tabellen erstellten HTML-Dokumenten auf die Anzeige auf kleinen Bildschirmen, also etwa auf mobilen Endgeräten, anpassen zu können. Allerdings lässt sich die Tabellenerkennung auch „umkehren“, um gezielt die Layout-Tabellen zu finden und dadurch die genuin inhaltstragenden Element zu extrahieren. Dabei macht man sich die Schwäche von HTML zunutze, dass alle Formen eines mehrspaltigen Layouts mit Tabellen dargestellt werden müssen.

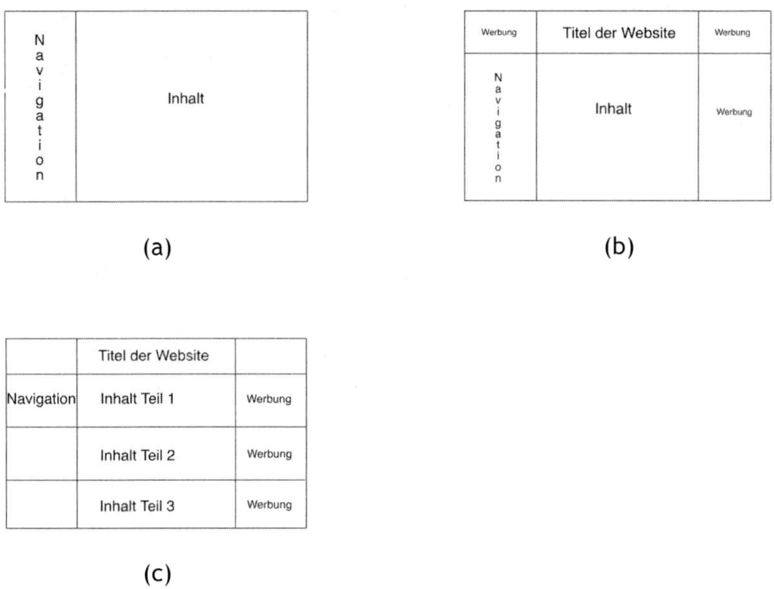

Abb. 13.1. Dokumentaufbau mittels Tabellen

Inhalte können in Tabellen an unterschiedlichen Stellen platziert sein. Abb. 13.1 zeigt die gängigsten Formen des Tabellenaufbaus in HTML-Dokumenten. Teil (a) der Abbildung ist der Standardaufbau aus Titel, Navigation und Inhalt. Es handelt sich um eine zweispaltige Tabelle, wobei die zweite Spalte in zwei Zeilen (Titel und Inhalt) unterteilt ist. Inhaltstragend ist nur die zweite Zeile der zweiten Spalte.

In Teil (b) ist eine weitere typische Aufbauform zu sehen. Hierbei handelt es sich um eine dreispaltige Tabelle mit Titel, Navigation, Inhalt, Werbung und Hinweisen auf weitere Inhalte der gleichen Website.

Die beschriebenen Formen zeigen nur den typischen Aufbau von HTML-Seiten mit Tabellen. Daneben werden weitere Arten verwendet, die aber im Wesentlichen den beschriebenen Arten ähnlich sind. Einen Sonderfall stellt ein Tabellenaufbau dar, in dem auch der Inhaltsteil über mehrere Tabellenzellen verteilt ist (Teil (c)). In diesem Fall müssen die Zellen verbunden werden.

Die Erkennung der Tabellen erfolgt mittels der Analyse der verwendeten HTML-Tags. Es ist zu beachten, dass auch im Inhaltsteil selbst wieder Tabellen vorkommen können; in diesem Fall echte Tabellen, die der Präsentation von Inhalt dienen. Es Beispiel hierfür ist in Abb. 13.2 zu sehen. Deutlich wird jedoch, dass der Inhaltsteil der Tabelle sich dadurch auszeichnet, dass er einerseits den größten Textumfang hat, andererseits zentral im Tabellengefüge platziert ist.

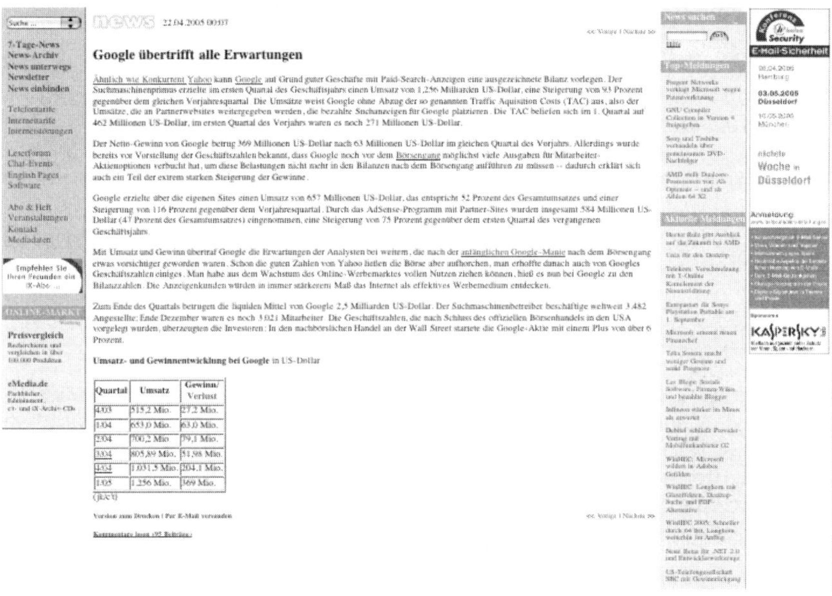
22.04.2005 00:03

Google übertrifft alle Erwartungen

Ähnlich wie Konkurrent Yahoo kann Google auf Grund guter Geschäfte mit Paid-Search-Anzeigen eine ausgezeichnete Bilanz vorlegen. Der Suchmaschinenprimus erzielte im ersten Quartal des Geschäftsjahrs einen Umsatz von 1,256 Milliarden US-Dollar, eine Steigerung von 93 Prozent gegenüber dem gleichen Vorjahresquartal. Die Umsätze weist Google ohne Abzug der so genannten Traffic Aquisition Costs (TAC) aus, also der Umsätze, die an Partnerwebsites weitergegeben werden, die bezahlte Suchanzeigen für Google platzieren. Die TAC beliefen sich im 1. Quartal auf 462 Millionen US-Dollar, im ersten Quartal des Vorjahrs waren es noch 271 Millionen US-Dollar.

Der Netto-Gewinn von Google betrug 369 Millionen US-Dollar nach 63 Millionen US-Dollar im gleichen Quartal des Vorjahrs. Allerdings wurde bereits vor Vorstellung der Geschäftszahlen bekannt, dass Google noch vor dem Börsengang möglichst viele Ausgaben für Mitarbeiter-Aktienoptionen verbucht hat, um diese Belastungen nicht mehr in den Bilanzen nach dem Börsengang aufführen zu müssen -- dadurch erklärt sich auch ein Teil der extrem starken Steigerung der Gewinne.

Google erzielte über die eigenen Sites einen Umsatz von 657 Millionen US-Dollar, das entspricht 52 Prozent des Gesamtumsatzes und einer Steigerung von 116 Prozent gegenüber dem Vorjahresquartal. Durch das AdSense-Programm mit Partner-Sites wurden insgesamt 584 Millionen US-Dollar (47 Prozent des Gesamtumsatzes) eingenommen, eine Steigerung von 75 Prozent gegenüber dem ersten Quartal des vergangenen Geschäftsjahrs.

Mit Umsatz und Gewinn übertraf Google die Erwartungen der Analysten bei weitem, die nach der anfänglichen Google-Manie nach dem Börsengang etwas vorsichtiger geworden waren. Schon die guten Zahlen von Yahoo ließen die Börse aber aufhorchen, man erhoffte danach auch von Googles Geschäftszahlen einiges. Man habe aus dem Wachstum des Online-Werbemarktes vollen Nutzen ziehen können, hieß es nun bei Google zu den Bilanzzahlen. Die Anzeigenkunden würden in immer stärkerem Maß das Internet als effektives Werbemedium entdecken.

Zum Ende des Quartals betrugen die liquiden Mittel von Google 2,5 Milliarden US-Dollar. Der Suchmaschinenbetreiber beschäftige weltweit 3.482 Angestellte; Ende Dezember waren es noch 3.021 Mitarbeiter. Die Geschäftszahlen, die nach Schluss des offiziellen Börsenhandels in den USA vorgelegt wurden, überzeugten die Investoren: In den nachbörslichen Handel an der Wall Street startete die Google-Aktie mit einem Plus von über 6 Prozent.

Umsatz- und Gewinnentwicklung bei Google in US-Dollar

Quartal	Umsatz	Gewinn/ Verlust
4/03	515,2 Mio.	27,2 Mio.
1/04	653,0 Mio.	63,0 Mio.
2/04	700,2 Mio.	79,1 Mio.
3/04	805,89 Mio.	51,98 Mio.
4/04	1.031,5 Mio.	204,1 Mio.
1/05	1.256 Mio.	369 Mio.

(jk/c't)

Abb. 13.2. Echte Tabelle innerhalb einer Layout-Tabelle (http://www.heise.de/newsticker/meldung/58854) [26.4.2005]

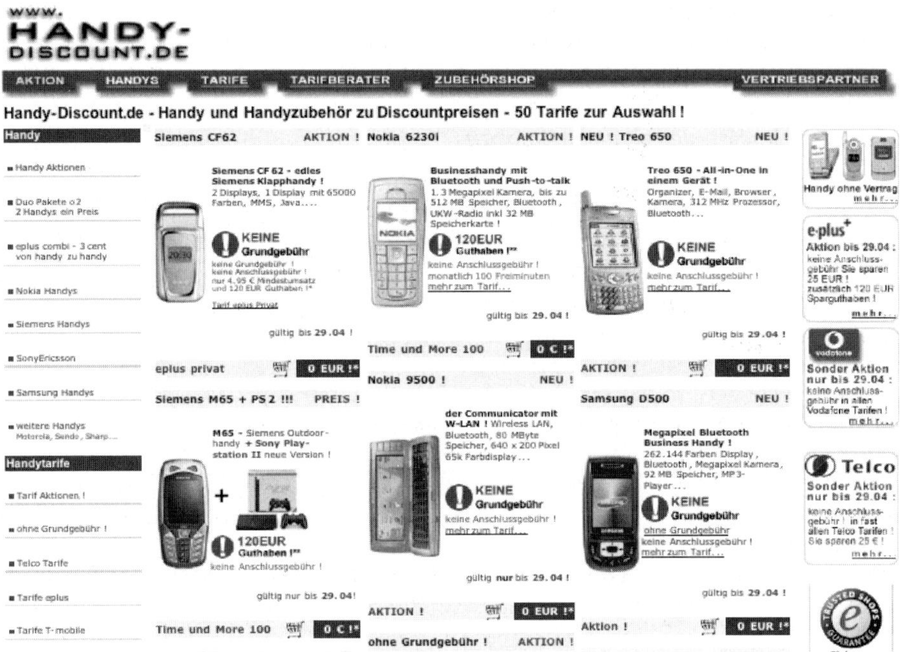

Abb. 13.3. Aufbau eines Dokuments mit mehreren inhaltstragenden Tabellenzellen

Der von Wang u. Hu (2002) entwickelte Algorithmus ist in der Lage, etwa 95 Prozent der echten Tabellen richtig zu erkennen. Das Verfahren ließe sich auch dafür einsetzen, den inhaltstragenden Teil von aus Gründen des Layouts verwendeten Tabellen zu extrahieren. Die Trefferquote dürfte dabei aufgrund des geringeren Schwierigkeitsgrads noch höher liegen.

Einschränkend muss festgestellt werden, dass sich der Ansatz der Tabellenzerlegung selbstverständlich nur für Dokumente eignet, die tatsächlich als Tabellen angelegt sind. Dies dürfte aber mittlerweile bei den meisten Dokumenten, die auch Navigationselemente oder Werbung enthalten, der Fall sein. Die aus Content-Management-Systemen generierten Dokumente dürften zu nahezu hundert Prozent als Tabellen aufgebaut sein.

Des Weiteren ist der Ansatz vor allem auf informationsorientierte Seiten ausgelegt. Die Extraktion des Inhaltsteils von Tabellen funktioniert nur, wenn es *den* Inhaltsteil überhaupt gibt. Abb. 13.3 zeigt ein Beispiel einer mittels einer mehrspaltigen Tabelle aufgebauten Seite, die Kurzinformationen zu einzelnen Mobiltelefonen enthält. Die Informationen zu jedem einzelnen Gerät stehen in einer eigenen Tabellenzelle. Eine Unterscheidung, in welcher einzelnen Zelle nun die inhaltstragenden Informationen stehen, ist nicht zu treffen. Auf der anderen Seite wäre auch eine Zusammenführung aller inhaltstragenden Zellen nicht sinnvoll, da dies eben wieder zu einer Vermischung nicht zusammengehöriger Inhalte führen würde.

Der Ausschluss von Dokumentteilen bei Dokumenten, die nicht mittels Tabellen aufgebaut sind, kann allein aufgrund eines Vergleichs aller Dokumente einer Website erfolgen. Die als gleich ermittelten Teile können dann für die weitere Dokumenterschließung ausgeschlossen werden. Um nicht ganze Dokumente vergleichen zu müssen, was einerseits viel Rechenleistung erfordern und andererseits zu einer erhöhten Fehlerquote führen würde, kann der Vergleich auf den Beginn und das Ende der Seiten beschränkt werden, da Navigationselemente, Hinweise und Werbung bevorzugt in diesen Teilen zu finden sein dürften.

13.2 Erweiterungen der Dokumentrepräsentation

Mit Hilfe der Extraktion des eigentlichen Inhalts aus den Dokumenten kann die Repräsentation deutlich verbessert werden. Nicht nur kann der echte Volltext des Dokuments erschlossen werden, ohne dass Ballast durch die nur in den Navigationselementen vorkommenden Wörtern mit indexiert wird. Auf Basis des echten Volltexts können auch dem Nutzer zuverlässige und über die bisher üblichen Angaben hinausgehende Informationen angezeigt werden. Das Ziel ist hier, dem Nutzer die Entscheidung über den Wert eines Dokuments für sein Informationsbedürfnis durch Informationsverdichtung schon bei der Durchsicht der Trefferliste zu erleichtern.

Durch eine Beschränkung auf den Inhaltsteil der Dokumente können auch Verfahren zur Extraktion von Namen, Phrasen und ähnlichem (Kap. 7.3.2) einfacher angewendet werden. Dies ist allerdings eher als Nebeneffekt zu betrachten; im Weiteren soll es stattdessen um die Ermittlung formaler Bestandteile gehen.

13.2.1 Strukturinformationen

Informationen über die Struktur von Dokumenten werden von den Suchmaschinen zur Verbesserung des Ranking verwendet (s. Kap. 6.1). Allerdings werden die verwendeten Informationen nicht auch dem Nutzer verfügbar gemacht, der sich aufgrund dieser für oder gegen die Einsichtnahme des Volltexts entscheiden könnte.

Die bedeutendste aufgrund struktureller Merkmale gewonnene Information ist der Titel eines Dokuments. Es wurde bereits angesprochen, dass sich der tatsächliche Titel (also die Hauptüberschrift) und die Informationen im <title>-Tag eines HTML-Dokuments stark unterscheiden können. Suchmaschinen nutzen bisher vor allem den <title>-Tag, insbesondere auch bei der Anzeige des Dokumenttitels in den Trefferlisten. Für den Website-Betreiber ergibt sich die Möglichkeit, in den von den Suchmaschinen hoch bewerteten <title>-Tag Informationen einzutragen, die für den Nutzer nicht innerhalb des Dokuments sichtbar sind, sondern nur in der (nur wenig beachteten) Titelleiste seines Browsers.

Durch die Konzentration auf den tatsächlichen Dokumentinhalt kann die Suchmaschine nun den tatsächlichen Titel des Dokuments feststellen. Entweder wird dieser direkt aus der entsprechend ausgezeichneten Überschrift höchster Ordnung (mittels des h_n-Tags) oder, wenn eine entsprechende Auszeichnung nicht erfolgt ist, aus derjenigen Zeile im ersten Teil des Dokuments gewonnen, die im größten Schriftschnitt gesetzt ist. Abb. 13.4 verdeutlicht die Problematik anhand eines Beispiels. Aus dem extrahierten Dokumenttext ist die tatsächliche Überschrift leicht ersichtlich; es handelt sich um die am größten gesetzte Zeile. Allerdings ist auch ersichtlich, dass die Hauptüberschrift nicht unbedingt in der ersten Zeile stehen muss. Im Beispiel steht in der ersten Zeile eine Ergänzung zur Überschrift, in anderen Fällen ist auch der Name des Autors o.ä. denkbar.

Nachfolger von Windows XP soll Ende 2006 fertig sein

Microsofts "Longhorn" bekommt ein Gesicht

Von Jörg Schieb

Auf der WinHEC in Seattle hat Microsoft-Gründer Bill Gates nicht nur das kommende Windows präsentiert - Codename "Longhorn" - , sondern auch den Startschuss für die 64-Bit-Versionen von Windows Server 2003 und Windows XP Professional gegeben. Damit unterstützt Microsoft ab sofort die modernen 64-Bit-Prozessoren von AMD und Intel.

Abb. 13.4. Stellung der Überschrift innerhalb eines Dokuments

Auf die gleiche Weise lässt sich nicht nur die Hauptüberschrift ermitteln, sondern auch Zwischenüberschriften. Vor allem bei langen Dokumenten dürfte es sinnvoll sein, dem Nutzer bereits in der Trefferliste anzubieten, sich die Struktur des Dokuments anzusehen – vor allem dann, wenn das Dokument selbst kein Inhaltsverzeichnis enthält.

13.2.2 Größenangaben

Die meisten Suchmaschinen geben bereits in den Trefferlisten die Größe der gefundenen Dokumente an. Dies ist sinnvoll, weil sich der Nutzer so bereits entscheiden kann, ob er lieber ein Dokument einsehen möchte, das den gesuchten Sachverhalt ausführlich beschreibt oder ob er eher eine knappe Darstellung wünscht. Allerdings zeigen die Suchmaschinen die Größeninformation in Kilobytes an. Zwar kann sich der Nutzer so ein Bild machen, wie sich die Länge der Dokumente untereinander verhält. Den meisten Nutzern dürfte aber die Vorstellung fehlen, wie lang denn nun ein Dokument mit einer bestimmten KB-Größe ist. Dazu kommt wiederum, dass alle Navigationselemente usw. mit in die Berechnung eingehen.

Die Reduzierung des Dokuments auf den Inhaltsteil erlaubt es nun nicht nur, die Größe des Dokuments realistisch anzugeben, sondern ermöglicht auch eine zuverlässige Zählung in Wörtern oder Zeichen. Diese Angaben dürften für den Nutzer wesentlich aufschlussreicher sein.

Bei paginierten Dokumenten (insbes. PDF- und Office-Dokumenten) dürfte eine Angabe der Seitenzahl zur ersten Orientierung sinnvoll sein. Zwar mögen die Seiten unterschiedlicher Dokumente unterschiedliche Textmengen beinhalten, traditionell hat sich aber die Zählung der Seitenzahl durchgesetzt, so dass es unverständlich ist, warum bisherige Suchmaschinen auch bei solchen Dokumenten die Größe in KB angeben.

13.2.3 Abbildungen und Tabellen

Die Anzahl der in einem Dokument enthaltenen Abbildungen und Tabellen kann von den bestehenden Suchmaschinen nicht angegeben werden, da nicht zwischen tatsächlich in den Text eingebundenen Abbildungen und weiteren auf der Seite enthaltenen Grafiken unterschieden werden kann. Auch hier hilft die Beschränkung auf den inhaltstragenden Teil des Dokuments. Abbildungen, die zwischen den Textteilen stehen, können als solche gezählt werden, während alle umstehenden Grafiken wegfallen. Problematisch sind allein im Text stehende grafische Anzeigen, die auch von der Erfassung als Abbildung ausgeschlossen werden sollten. Dies ließe sich durch der Orientierung an den gängigen Bannerformaten leisten.

Durch heute schon in den Bildersuchmaschinen gängige Verfahren können Grafiken und Schaubilder von Fotos unterschieden werden und könnten entsprechend separat gezählt werden.

Das Auffinden von echten Tabellen innerhalb des Texts wurde bereits in Abschnitt 13.1 besprochen. Auch hier kann das Vorhandensein einer oder mehrerer Tabellen für eine Angabe bereits in den Trefferlisten genutzt werden.

13.3 Ersatz für die Nicht-Verwendbarkeit generischer Top-Level-Domains

Die Unterscheidung von Dokumenten nach ihrer Herkunft und eine entsprechende Einschränkung in der Suche ist für die bei US-Seiten verwendeten generischen Top-Level-Domains (TLD) problemlos möglich. Einrichtungen unterschiedlicher Gebiete verwenden entsprechende TLDs. So lässt sich eine Suche leicht auf die Websites von Universitäten und Bildungseinrichtungen einschränken, indem sie auf die TLD .edu beschränkt wird. Gleiches gilt unter anderem auch für staatliche Stellen (.gov) und militärische Organisationen (.mil). Diese TLDs sind auf US-Angebote beschränkt; eine Ausnahme bildet .com, die international verwendet wird. Andere Länder verwenden meist nur Länderdomains (z.B. .de für Angebote in Deutschland), manche führen eigene Second-Level-Domains ein, die eine Unterscheidung nach Angeboten möglich machen (z.B. ac.uk für Bildungseinrichtungen, .co.uk für kommerzielle Angebote in Großbritannien).

Das Problem liegt nun darin, dass der Nutzer seine Recherche nicht ohne weiteres beispielsweise auf die deutschen Regierungsbehörden oder die deutschen Bildungseinrichtungen beschränken kann, obwohl es damit leicht möglich wäre, die Qualität (insbesondere die Zuverlässigkeit) der Ergebnisse zu erhöhen. Auch wenn solche Ergebnisse bei der normalen Recherche auftauchen, ist nicht davon auszugehen, dass die Nutzer in der Lage sind, entsprechende Hinweise aus den in den Trefferlisten angezeigten URLs zu entnehmen.

Als Lösung bleibt die generelle Einschränkung auf Qualitätsquellen (vgl. Kap. 12.6) oder eine „Simulation" generischer TLDs durch manuelle Auswahl. Sinnvoll dürfte dies vor allem für Behörden auf Bundes- und Landesebene sowie Bildungseinrichtungen sein. Diese Quellen sollten entsprechend erfasst werden, um eine gezielte Recherche möglich zu machen. Zwar bedeutet dies einen gewissen Aufwand, der sich allerdings in Grenzen halten dürfte: Die Zahl der Hochschulen in Deutschland beträgt beispielsweise 373. Die Websites dieser Institutionen wären einmalig als solche zu kennzeichnen.

13.4 Aufbereitung der Suchergebnisse in den Trefferlisten

In Kapitel 2.3 wurde bereits auf die typischen Angaben zu jedem Treffer, die in der Trefferliste angezeigt werden, eingegangen. In der Regel sind dies der Titel der Seite (<title>-Tag), eine Kurzbeschreibung, die Größe in Kilobytes, ein Hinweis auf zwischengespeicherte Kopie und ähnliche Seiten und ggf. das Datum der letzten Indexierung.

Mit den in den letzten Abschnitten beschriebenen Verfahren lassen sich die Dokumentbeschreibungen in den Trefferlisten um weitere Angaben wie dem tatsächlichen Titel, Größe in Wörtern und der Anzahl der im Text enthaltenen Abbildungen und Tabellen ergänzen.

Zuletzt bleibt noch die Frage nach der bestmöglichen Zusammenfassung der Dokumente in den Trefferlisten zu beantworten. Die Aufgabe der Ergebnisseiten liegt auch in der Informationsverdichtung. Dem Nutzer soll es möglich sein, schon aufgrund der in der Trefferliste enthaltenen Informationen die für ihn passenden Treffer auswählen zu können. In den Trefferlisten ist daher im Regelfall schon eine Zusammenfassung der gefundenen Dokumente enthalten. Diese wird allerdings nicht - wie dies bei konventionellen Systemen üblich ist - aus den bereits von den Autoren der Dokumente geschriebenen Abstracts gewonnen, sondern kommt je nach Suchmaschine und Dokument auf unterschiedliche Art zustande:

- Keywords in Context (KWIC): Die eingegebenen Suchbegriffe werden im Kontext ihres Vorkommens im Dokument angezeigt. Dabei werden in der Regel einige Wörter rund um das erste Vorkommen des Suchbegriffs angezeigt. In Abbildung 13.5 ist beim zweiten Treffer eine solche automatisch generierte „Beschreibung" zu sehen. Der Vorteil dieser Anzeigeart liegt in der direkten Einsicht in das Umfeld des Suchbegriffs. Allerdings wird die Anzeige mit einer zunehmenden Zahl von Suchbegriffen unübersichtlicher. Außerdem geben die KWIC keine Beschreibung des gesamten Inhalts des Dokuments ab, sondern präsentieren nur einen kleinen Ausschnitt.

- Beschreibung aus den Metatags (META Description): Von vielen Suchmaschinen wird zur Anzeige in den Trefferlisten die Beschreibung aus dem Metatag description verwendet. Da diese Information vom Autor der Seite stammt, ist jedoch eine zusätzliche Überprüfung der Zuverlässigkeit nötig. Beim ersten Treffer in Abb. 13.5 wird die Beschreibung aus dem Metatag verwendet.

- Beschreibung aus dritter Quelle: Beschreibungen aus externen Quellen, vor allem aus Webverzeichnissen, werden für die Dokumentbeschreibung in den Trefferlisten verwendet. Oft bieten sie eine prägnante Beschreibung; der Nachteil liegt allerdings darin, dass sie in der Regel nur für Sites erstellt werden und nicht für jedes einzelne Dokument verfügbar sind.

Die Verwendung dieser Beschreibungsmöglichkeiten wird von den Suchmaschinen verschieden gehandhabt. Generell kann gesagt werden, dass die Beschreibung in der Meta-Description bevorzugt wird, da sie in der Regel von Menschen erstellt wurde und den Inhalt prägnant wiedergibt. Unzuverlässige Beschreibungen lassen sich ausschließen, indem die Länge der Beschreibung und ihre Struktur (Komplette Sätze vs. Aneinanderreihung von Keywords) berücksichtigt wird.

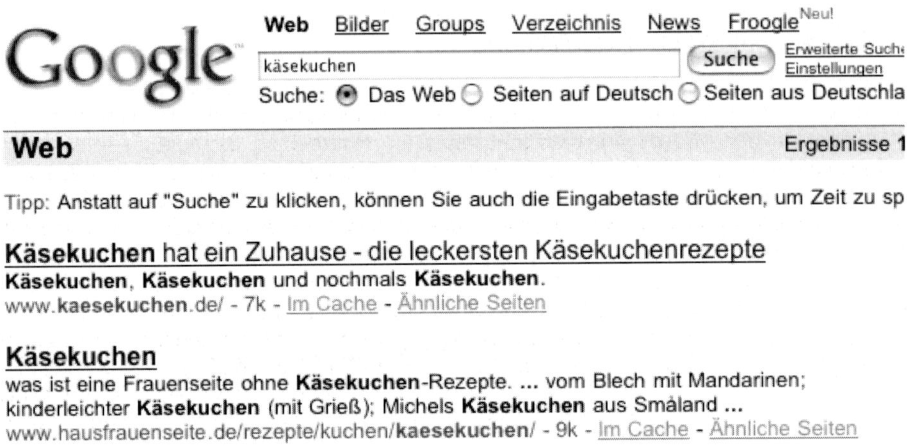

Abb. 13.5. Typische Trefferanzeige innerhalb der Trefferliste

Eine weitere Verbesserung der Informationen in den Trefferlisten ließe sich durch die (optionale) Anzeige von Strukturinformationen erreichen. Bei längeren Dokumenten könnte eine Gliederungsansicht verwendet werden, die ein Inhaltsverzeichnis des Dokuments auf Basis der Zwischenüberschriften anzeigt, auch wenn das Dokument selbst kein Inhaltsverzeichnis hat.

Es bleibt festzuhalten, dass mit der Verbesserung der Trefferlisten sich zwar keine direkte Verbesserung der Relevanz der Dokumente erreichen lässt, sie aber sehr wohl zu einer schnelleren und kompetenteren Beurteilung der Relevanz der Treffer beitragen kann.

14 Fazit und Ausblick

In diesem Buch wurden der Aufbau, die Funktionen und die Grenzen von Suchmaschinen umfassend dargestellt. Dass Suchmaschinen nicht perfekt sind, war zu erwarten und wurde anhand zahlreicher Beispiele gezeigt. Die bestehenden Probleme lassen sich dabei in vier Bereiche einteilen: Fragen der Indexqualität, der Recherchemöglichkeiten, der Nutzerunterstützung und des Ranking. Der Schwerpunkt der in diesem Buch aufgezeigten Lösungen wurde auf den Bereich der Nutzerunterstützung, speziell auf die Verbesserung der Recherchemöglichkeiten, gelegt. Die Grundannahme lautete dabei, dass die bisher bestehenden Suchmöglichkeiten um Elemente des Browsings erweitert werden sollten, so dass der Nutzer nach dem Abschicken einer Suchanfrage nicht mit einer (unter Umständen mehrere Millionen Dokumente umfassenden) Trefferliste alleine gelassen wird. Vielmehr sollten benutzerleitende Verfahren dabei helfen, die Suchanfrage weiter einzugrenzen.

Ein wesentliches Problem der Erschließung von Web-Dokumenten ist in ihrer Struktur zu sehen: Es handelt sich um nur schwach strukturierte Dokumente, was es schwierig macht, überhaupt automatisch Informationen aus ihnen zu extrahieren. Allerdings lassen sich wenigstens teilweise Strukturinformationen nutzbar machen; ein Schlüssel hierfür liegt in der vorigen Trennung des Dokumenteninhalts von Navigations- und Layout-Elementen.

Betrachtet man die klassischen Information-Retrieval-Verfahren, so zeigt sich, dass die Verbindung von textstatistischen Verfahren für das Ranking mit linguistischen Verfahren zur Aufbereitung der Dokumente nicht ausreichend ist, um Web-Dokumente zu erschließen. Von den Suchmaschinen wurden weitere Faktoren für das Ranking eingeführt, die vor allem die Qualität der Dokumente als Bewertungsfaktor mit einbeziehen. Dabei werden auch nutzungsstatistische Verfahren eingesetzt, die Entwicklung konzentriert sich allerdings auf linktopologische Verfahren. Diese bewerten die Qualität von Dokumenten aufgrund ihrer Popularität, welche aufgrund der Verlinkungsstruktur innerhalb des Webgraphen gemessen wird. Letztlich erscheinen aber auch diese Verfahren alleine nicht ausreichend; für die Zukunft sind verstärkt Bemühungen zu erwarten, Dokumente erst gar nicht in den Datenbestand der Suchmaschine gelangen zu lassen. Auch heute schon schließen die Suchmaschinen SPAM aus; aufgrund der massiven Manipulationsversuche sind jedoch härtere Aufnahmekriterien für die Suchmaschinen-Indexe zu erwarten.

Die linktopologischen Verfahren, die zu Anfang dafür geeignet erschienen, diesen Manipulationen ein Ende zu bereiten, werden inzwischen auch so weit manipuliert, dass bei den meisten Anfragen, die einen kommerziellen Hintergrund haben *könnten*, bevorzugt kommerzielle Ergebnisse angezeigt werden. Dieses Problem lässt sich wohl am ehesten durch erweiterte Steuerungsmöglichkeiten für den Nutzer lösen. Dieser sollte bestimmen können, ob er für seine Anfrage eher kommerzielle Ergebnisse erhalten möchte oder nicht. Eine Möglichkeit sind hier Vorschläge von einschränkenden Suchbegriffen, die Bildung von Clustern oder eine Quellenbeschränkung.

Aber auch wenn die Treffermenge durch weitere Schritte nach dem Abschicken der Suchanfrage eingeschränkt wird, dürften oft noch eine relativ große Anzahl von Treffern übrig bleiben, die durch ein Rankingverfahren in eine Reihenfolge gebracht werden müssen. Dabei sollen zuvorderst die für die Suchanfrage relevantesten Treffer angezeigt werden. Der Begriff der Relevanz ist jedoch selbst umstritten: Was für den einen relevant erscheint, mag für den anderen irrelevant sein. Daher wird die Unterscheidung von Relevanz und Pertinenz, also einem objektiv messbaren und einem nur durch den Nutzer bestimmten Wert, verwendet. Aber auch bei dieser Unterteilung herrschen noch Unklarheiten. Problematisch ist dies vor allem, weil sich Retrievaltests, die die Qualität von Suchmaschinen messen sollen, stets auf eine bestimmte Definition von Relevanz beziehen, die mit über das Ergebnis entscheidet. Weiterhin problematisch an diesen Tests ist, dass sie sich in der Regel auf nur ein Qualitätsmerkmal beziehen, nämlich auf die ermittelte *Precision*. Diese wird zusätzlich nur für eine bestimmte Menge von ausgegebenen Dokumenten berechnet, normalerweise nicht mehr als zwanzig. Wie bereits erwähnt, lässt sich Qualität von Suchmaschinen aber nicht allein auf diesen Wert beschränken - dazu kommen u.a. Merkmale der Indexqualität (z.B. Größe und Aktualität des Datenbestands) und der Recherchemöglichkeiten.

Die in den Retrievaltests ermittelte *Precision* ist durchweg als nicht zufrieden stellend zu bezeichnen. Neben verbesserten Rankingverfahren versprechen benutzerleitende Verfahren einen Ausweg: Sie können trotz der mäßigen Qualität der ursprünglichen Trefferliste den Nutzer zu den für ihn passenden Ergebnissen lenken. Besonders vielversprechend sind dabei der Vorschlag weiterer Suchbegriffe, die Suche nach ähnlichen Dokumenten zu einem bereits gefundenen Dokument und die Clusterbildung. Letztendlich dürfte eine Verbesserung der Ergebnisse vor allem dadurch zu erreichen sein, dass sowohl Suchmaschinenbetreiber als auch -nutzer sich darauf einstellen, dass in vielen Fällen eine Recherche nicht in einem einzigen Schritt durchführbar ist. Nach dem Schritt der Suche sollte ein Browsing innerhalb der Treffermenge möglich sein, um die Suche weiter zu präzisieren.

Um eine solche Kombination sinnvoll zu ermöglichen, müssen Einschränkungen zuverlässig möglich und in ausreichender Zahl vorhanden sein. Als wichtigste Einschränkungsmöglichkeiten wurden die Aktualität und die Qualität herausgearbeitet. Weitere Dokumentattribute lassen sich durch eine verbesserte Dokumentrepräsentation gewinnen.

Bei der Einschränkung nach der Qualität der Dokumente handelt es sich um eine „klassische" Einschränkungsmöglichkeit, die von fast allen Information-Retrieval-Systemen bekannt ist. Bei den Suchmaschinen tritt allerdings das Problem auf, dass das Datum der Dokumente erst bestimmt werden muss. Diese Bestimmung können heutige Suchmaschinen nicht zuverlässig leisten. Ein Ausweg ist in der Ermittlung des Datums durch die Kombination verschiedener Aktualitätswerte zu sehen, um das tatsächliche Datum des Dokuments wenigstens näherungsweise bestimmen zu können. Aktualitätswerte können auch ergänzend zu anderen Faktoren für das Ranking eingesetzt werden. Umso bedeutender ist allerdings eine zuverlässige Bestimmung des Änderungsdatums der Dokumente - auch um Manipulationsversuchen vorzubeugen.

Eine Qualitätsbewertung kommt bei den Suchmaschinen bisher auf Dokumentebene zum Einsatz, wobei der Nutzer keinen Einfluss auf den Faktor Qualität als Rankingfaktor hat. Allerdings wäre es zu wünschen, dass der Nutzer seine Recherche auf die bedeutendsten Quellen zu seinem Thema einschränken kann. Dazu ist eine Qualitätsbewertung auf Quellenebene nötig; die für eine Anfrage geeignetsten Quellen lassen sich beispielsweise aus Web-Verzeichnissen ermitteln. Damit wird die Recherche auf von Menschen ausgewählte und für gut befundene Quellen beschränkt. Weitere Einbindungsmöglichkeiten von Qualitätsquellen sind die manuelle Einbindung sowie die Erweiterung der Recherche auf geeignete Invisible-Web-Datenbanken.

Für die zuverlässige Einschränkungsmöglichkeiten und eine bessere Informationsverdichtung in den Trefferlisten ist letztlich die Dokumentrepräsentation entscheidend. Es wurde herausgearbeitet, dass die bisherigen Repräsentationen unbefriedigend sind und wie sie erweitert werden können. Nach der Extraktion des tatsächlichen Dokumententexts können der echte Titel des Dokuments, die Dokumentlänge und die Zahl der im Text enthaltenen Abbildungen und Tabellen gewonnen werden. Diese Informationen können in die Trefferlisten eingebunden werden, um die Entscheidung für oder gegen die Einsichtnahme in ein Dokument weiter zu fundieren.

In diesem Buch wurde neben der Darstellung des Forschungsstands im Bereich Web Information Retrieval vor allem ein konzeptioneller Ansatz vorgestellt. Die aufgezeigten Lösungsvorschläge sind nicht in Anwendungen implementiert und können sich daher auch bisher nicht im Einsatz beweisen. Letztlich ging es aber darum, die Richtung aufzuzeigen, in die sich Web-Suchmaschinen entwickeln sollten, um dem Nutzer ein besseres Instrument bei seiner Informationsrecherche zu sein. Natürlich ist es zu wünschen, dass die gemachten Vorschläge sowohl in der wissenschaftlichen Fachwelt diskutiert als auch in der Praxis aufgenommen werden.

In vielen Kapiteln dieses Buchs wurde deutlich, dass das Themenfeld Web Information Retrieval zu einem beträchtlichen Teil nur wenig erforscht ist. Es klaffen noch viele Lücken, die es zu füllen gilt. Für die Zukunft ist zu hoffen, dass eine vermehrte Forschung in diesem mit über den Zugang zu und den Umgang mit Informationen entscheidenden Bereich stattfinden wird. Besonders für die Informationswissenschaft bietet sich hier ein auch in der Öffentlichkeit viel beachtetes Themenfeld, zu dem sie einen wichtigen Beitrag leisten kann.

Literatur

Acharya, A.; Cutts, M.; Dean, J.; Haahr, P.; Henzinger, M.; Hoelzle, U.; Lawrence, S.; Pfleger, K.; Sercinoglu, O.; Tong, S. (2005): Information retrieval based on historical data. Patent Application US 2005/0071741 A1 vom 31.3.2005

Amento, B., Terveen, L., Hill, W. (2000): Does "Authority" Mean Quality? Predicting Expert Quality Ratings of Web Documents. Proceedings of the 23rd annual international ACM SIGIR conference on Research and development in information retrieval. Athens, Greece, 296-303

Anick, P. (2003): Using Terminological Feedback for Web Search Refinment - a Log-Based Study. Proceedings of the 26th Annual International ACM SIGIR Conference Research and development in information retrieval, Toronto, Canada. 88-95

Aruso, A.; Cho, J.; Garcia-Molina, H.; Paepcke, A.; Raghavan, S. (2001): Searching the Web. ACM Transactions on Internet Technology 1(1), 2-43

Bager, J. (2004): Wettsuchen: (Meta-)Suchmaschinen sind die Navigatoren im Datenmeer WWW. c't 26/2004, 156-163

Bates, M. E. (2004): Free, Fee-Based and Value-Added Information Services. The Factiva White Paper Series

Belkin, N. (2000): Helping People Find What They Don't Know. Communications of the ACM 43(8), 58-61

Belkin, N. J.; Croft, W. B. (1987): Retrieval Techniques. Annual Review of Information Science and Technology 22, 109-145

Belkin, N.: Helping People Find What They Don't Know. Communications of the ACM 43(8), 58-61 (2000)

Bergman, M. K. (2001): The Deep Web: Surfacing Hidden Value. Journal of Electronic Publishing 7(1). http://www.press.umich.edu/jep/07-01/bergman.html [13.1.2004]

Berners-Lee, T.; Hendler, J.; Lassila, O. (2001): The Semantic Web. Scientific American 284(5), pp. 34-43

Bharat, K. (2004): Ranking search results by reranking the results based on local inter-connectivity / Google Inc. Patent Nr. US 6,725,259 vom 20.4.2004

Bharat, K.; Broder, A.; Dean, J.; Henzinger, M. R. (2000): A Comparison of Techniques to Find Mirrored Host on the WWW. Journal of the American Society of Information Science 51(12), 1114-1122

Bharat, K.; Henzinger, M. R. (2000): Method for Ranking Documents in a hyperlinked Environment using Connectivity and selective Content Analysis / AltaVista Company. Patent Nr. US 6,112,203 vom 29.8.2000

Bharat, K.; Mihaila, G. A. (2001): When Experts Agree: Using Non-Affiliated Experts to Rank Popular Topics. WWW10, May 1-5, 2001, Hong Kong. http://www10.org/cdrom/papers/pdf/p474.pdf [1.4.2004]

Borodin, A.; Roberts, G. O.; Rosenthal, J. S.; Tsaparas, P. (2004): Link Analysis Ranking Algorithms Theory And Experiments. http://www.cs.helsinki.fi/u/tsaparas/publications/toit.ps [25.1.2005]

Braschler, M.; Ripplinger, B. (2004): How Effective is Stemming and Decompounding for German Text Retrieval? Information Retrieval 7(3-4), 291-316

Brin, S., Page, L. (1998): The Anatomy of a Large-Scale Hypertextual Web Search Engine. http://www7.scu.edu.au/programme/fullpapers/1921/com1921.htm

Broder, A. (2002): A taxonomy of web search. SIGIR Forum 36(2). http://www.acm.org/sigir/forum/F2002/broder.pdf [12.7.2004]

Broder, A.; Kumar, R.; Maghoul, F.; Raghavan, P.; Rajagopalan, S.; Stata, R.; Tominks, A.; Wiener, J. (2000): Graph Structure in the Web http://www.almaden.ibm.com/webfountain/resources/GraphStructureintheWeb.pdf [5.3.2004]

Brooks, T. A. (2003): Web Search: how the Web has changed information retrieval. Information Research 8(3). http://informationr.net/ir/8-3/paper154.html [18.3.2004]

Burkart, M. (2004): Thesaurus. In: Kuhlen, R.; Seeger, T.; Strauch, D. (Hrsg.): Grundlagen der praktischen Information und Dokumentation. 5. Aufl. München: Saur, 141-154

Burrows, M. (1998): Method for statistically projecting the Ranking of Information / Digital Equipment Corporation. Patent Nr. US 5,765,150 vom 9.6.1998

Burrows, M. (1998): Sequential Searching of a Database Index using Constraints on Word-Location Pairs / Digital Equipment Corporation. Patent Nr. US 5,745,890 vom 28.4.1998

Burrows, M. (2000): Method for Parsing, Indexing and Searching World Wide Web Pages / Digital Equipment Corporation. Patent Nr. US 6,021,409 vom 1.2.2000

Burrows, M. (2001): Technique for Ranking Records of a Database / Altavista Company. Patent Nr. 6,317,741 B1 vom 13.11.2001

Calishain, T.; Dornfest, R. (2003): Google Hacks: 100 Industrial-Strength Tips & Tools. Sebastopol [u.a.]

Chakrabarti, S. (2003): Mining the Web: Discovering Knowledge from Hypertext Data. Amsterdam (u.a.): Morgan Kaufmann

Cho, J., Garcia-Molina, H., Page, L. (1998): Efficient crawling through URL ordering. Computer Networks and ISDN Systems 30(1-7), 161-172

Cho, J.; Shivakumar, N.; Garcia-Molina, H. (2000): Finding Replicated Web Collections. Proceedings of 2000 ACM International Conference on Management of Data (SIGMOD)

Chowdhury, G. G. (1999): The Internet and Information Retrieval Research: A Brief Review. Journal of Documentation 55(2), 209-225

Chu, H. (2003): Information Representation and Retrieval in the Digital Age. Medford, NJ: Information Today

Chung, Y. M.; Noh, Y. (2003): Developing a specialized directory system by automatically classifying Web documents. Journal of Information Science 29(2), 117-126

Clay, B. (2004): Search Engine Relationship Chart. http://www.bruceclay.com/searchenginechart.pdf [17.11.2004]

Cohn, D., Hofmann, T. (2001): The Missing Link - A Probabilistic Model of Document Content and Hypertext Connectivity. Leen, T. (ed.): Advances in Neural Information Processing Systems 13

Cooper, W. S. (1988): Getting Beyond Boole. Information Processing & Management 24(3), 243-248

Cothey, V. (2004): Web-Crawling Reliability. Journal of the American Society for Information Science and Technology 55(14), 1228-1238

Culliss, G. (2000): The Direct Hit Popularity Engine Technology. A White Paper. http://web.archive.org/web/20010619013748/www.directhit.com/about/products/technology_whitepaper.html [10.2.2004]

Culliss, G. A. (2003): Personalized Search Methods / Ask Jeeves, Inc. Patent Nr. US 6,539,377 B1 vom 25.3.2003

Davison, B. D.; Gerasoulis, A.; Kleisouris, K.; Lu, Y.; Seo, H.; Wu, B. (1999): DiscoWeb: Applying Link Analysis to Web Search. http://www.cse.lehigh.edu/~brian/pubs/1999/www8/www99.pdf [26.10.2004]

Dean, J. A.; Gomes, B.; Bharat, K.; Harik, G.; Henzinger, M. (2002): Methods and Apparatus for employing Usage Statistics in Document Retrieval / Google Inc. US Patent Application Nr. US2002/0123988 A1

Dean, J.; Henzinger, M. R. (1999): Finding related pages in the World Wide Web. Proceeding of the eighth international conference on World Wide Web. Toronto, Canada, 1291-1303

Dennis, S.; Bruza, P.; McArthur, R. (2002): Web Searching: A Process-Oriented Experimental Study of Three Interactive Search Paradigms. Journal of the American Society for Information Science and Technology 53(2), 120-133

Eastman, C. M.; Jansen, B. J. (2003): Coverage, Relevance, and Ranking: The Impact of Query Operators on Web Search Engine Results. ACM Transactions on Information Systems 21(4), 383-411

Eikvil, L. (1999): Information Extraction from World Wide Web - A Survey. Rapport Nr. 945. http://citeseer.ist.psu.edu/rd/87868870%2C276799%2C1%2C0.25%2CDownload/http://citeseer.ist.psu.edu/cache/papers/cs/13218/http:zSzzSzwww.nr.nozSzbildzSzPostScriptzSzwebIE_rep945.pdf/eikvil99information.pdf [30.4.2005]

Fauldrath, J.; Kunisch, A. (2005): Kooperative Evaluation der Usability von Suchmaschineninterfaces. Information: Wissenschaft und Praxis 56(1), 21-28

Ferber, R. (2003): Information Retrieval: Suchmodelle und Data-Mining-Verfahren für Textsammlungen und das Web. Heidelberg: dpunkt

Ford, N., Miller, D., Moss, N. (2002): Web search strategies and retrieval effectiveness: an empirical study. Journal of Documentation 58(1), 30-48

Frakes, W. B. (1992): Stemming Algorithms. In: Frakes, W. B.; Baeza-Yates, R. (eds.): Information Retrieval: Data Structures & Algorithms. Prentice Hall, New Jersey, 131-160

Frants, V. I.; Shapiro, J.; Taksa, I.; Voiskunskii, V. G. (1999): Boolean Search: Current State and Perspectives. Journal of the American Society for Information Science 50(1), 86-95

Frants, V. I.; Shapiro, J.; Voiskunskii, V. G. (1997): Automated Information Retrieval. - San Diego [u.a.]: Academic Press

Fries, R., Kinstler, T., Schweibenz, W., Strobel, J., Weiland, P. (2001): Was indexieren Suchmaschinen? Eine Untersuchung zu Indexierungsmechanismen von Suchmaschinen im World Wide Web. BIT Online 4(1), 49-56

Fuhr, N. (2004): Theorie des Information Retrieval I: Modelle. In: Kuhlen, R.; Seeger, T.; Strauch, D. (Hrsg.): Grundlagen der praktischen Information und Dokumentation. 5. Aufl. München: Saur, 207-214

Garfield, E. (1972): Citation Analysis as a Tool in Journal Evaluation. Science 178, 471-479

Garfield, E. (1979): Citation Indexing. Its Theory and Application in Science, Technology, and Humanities. New York, Wiley

Gelernter, J. (2003): At the Limits of Google: Specialized Search Engines. Searcher 11(1), 26-31

Gordon, M.; Pathak, P. (1999): Finding information on the World Wide Web: the retrieval effectiveness of search engines. Information Processing & Management 35(2), 141-180

Griesbaum, J. (2004): Evaluation of three German search engines: Altavista.de, Google.de and Lycos.de. Information Research 9(4) paper 189. http://informationr.net/ir/9-4/paper189.html [3.8.2004]

Griesbaum, J., Rittberger, M., Bekavac, B. (2002): Deutsche Suchmaschinen im Vergleich: AltaVista.de, Fireball.de, Google.de und Lycos.de. In: Hammwöhner, R., Wolff, C., Womser-Hacker, C. (Hrsg.): Information und Mobilität. Optimierung und Vermeidung von Mobilität durch Information. Proceedings des 8. Internationalen Symposiums für Informationswissenschaft., 201-223

Grossman, D.; Frieder, O. (2000): Information retrieval: algorithms and heuristics. Dordrecht : Kluwer

Hamdorf, K. (2004): Jenseits von Google – Erschließung und Recherche von Internet-Angeboten durch Webkataloge. IWP Information, Wissenschaft und Praxis 55(4), 221-224

Hamilton, N. (2003): The Mechanics of a Deep Net Metasearch Engine. http://turbo10.com/papers/deepnet.pdf [11.3.2004]

Harman, D. (1992): Ranking Algorithms. In: Frakes, W. B.; Baeza-Yates, R. (eds.): Information Retrieval: Data Structures & Algorithms. Englewood Cliffs, NJ: Prentice Hall, 363-392

Harman, D. (1992a): Relevance Feedback and Other Query Modification Techniques. In: Frakes, W. B.; Baeza-Yates, R. (eds.): Information retrieval: data structures and algorithms. Upper Saddle River, NJ: Prentice-Hall, 241-263

Harman, D. (1992b): Relevance Feedback Revisited. Proceedings of the 15th annual international ACM SIGIR conference on Research and development in information retrieval, Copenhagen, Denmark, 1-10

Haveliwala, T. H. (2002): Topic-Sensitive PageRank: A Context-Sensitive Ranking Algorithms for Web Search. WWW 2002, May 7-11, 2002, Honolulu, Hawaii, USA. http://ranger.uta.edu/~alp/ix/readings/topicSensitivePageRank.pdf [10.11.2004]

Hawking, D.; Craswell, N.; Bailey, P.; Griffiths, K. (2001): Measuring Search Engine Quality. Information Retrieval 4(1), 33-59

Heinisch, C. (2003): Suchmaschinen des Surface Web als Promotoren für Inhalte des Deep Web - Wie Doorway-Pages als »Teaser« zu Datenbank-Inhalten in die Index-Files der Suchmaschinen gelangen. In:Schmidt, R. (Hrsg.): Competence in Content, 25. Online-Tagung der DGI. Frankfurt am Main: DGI, S. 13-24

Henzinger, M. ; Lawrence, S. (2004): Extracting knowledge from the World Wide Web. In: Proceedings of the National Academy of Sciences of the United States of America 101, 5186-5191

Henzinger, M. R. (2003): Algorithmic Challenges in Web Search Engines. Internet Mathematics 1(1), 115-126

Henzinger, M., Motwani, R., Silverstein, C. (2002): Challenges in Web Search Engines. SIGIR Forum 36. http://www.acm.org/sigs/sigir/forum/F2002/henzinger.pdf [18.3.2004]

Hock, R. (2001): Revisiting Web Search Engines: Features and commands. Online 25(5), 18-24

Hock, R. (2002): A New Era of Search Engines: Not Just Web Pages Anymore. Online 26(5), 20-27

Hock, R. (2004): The Latest Field Trip: an Update on Field Searching in Web Search Engines. Online 28(5), 15-21

Hölscher, C. (2002): Die Rolle des Wissens im Internet: Gezielt suchen und kompetent auswählen. Stuttgart: Klett-Cotta

Hölscher, C.; Strube, G. (2000). Web search behavior of Internet experts and newbies. In H. Maurer & R.G. Olson (Eds.), Proceedings of the 9th Int. WWW conference, pp.337-346

HTML-Spezifikation (1999) http://www.w3.org/TR/html401/ [6.4.2005]

Huang, L. (2000): A Survey On Web Information Retrieval Techniques. http://citeseer.ist.psu.edu/cache/papers/cs/16461/http:zSzzSzwww.ecsl.cs.sunysb.edu zSztrzSzrpe8.pdf/huang00survey.pdf [18.3.2004]

Jacobs, J. R. (1982): Finding Words That Sound Alike. The Soundex Algorithm. Byte 7(3), 473-474

Jansen, B. J.; Pooch, U. (2004): Assisting the searcher: utilizing software agents for Web search systems. Internet Research: Electronic Networking Applications and Policy 14(1), 19-33

Jansen, B. J.; Spink, A.; Saracevic, T. (2000): Real Life, Real Users, and Real Needs: A Study and Analysis of User Queries on the Web. Information Processing & Management 36(2), 207-227

Kahle, B. (1997): Preserving the Internet. Scientific American 276(3), p. 82-83. www.sciam.com/0397issue/0397kahle.html [18.3.2004]

Karzauninkat, S. (2003): Die Suchmaschinenlandschaft 2003: Wirtschaftliche und technische Entwicklungen. In: Machill, M.; Welp, C. (Hrsg.): Wegweiser im Netz, 509-538

Karzauninkat, S. (2004): Das Beziehungsgeflecht der Suchmaschinen. http://www.suchfibel.de/5technik/suchmaschinen_beziehungen.htm [15.7.2004]

Käter, T.; Rittberger, M.; Womser-Hacker, C. (1999): Evaluierung der Text-Retrievalsysteme Domestic, Intelligent Miner for Text, Lars II und TextExtender. In: Information Engineering. Proceedings des 4. Konstanzer Informationswissenschaftlichen Kolloquiums (KIK '99). Semar, W. and Kuhlen, R. (Hrsg.); Universitätsverlag Konstanz (UVK), 63-73

Khan, S. M.; Khor, S. (2004): Enhanced Web Document Retrieval Using Automatic Query Expansion. Journal of the American Society for Information Science and Technology 55(1), 29-40

Khan, S. M.; Khor, S.: Enhanced Web Document Retrieval Using Automatic Query Expansion. Journal of the American Society for Information Science and Technology 55(1), 29-40 (2004)

Kleinberg, J. (1999): Authoritative Sources in a Hyperlinked Environment. Journal of the ACM 46(5), 604-632

Korfhage, R. R. (1997): Information Storage and Retrieval. New York [u.a.]: Wiley

Kuhlen, R. (1977): Experimentelle Morphologie in der Informationswissenschaft. München: Verl. Dokumentation

Kuhlen, R. (1999): Die Konsequenzen von Informationsassistenten: Was bedeutet informationelle Autonomie oder wie kann Vertrauen in elektronische Dienste in offenen Informationsmärkten gesichert werden? Suhrkamp, Frankfurt am Main

Lancaster, F. W.; Gale, V. (2003): Pertinence and Relevance. In: Drake, M. A. (ed.): Encyclopedia of Library and Information Science. Dekker, New York, 2307-2316

Lancaster, F. W.; Warner, A.J. (1993): Information Retrieval Today. Arlington: Information Resources Press

Landoni, M., Bell, S. (2000): Information retrieval techniques for evaluating search engines: a critical overview. Aslib Proceedings 52(3), 124-129

Lawrence, S., Giles, C. L. (1998): Searching the World Wide Web. Science 280, 98-100

Lawrence, S., Giles, C. L. (1999): Accessibility of information on the web. Nature 400(8), 107-109

Leighton, H. V., Srivastava, J. (1999): First 20 Precision among World Wide Web Search Services (Search Engines). Journal of the American Society for Information Science 50(10), 870-881

Lewandowski, D. (2001): "Find what I mean not what I say" - Neuere Ansätze zur Qualifizierung von Suchmaschinen-Ergebnissen. BuB - Forum für Bibliothek und Information 53(6/7), 381-386

Lewandowski, D. (2002): Alles nur noch Google? Entwicklungen im Bereich der WWW-Suchmaschinen. In: BuB - Forum für Bibliothek und Information 54(9), 558-561

Lewandowski, D. (2003): Suchmaschinen-Update: Markttrends und Entwicklungsperspektiven bei WWW-Universalsuchmaschinen. In: Schmidt, R. (Hrsg.): Compentence in Content. 25. Online-Tagung der DGI, Proceedings. Frankfurt am Main: DGI, 25-35

Lewandowski,, D. (2004a): Abfragesprachen und erweiterte Funktionen von WWW-Suchmaschinen. Information: Wissenschaft und Praxis 55(2), 97-102

Lewandowski, D. (2004b): Datumsbeschränkungen bei WWW-Suchanfragen: Eine Untersuchung der Möglichkeiten der zeitlichen Einschränkung von Suchanfragen in den Suchmaschinen Google, Teoma und Yahoo. In: Bekavac, B.; Herget, J.; Rittberger, M.: Information zwischen Kultur und Marktwirtschaft: Proceedings des 9. Internationalen Symposiums für Informationswissenschaft (ISI 2004), Chur, 6.-8. Oktober 2004, S. 301-316

Lewandowski, D. (2004c): Technologie-Trends im Bereich der WWW-Suchmaschinen. In: Ockenfeld, M. (Hrsg.): Information Professional 2011: 26. Online-Tagung der DGI; Frankfurt am Main 15. bis 17. Juni 2004; Proceedings, Frankfurt am Main: DGI, 183-195

Lewandowski, D. (2005a): Bewertung von linktopologischen Verfahren als bestimmender Ranking-Faktor bei WWW-Suchmaschinen. In: Wissensorganisation und gesellschaftliche Verantwortung. 9. Tagung der Deutschen ISKO (Wissensorganisation'2004), Proceedings [i.Dr.]. http://www.durchdenken.de/lewandowski/doc/isko2004.pdf [14.12.2004]

Lewandowski, D. (2005b): Integration von Web-Verzeichnissen in algorithmische Suchmaschinen. In: Ockenfeld, M. (Hrsg.): Leitbild Informationskompetenz: 27. Online-Tagung der DGI; Frankfurt am Main 23. bis 25. Mai 2005, Proceedings. Frankfurt am Main: DGI, 45-60

Lewandowski, D. (2005c): Web Information Retrieval. Information: Wissenschaft und Praxis 56(1), 5-12

Lexis-Nexis (2004): Pressemitteilung vom 5.4.2004. http://www.lexisnexis.de/downloads/040405pressemitteilung.pdf [9.7.2004]

Liddy, E. (2001): How a Search Engine Works. Searcher 9(5), 38-45. http://www.infotoday.com/searcher/may01/liddy.htm [2.11.2004]

Liddy, E. D. (1998): Enhanced text retrieval using natural language processing. Bulletin of the American Society for Information Science April/May 1998, 14-16

Lu, X. A.; Miller, J. ; Wassum, J. R. (1998): Phrase Recognition Method and Apparatus / Lexis-Nexis. Patent Nr. US 5,819,260 vom 6.10.1998

Luhn, H. P.: (1958) The Automatic Creation of Literature Abstracts. IBM Journal of Research and Development 2(2), 159-165

Lynch, C. A.: When Documents Deceive (2001): Trust and Provenance as New Factors for Information Retrieval in a Tangled Web. Journal of the American Society for Information Science and Technology 52(1), 12-17

Machill, M.; Lewandowski, D.; Karzauninkat, S. (2005): Journalistische Aktualität im Internet. Ein Experiment mit den News-Suchfunktionen von Suchmaschinen. In: Machill, M.; Schneider, N. (Hrsg.): Suchmaschinen: Herausforderung für die Medienpolitik. Berlin: Vistas 2005 [i.Dr.]

Machill, M.; Welp, C. (Hrsg.) (2003): Wegweiser im Netz: Qualität und Nutzung von Suchmaschinen. Gütersloh: Verlag Bertelsmann Stiftung

Machill, M.; Neuberger, C.; Schweiger, W.; Wirth, W. (2003): Wegweiser im Netz: Qualität und Nutzung von Suchmaschinen. In: Machill, M.; Welp, C. (Hrsg.): Wegweiser im Netz: Qualität und Nutzung von Suchmaschinen. Gütersloh: Verlag BertelsmannStiftung, 13-490

Mandl, T. (2002): Evaluierung von Internet-Verzeichnisdiensten mit Methoden des Web-Mining. In: Hammwöhner, R.; Wolff, C.; Womser-Hacker, C. (Hrsg.) (2002): Information und Mobilität: Optimierung und Vermeidung von Mobilität durch Information. Proceedings des 8. Internationalen Symposiums für Informationswissenschaft, 7.-10.10.2002. Konstanz: Universitätsverlag (Schriften zur Informationswissenschaft; 40)

Mandl, T. (2003a): Projekt Automatische Qualitätsabschätzung von Internet Ressourcen (AQUAINT). Arbeitsbericht 3/2003, Universität Hildesheim, Informationswissenschaft. http://www.uni-hildesheim.de/~mandl/Publikationen/Ab_aquaint02.pdf

Mandl, T. (2003b). Neuere Entwicklungen bei der Evaluierung von Information Retrieval Systemen: Web- und Multimedia-Dokumente. IWP Information: Wissenschaft und Praxis, 54(4), 203-210

Mandl, T. (2005): Qualität als neue Dimension im Information Retrieval: Das AQUAINT-Projekt. Information, Wissenschaft und Praxis 56(1), 13-20

Marable, L. (2003): False Oracles: Consumer Reaction to Learning the Truth About How Search Engines Work. Report, Consumer WebWatch. http://www.consumerwebwatch.org/news/searchengines/ContextReport.pdf [18.3.2004]

McBryan, O. A. (1994): GENVL and WWWW: Tools for Taming the Web. First International Conference on the World Wide Web. CERN, Geneva (Switzerland), May 25-27 1994. http://web.archive.org/web/*/www.cs.colorado.edu/home/mcbryan/mypapers/www94.ps [26.10.2004]

Medeiros, N. (2002): Introducing Scirus: Elsevier's shot at the title. OCLC Systems & Services 18(3), 121-124

Mintz, A. P. (ed.) (2002): Web of Deception: Misinformation on the Internet. Medford, NJ: Information Today

Mizzaro, S. (1997): Relevance: The Whole History. Journal of the American Society for Information Science 48(9), 810-832

Mowshowitz, A.; Kawaguchi, A. (2002): Assessing bias in search engines. Information Processing and Management 38(1), 141-156

Narsingh, D.; Gupta, P. (2001): Graph-Theoretic Web Algorithms: An Overview. In: Böhme, T.; Unger, H. (eds.): Innovative Internet Computing Systems, International Workshop IICS 2001, Ilmenau, Germany, June 21-22, 2001, Proceedings. Lecture Notes in Computer Science 2060. Springer, 91-102

Nohr, H. (2003): Grundlagen der automatischen Indexierung. Berlin: Logos

Northern Light Group (2004): Northern Light Enterprise Search Engine Overview White Paper. http://www.northernlight.com/downloads/ESE_WhitePaper.pdf [8.4.2005]

Notess, G. (2000): The Never-Ending Quest: Search Engine Relevance. Online 24(3), 35-40

Notess, G. (2001): Freshness Issues and Complexities with Web Search Engines. Online, 25(6), 66-68

Notess, G. (2003a): Search Engine Statistics: Database Total Size Estimates. http://www.searchengineshowdown.com/stats/sizeest.shtml [7.7.2004]

Notess, G. (2003b): Search Einige Statistics: Freshness Showdown. http://www.searchengineshowdown.com/stats/freshness.shtml [6.7.2004]

Notess, G. (2004a): Dating the Web: The Confusion of Chronology. Online 28(6), 39-41

Notess, G. (2004b): Search Engine Features Chart. http://www.searchengineshowdown.com/features/ [19.7.2004]

Notess, G. (2004c): Search Engine Statistics: Relative Size Showdown. http://www.searchengineshowdown.com/stats/size.shtml [6.7.2004]

Notess, Greg (2000): Search Engine Showdown Analysis: Boolean Searching on Google. http://www.searchengineshowdown.com/features/google/googleboolean.html [14.11.2003]

Ntoulas, A.; Cho, J.; Olston, C. (2004): What's New on the Web? The Evolution of the Web from a Search Engine Perspective. Proceedings of the Thirteenth WWW Conference, New York, USA. http://oak.cs.ucla.edu/~ntoulas/pubs/ntoulas_new.pdf [25.3.2004]

O'Leary, M. (1998): Web directories demonstrate an enduring online law. Online 22(4), 79-81

Ojala, M. (2002): Web Search Engines: Search Syntax and Features. Online 26(5), 27-32

O'Neill, E. T.; Lavoie, B. F. ; Bennett, R. (2003) : Trends in the Evolution of the Public Web : 1998-2002. In: D-Lib Magazine 9(4). http://www.dlib.org/dlib/april03/lavoie/04lavoie.html [25.3.2004]

Oppenheim, C., Morris, A., McKnight, C. (2000): The Evaluation of WWW Search Engines. Journal of Documentation 56(2), 190-211

Othman, R.; Halim, N. S. (2004): Retrieval features for online databases: common, unique, and expected. Online Information Review 28(3), 200-210

Page, L., Brin, S., Motwani, R., Winograd, T. (1998): The PageRank citation ranking: Bringing order to the Web. http://dbpubs.stanford.edu:8090/pub/1999-66 [26.10.2004]

PDF-Reference (2004). http://partners.adobe.com/asn/acrobat/sdk/public/docs/PDFReference15_v5.pdf [26.10.2004]

Pennock, D. M., Flake, G. W., Lawrence, S., Glover, E. J., Giles, C. L. (2002): Winners don't take it all: Characterizing competition for links on the web. Proceedings of the National Academy of Sciences of the United States of America 99(8), 5207-5211

Porter, M. F. (1980): An algorithm for suffix stripping. Program 14 (1980) 3, 130-137.

Rasmussen, E. (1992): Clustering Algorithms. In: Frakes, W. B.; Baeza-Yates, R. (Hrsg.): Information Retrieval. Data Structures & Algorithms. - Upper Saddle River, NJ: Prentice Hall PTR, 419-441

Rasmussen, E. M. (2003): Indexing and Retrieval for the Web. Annual Review of Information Science and Technology 37, 91-124

Robertson, S. E.; Sparck Jones, K. (1976): Relevance Weighting of Search Terms. Journal of the American Society for Information Science 27(3), 129-146

Rösch, H. (2001a): Vom Suchwerkzeug zum Portal. Password 16(3), 18-25

Rösch, H. (2001b): Portalfunktionen und typologische Varianten. Password 16(4), 26-35

Roussinov, D. G., Chen, H. (2001): Information navigation on the web by clustering and summarizing query results. Information Processing and Management 37(6), 789-816

RTF-Spezifikation (2004). http://msdn.microsoft.com/library/default.asp?url=/library/en-us/dnrtfspec/html/rtfspec.asp [26.10.2004]

Ruge, G.; Goeser, S. (1998): Information Retrieval ohne Linguistik? Nachrichten für Dokumentation 49(6), 361-369

Ruthven, I.; Lalmas, M.; van Rijsbergen, K. (2003): Incorporating User Search Behavior into Relevance Feedback. Journal of the American Society for Information Science and Technology 54(6), 529-549

Salton, G. (1978): Fast Document Classification in Automatic Information Retrieval. In: Kooperation in der Klassifikation I. Frankfurt am Main: Indeks, 129-146

Salton, G.; McGill, M. J. (1987): Information Retrieval - Grundlegendes für Informationswissenschaftler. Hamburg u.a.: McGraw-Hill

Salton, G.; Wong, A.; Yang, C. S. (1975): A Vector Space Model for Automatic Indexing. Communications of the ACM 18(11), 613-620

Savoy, J. (2002): Information Retrieval on the Web: A New Paradigm. Upgrade 3(3), 9-11

Savoy, J., Picard, J. (2001): Retrieval effectiveness on the web. Information Processing and Management 37(4), 543-569

Savoy, J.; Rasolofo, Y. (2001): Report on the TREC-9 Experiment: Link-Based Retrieval and Distributed Collections. http://trec.nist.gov/pubs/trec9/papers/unine9.pdf [6.7.2004]

Schaale, A.; Wulf-Mathies, C.; Lieberam-Schmidt, S. (2003): A new approach to relevancy in Internet searching - the „Vox Populi Algorithm".
http://arxiv.org/PS_cache/cs/pdf/0308/0308039.pdf [15.12.2004]

Schmid, B. (2003): Die Morphologie des geglückten Treffers: Sprachwerkzeuge des Basler IT-Unternehmens Canoo. Neue Zürcher Zeitung vom 17.4.2003, 79

Seiffert, F. (2003): Das „Virtuelle Bücherregal NRW": Literatursuche mit der einfachsten Suchstrategie: Google und Co. BuB 55(6), 379-397

Seuss, D. (2004): Ten Years Into the Web, and the Search Problem is Nowhere Near Solved. Computers In Libraries Conference, March 10-12, 2004.
http://www.infotoday.com/cil2004/presentations/seuss.pps [15.3.2004]

Shamber, L. (1994): Relevance and Information Behavior. Annual Review of Information Science and Technology 29, 3-48

Sherman, C. (2000): Humans Do It Better: Inside the Open Directory Project. Online 24(4).
http://www.onlinemag.net/OL2000/sherman7.html [30.3.2005]

Sherman, C. (2001): Search for the Invisible Web. Guardian Unlimited 6.9.2001.
http://www.guardian.co.uk/online/story/0,3605,547140,00.html [5.3.2004]

Sherman, C.; Price, G. (2001): The Invisible Web: Uncovering Information Sources Search Engines Can't See. Medford, NJ: Information Today

Silverstein, C.; Marais, H.; Henzinger, M.; Moricz, M. (1999): Analysis of a very large web search engine query log. SIGIR Forum 33(1), 6-12

Singhal, Amit (2004): Challenges in Running a Commercial Search Engine.
http://www.research.ibm.com/haifa/Workshops/searchandcollaboration2004/papers/haifa.pdf [15.10.2004]

Singhal, A.; Kaszkiel, M. (2001): A case study in Web search using TREC algorithms. WWW 10, Hong Kong, May 2001, http://www10.org/cdrom/papers/317/ [7.2.2005]

Smith, A. G. (2004): Web links as analogues of citations. Information Research 9(4).
http://informationr.net/ir/9-4/paper188.html [27.2.2005]

Sparck Jones, K. (1972): A Statistical Interpretation Of Term Specificity And Its Application In Retrieval. Journal of Documentation 28(1), 11-21

Spink, A. (2002): A user-centered approach to evaluating human interaction with Web search engines. Information Processing & Management 38(3), 410-426

Spink, A. (2003): Web Search: Emerging Patterns. In: Library Trends 52(2), S. 299-306

Spink, A.; Jansen, B. J.; Ozmultu, H. C. (2000): Use of query reformulation and relevance feedback by Excite users. Internet Research: Electronic Networking Applications and Policy 10(4), 317-328

Spink, A.; Jansen, B. J. (2004): Web Search: Public Searching of the Web. Dordrecht: Kluwer Academic Publishers

Spink, A.; Saracevic, T. (1997): Interactive information retrieval: Sources and effectiveness of search terms during mediated online searching. Journal of the American Society for Information Science, 48 (8), 741-761

Stock, M., Stock, W. G. (2000a): Internet-Suchwerkzeuge im Vergleich - Teil 1: Retrievaltests mit Known Item Searches. Password 15(11), 23-31

Stock, M., Stock, W. G. (2000b): Klassifikation und terminologische Kontrolle: Yahoo!, Open Directory und Oingo im Vergleich. Password 14(12), 26-33

Stock, M., Stock, W. G. (2001a): Internet-Suchwerkzeuge im Vergleich (III) - Informationslinguistik und -statistik: AltaVista, FAST und Northern Light. Password 16(1), 16-24

Stock, M., Stock, W. G. (2001b): Internet-Suchwerkzeuge im Vergleich (IV) - Relevance Ranking nach „Popularität" von Webseiten: Google. Password 16(2), 20-27

Stock, W. G. (1998): Lexis-Nexis Freestyle. Natürlichsprachige Suche - More like this! Password 13(11), 21-28

Stock, W. G. (2000a): Checkliste für Retrievalsysteme. Qualitätskriterien von Suchmaschinen. Password 15(5), 22-31

Stock, W. G. (2000b): Informationswirtschaft: Management externen Wissens. München: Oldenbourg

Stock, W. G. (2001): Journal Citation Reports: Ein Impact Factor für Bibliotheken, Verlage und Autoren? Password 16(5), 24-39

Stock, W. G. (2003): Weltregionen des Internet: Digitale Informationen im WWW und via WWW. Password Nr. 18(2), 26-28

Sullivan, D. (2002): In Search Of The Relevancy Figure. Search Engine Report December 5, 2002. http://searchenginewatch.com/sereport/article.php/2165151 [2.7.2004]

Sullivan, D. (2003): Search Engine Sizes. http://searchenginewatch.com/reports/article.php/2156481 [2.7.2004]

Sullivan. D. (2005): Yahoo Directory Makes Changes & Further Directory Decline. http://blog.searchenginewatch.com/blog/050308-101342 [29.3.2005]

Tague-Sutcliffe, J. (1992): The pragmatics of information retrieval experimentation, revisited. Information Processing & Management 28(4), 467-490

Tan, B., Foo, S., Hui, S. C. (2001): Web information monitoring: an analysis of Web page updates. Online Information Review 25(1), 6-18

Thelwall, M. (2004): Link Analysis: An Information Science Approach. Amsterdam [u.a.]: Elsevier Academic Press

Vaughan, L. (2004): New measurements for search engine evaluation proposed and tested. In: Information Processing and Management 40(4), 677-691

Vaughan, L.; Thelwall, M. (2004): Search Engine Coverage Bias: Evidence and Possible Causes. Information Processing & Management, 40(4), 693-707

Veritest (2000): Google Web Search Engine Evaluation. http://www.veritest.com/clients/reports/google/google.pdf [19.10.2004]

Veritest (2003): Inktomi Corp.: Web Search Relevance Test. http://www.veritest.com/clients/reports/inktomi/inktomi_web_search_test.pdf [19.10.2004]

Walker, S.; Jones, R. M. (1987): Improving Subject Retrieval in Online Catalogues. Boston Spa: British Library (British Library Research Paper; 24)

Wang, Y.; Hu, J. (2002): Detecting Tables in HTML-Documents. In: Lopresti, D.; Hu, J.; Kashi, R. (eds.): Document Analysis Systems V; 5th International Workshop, DAS 2002, Princeton, NJ, August 19-21, 2002, Proceedings, 249-260

Wätjen, H. (1999): GERHARD - Automatisches Sammeln, Klassifizieren und Indexieren von wissenschaftlich relevanten Informationsressourcen im deutschen World Wide Web. B.I.T. online. 1(4), 279-290

Wätjen, H.; Diekmann, B.; Möller, G.; Carstensen, K.: Bericht zum DFG-Projekt GERHARD German Harvest Automated Retrieval and Directory. http://www.gerhard.de/info/dokumente/dokumentation/gerhard/bericht.pdf [7..2005]

Wiggins, R. W. (2001): The Effects of September 11 on the Leading Search Engine. First Monday 7(2001)10. http://www.firstmonday.org/issues/issue6_10/wiggins/ [19.4.2005]

Wild, F. (2005): Visuelle Verfahren im Information Retrieval. Information: Wissenschaft und Praxis 56(1), 29-34

Wolff, C. (2000): Vergleichende Evaluierung von Such- und Metasuchmaschinen im World Wide Web. In: Knorz, Gerhard; Kuhlen, Rainer (Hrsg.): Informationskompetenz - Basiskompetenz in der Informationsgesellschaft. 7. Internationales Symposium für Informationswissenschaft, ISI 2000, Darmstadt, Proceedings. Konstanz: UVK, 31-48

Wouters, P.; Hellsten, I.; Leydesdorff, L. (2004): Internet time and the reliability of search engines. In: First Monday 9(10). http://firstmonday.org/issues/issue9_10/wouters/index.html [14.10.2004]

Wu, J. (1999): Information retrieval from hierarchical compound documents / Yahoo Inc. Patent Nr. US 5,991,756 vom 23.11.1999

Xie, H. (2004): Online IR system evaluation: online databases versus Web search engines. Online Information Review 28(3), 211-219

Register